ALTMARK

Mit den Hansestädten Salzwedel, Stendal, Gardelegen und Tangermünde, Elb-Havel-Winkel und Altmark-Radrundkurs

Heinzgeorg Oette

TRESCHER VERLAG

1. Auflage 2022

Trescher Verlag
Reinhardtstr. 9
10117 Berlin
www.trescher-verlag.de

ISBN 978-3-89794-572-2

Herausgegeben von Bernd Schwenkros und
Detlev von Oppeln

Reihenentwurf und Gesamtgestaltung:
Bernd Chill

Gestaltung, Satz, Bildbearbeitung: Bernd Chill
Lektorat: Sabine Fach
Lektorats-Mitarbeit: Hinnerk Dreppenstedt
Stadtpläne und Karten: Johann Maria Just,
Martin Kapp, Dorit Hahnewald, Bernd Chill
unter Verwendung von Daten von
©OpenStreetMap-Mitwirkende
www.openstreetmap.org
(Kartenregister → S. 172)

Gedruckt auf chlorfrei gebleichtem Papier
Printed in Germany

Alle Angaben in diesem Reiseführer wurden sorgfältig recherchiert und überprüft. Dennoch können Entwicklungen vor Ort dazu führen, dass einzelne Informationen nicht mehr aktuell sind. Gerne nehmen wir dazu Ihre Hinweise und Anregungen entgegen. Bitte schreiben Sie an post@trescher-verlag.de.

Titel: Burg Tangermünde (→ S. 123)
vordere Klappe: Kirche in Kläden (→ S. 106)
hintere Klappe: Hansestadt Havelberg
(→ S. 133)

LAND UND LEUTE

DIE WESTLICHE ALTMARK

DIE ÖSTLICHE ALTMARK

ZU BESUCH BEI NACHBARN

AKTIV IN DER ALTMARK

REISETIPPS VON A BIS Z

Einmalig schöne Schnitzkunst in der Pfarrkirche von Osterwohle, einem Kleinod von Weltrang

EXTRAS

LINDENTHAL
ÜBER DRÖGEMÜHLE 10,5 KM
WANNEFELD 3,7 KM
WALDPARKPLATZ
KENZENDORF 4,1 KM
POLVITZ 1,5 KM

elbufercamp.de

Die Alte Mark – Gedanken auf den Weg

Es sind in den letzten Jahren von Marketing- und anderen Beratern der Altmark viele Etiketten aufgepappt worden. Von »Grüne Wiese mit Zukunft« war die Rede und vom »Luxus der Leere«, von »Sachsen-Anhalts schönem Norden« und der »Wiege Preußens«, was ja schon lange tradiert ist. Das alles ist richtig und falsch zugleich. Warum?

Rathaus und Marienkirche in der Hansestadt Stendal

Niemand zwischen Drömling und Aland-Niederung, zwischen dem Land Schollene und dem Hansjochen-Winkel am Rande des Wendlands will, dass seine Heimat im Verhältnis zu anderen definiert wird. Das ist: die Altmark – nicht mehr, aber auch nicht weniger. Und das, wenn man den Annalen glauben will, seit 1304, als der Begriff Antiqua Marchia (Alte Mark) erstmals auftauchte, damit definierend, dass dies hier das Ausgangsgebiet der Mark Brandenburg ist. Heute ist es eine Region zum Leben und Lieben, zum Hinfahren und Verweilen, zum Entdecken und Weitererzählen.

Im Städteviereck von Magdeburg und Hannover, Hamburg und Berlin gelegen, ist die Altmark so groß wie das Saarland und Luxemburg zusammen. Groß genug also, um Wochen mit Erlebnissen aufzuladen. Dünn besiedelt wie sonst fast keine Gegend in Deutschland. Einladend also für jeden, der mit Wanderstiefel, im Boot oder im Sattel (gleich ob Fahrrad oder Pferd) am Tag sich selbst erfahren und in der Nacht Sternbilder sehen will – fernab lichtverschmutzten Großstadthimmels.

Was die Altmark bietet, ist vor allem Authentizität: die von der Grenzlage zum Slawischen geprägten Fischerörtchen an der Elbe im Osten; die Storchendörfer wie Wahrenberg und Beuster oder, rechtselbisch, Rühstädt mit ihren malerischen Horsten im Norden; die Hansestädte von Salzwedel über Stendal und Tangermünde bis hin zur Ministadt Werben – so viele, wie nirgends sonst in so enger Nachbarschaft – mit ihrer Backsteingotik. Über 500 Kirchen, die meisten, aus Feldsteinen gemauert in winzigen Dörfchen, sind romanischen Ursprungs. Die nach friderizianischer Gestaltungsvision urbar gemachten ehemaligen Moorgebiete des Drömlings im Süden und die Schlösser und Herrenhäuser des preußischen Adels liegen verstreut in der gesamten Altmark. Und, nicht ganz so beliebt bei den kilometerfressenden Radwanderern, Begeisterung hervorrufend jedoch bei historisch interessierten Bummlern, die echten »Katzenkopfstrecken« uralter Dorf- und Landsträßchen, die sich abwechseln mit fein bituminierten Strecken vor allem auf den vielen Kilometern neuer Flussdeiche.

In Tangermünde errichtete Kaiser Karl IV. eine Residenz, als Cölln und Berlin noch Dörfchen in den Spreesümpfen waren. In Havelberg verhandelten der russische Zar Peter der Große und der Preußenkönig Friedrich Wilhelm über ihre Positionen im »Nordischen Krieg«. Der erste deutsche Reichskanzler Otto von Bismarck wurde in Schönhausen geboren. Auf all das und vieles andere, auch in jüngster Zeit erst Entstandene, sind die Altmärker stolz. Doch dieser Stolz ist ein angenehm-zurückhaltender, der den Gast willkommen heißt.

Zum Beispiel in den »Wandernestern« – eine ganz pfiffige Idee der altmärkischen Gastgeber für jene, die zu Fuß unterwegs sind. Oder auf den zahlreichen Reiterhöfen, denn die Altmark ist Reiterland. Oder in den Marinas vom Mittellandkanal im Süden bis zur Hansestadt Havelberg im Norden, wo sich die Wasserwege von Hamburg nach Prag oder Berlin kreuzen.

In Poppau, einem winzigen Weiler mitten in den altmärkischen Weiten, liegt, so geht die Sage, unter einem rieJsigen Stein die Kette, mit der man vor Zeiten die Welt vermessen habe. Deshalb sei dies dort »De Mitt von de Welt«. Wer dies für ein, nun ja, weiteres Etikett hält, dem sei gesagt: Die Altmark braucht keine Etiketten. Sie ist einfach nur spannend und schön.

Besondere Sehenswürdigkeiten

Der Havelberger Dom

Der wuchtige Dom St. Marien, wichtige Station an der »Straße der Romanik« und der »Europäischen Route der Backsteingotik«, wurde 1150 bis 1170 von Prämonstratensern erbaut und bis 1330 gotisch umgebaut. In Kornspeicher, Bischofssaal und Schlafsaal des ehemaligen Prämonstratenserklosters südlich des Doms befindet sich das Prignitz-Museum. Der Komplex gilt als eine der wenigen vollständig erhaltenen Klosteranlagen des Mittelalters in Norddeutschland. Im Dombezirk hat die BUGA 2015 mit Kletter- und Pfingstrosenanpflanzungen, dem Klostergarten, der Ausstellung »Grabgestaltung und Denkmal« sowie Musterkleingärten sehenswerte Spuren hinterlassen. → S. 135

Hansestadt Tangermünde ▼

Die Stadt ist eine Perle in vieler Hinsicht, einmalig schön. Gelegentlich angestellte Vergleiche als »Rothenburg des Nordens« verbieten sich von selbst, was wohl auch all jene erkannt haben, die Tangermünde jüngst in einer Umfrage zur »schönsten deutschen Kleinstadt« gekürt haben. Über der Mündung des Flüsschens Tanger in die Elbe ließ der deutsche Kaiser Karl IV., auf den Grundmauern einer noch viel älteren Burg, im 14. Jahrhundert ein Schloss errichten, das er »domicilium principale« nannte, seinen Hauptwohnsitz also. Die 24 Meter hohe spätgotische Schauwand des Rathauses, ein Paradestück norddeutscher Backsteingotik, lässt die Besucher staunen, die Geschichte der als lebensgroße Plastik in Ketten unter der Gerichtslaube stehenden Grete Minde (Fontane lässt grüßen), treibt vielen dann einen Schauer über den Rücken ... → S. 123

Kloster Jerichow ▲

Eigentlich im Jerichower Land, an der Grenze zur Altmark gelegen, muss man die beeindruckende Klosteranlage schon deshalb hier erwähnen, weil Mönche mit ihrem Bau vor über 800 Jahren die Kunst des Brennens von Ziegelsteinen perfektionierten, die zum »Brot-und-Butter-Baumaterial« der norddeutschen Backsteingotik wurden. Das Kloster gilt in seiner Stilreinheit als eine der bedeutendsten romanischen Anlagen in ganz Deutschland, zusätzlich aufgewertet durch mittelalterliche Steinmetzkunst von höchsten Graden. Wer noch mehr Genuss will, besucht die Klostermusiken und das Jazz-Festival im Sommer. → S. 145

Schloss Schönhausen (Elbe)

In Stendal finden sich die frühesten Spuren des Geschlechts derer von Bismarck, und es gibt altmarkweit eine Reihe Bismarckscher Schlösser und Herrenhäuser, die noch bewohnt und vollständig erhalten sind.

Schönhausen aber lohnt sich allein deshalb, weil hier ein Mann von europäischem Rang geboren wurde und aufwuchs: Fürst Otto von Bismarck, nachmaliger erster Kanzler des Deutschen Reichs von 1871 bis 1890. Das Museum zeichnet den Lebensweg des »Eisernen Kanzlers« interessant nach, der Park ist Teil der sachsen-anhaltischen »Gartenträume«. Zehn Autominuten von Schönhausen entfernt, findet sich im Dörfchen Wust die Familiengruft derer von Katte, in der auch Hans Hermann von Katte beigesetzt ist – eine besonders tragische Figur preußischer Geschichte. → S. 141, 144

Hansestadt Stendal ▸

Stendal ist die größte Stadt der Altmark. Große Historie und fantastische Backsteingotik verbinden sich hier mit dem Flair einer Theater-, Hochschul- und modernen Industriestadt. Wenige Schritte sind es von einer Ikone der Backsteinarchitektur, dem Uenglinger Tor, zum Winckelmann-Museum. Hier kann man Vulkanausbrüche erleben und im Inneren des weltweit größten hölzernen Trojanischen Pferdes aufsteigen. → S. 98

Dorfkirchen in Berge und Osterwohle

Die beiden Dorfkirchen sind, jede in ihrer Art, absolut einzigartig. »Sixtinische Kapelle der Altmark« nennen schon historische Chroniken das Gotteshaus im winzigen Berge. Hundert Jahre nach Michelangelo bemalte ein unbekannter italienischer Maler um 1609 Decke und Wände der Feldsteinkirche mit genau jenen Motiven des Jüngsten Gerichts, die die Welt im Vatikan bewundert. Osterwohle dagegen, ein ebensolches kirchliches Kleinod von Weltrang, überwältigt den Betrachter ganz anders: Im Originalzustand erhaltene Ornamentik und überbordende Schnitzarbeiten, Engelsdarstellungen, biblische Figuren, Köpfe, Gesichter und Fratzen assoziieren regelrechte Märchenbilder. Die Kirche ist ein Muster für den in Deutschland sehr seltenen Manierismus zwischen Renaissance und Barock. → S. 65, 86

Hansestadt Gardelegen

Der prächtige Roland am Rathaus bewacht seit Jahrhunderten einen der wenigen dreieckigen Stadtplätze Europas. Besonders stolz sind die Gardelegener auf ihre Wallanlagen, Teil der sachsen-anhaltischen »Gartenträume«, die sich als grüner Ring auf 2,3 Kilometern um die Altstadt schmiegen. Beginnen oder enden sollte man diesen Spaziergang am Salzwedeler Tor, einem Backsteinensemble, wie man es sich schöner kaum vorstellen kann. → S. 83

Hansestadt Salzwedel

Vor Jahrhunderten setzte die einst schiffbare Jeetze Handel und Wandel bis nach Hamburg in Gang, die Reichtum in die heutige Kreisstadt der westlichen Altmark brachten. Die Marienkirche mit dem über 80 Meter hohen schiefen Turm hat den größten und schönsten Altar der Altmark. Für Liebhaber des Fachwerkbaus ist die Stadt ein Leckerbissen, den eigens dafür konzipierten Rundgang sollte man sich ebenso wenig entgehen lassen, wie die weltweit bekannte kulinarische Spezialität: den Salzwedeler Baumkuchen – vielleicht sogar selbst über der Flamme gedreht. → S. 57

Das Wichtigste in Kürze

Anreise

Die Altmark ist aus allen Himmelsrichtungen sehr gut zu erreichen. Per **Auto** empfiehlt sich von Süden und Norden die A 14 – ihrer endgültigen Fertigstellung Stück für Stück entgegengehend. Aus Ost und West kann man die Autobahnen 2 und 24 nutzen, danach sehr gut ausgebaute Bundesstraßen.

Perfekt ist die **Zuganbindung** aus der sachsen-anhaltischen Landeshauptstadt Magdeburg, nicht minder aus Berlin und NRW bzw. Niedersachsen: Binnen 56 Minuten erreicht man vom Berliner Hauptbahnhof mit dem ICE Stendal, von Hannover braucht es zehn Minuten mehr. Damit liegen auch die großen **Flughäfen** Berlin und Hannover gleichsam »vor der Tür«.

Wasserwanderer aller Art erreichen die Alte Mark elbaufwärts von Hamburg via Lauenburg und Wittenberge, elbabwärts von Prag, Dresden und Magdeburg. Von Berlin geht es über die Havel oder den Elbe-Havel-Kanal in die Altmark, aus dem Ruhrgebiet via Niedersachen auf dem Mittellandkanal.

Auskunft

Altmarkweite Informationen gibt es über den **Altmärkischen Regionalmarketing- und Tourismusverband**, Marktstr. 13, 39590 Tangermünde, Tel. 039322/72600, Fax 039322/726029. Gut aufbereitete regionale Informationen offerieren insgesamt 23 Tourist-Informationen und weitere Infostellen in allen Städten und den größeren Gemeinden. Auch die landesweite **Investitions- und Marketinggesellschaft Sachsen-Anhalt mbH** (IMG) informiert auf ihren Kanälen über die Altmark als wichtige touristische Destination des Landes. Aktuelle Informationen zum Reisewetter und Webcams finden sich zentral und auf vielen Websites der Städte.

www.altmark.de
www.sachsen-anhalt-tourismus.de
www.wetteronline.de/wetter/altmark

Unterkünfte

Die Altmark ist kein hochpreisiges Reiseziel, durchweg aber sind die Unterkünfte ihre Preise wert. Sie reichen von Hotels für den anspruchsvollen Reisenden, manche mit attraktiven Wellnessangeboten, über Pensionen und Privatzimmer bis zum Heuhotel und schönen Campingplätzen.

Aktivurlaub

Auf die zahlreichen Aktiv- und Natururlauber ist die Altmark besonders perfekt eingestellt: Reiterhotels und –höfe in großer

Gut zu erreichen ist die Altmark von Norden und Süden auf der Autobahn 14

An Radwegen ist kein Mangel, hoch im Kurs steht das »Radeln nach Zahlen.«

Zahl erwarten die Pferdeliebhaber. Nicht nur an den zahlreichen Rad- und Wanderwegen ist man für die speziellen Wünsche der Aktiven gerüstet. Vielerorts gibt es Marinas und kleine Liegeplätze – egal ob für die größere Motorjacht oder das kleine Paddelboot. Buchen kann man direkt bei den Anbietern, aber auch in mancher Touristinformation.
www.altmark.de

Reisezeit

Natürlich gibt es auch in den »dunklen« Monaten kulturelle Angebote, die eine Reise in die Altmark lohnen. Museumsbesuche, Konzerte an authentischen historischen Orten, Bühnenkunst im Theater der Altmark oder zauberhafte Weihnachtsmärkte im einmaligen Flair der Hansestädte bieten sich dann für Besuche an. Besonders attraktiv aber ist die Altmark im Frühling und im Herbst. Wenn die Kraniche und Tausende nordischer Gänse am Arendsee, in der Milde-Niederung und im Drömling Rast auf ihren Flügen nach Süden oder Norden machen, ist dies ein ungemein faszinierendes Schauspiel. Wenn im April/Mai die Felder horizontweit gelb gefärbt sind oder im Herbst die Festzeit in den altmärkischen Städten und Dörfern ihre Höhepunkte hat, zum Beispiel beim legendären Havelberger Pferdemarkt – immer dann lohnt es ganz besonders, hier zu sein.

Touristische Netzwerke

Das Land Sachsen-Anhalt hat in den vergangenen Jahren mit viel Engagement touristische Netzwerke geknüpft, die längst deutschlandweit bekannt sind. Die **Straße der Romanik** vereint in 73 Orten 88 Dome, Kirchen, Klöster und Burgen, und die Nordroute der Straße führt in der gesamten Altmark an spannende Orte deutscher und europäischer Mittelaltergeschichte. 50 der schönsten und historisch bedeutsamsten Parks und Gärten des Landes vereinen die sachsen-anhaltischen **Gartenträume**, viele davon liegen in der Altmark. Das Netzwerk **Blaues Band** umfasst wassertouristische Anlagen aller Art an Flüssen, Kanälen und Seen auch in der Altmark. Die **Europäische Route der Backsteingotik** führt mitten durch die Altmark. Auch regional sind Netzwerker dabei, die Angebote für die Gäste weiter zu vervollkommnen, so in den 17 altmärkischen **Wandernestern**, im Interessenverein **Sternreiten in der Altmark** oder in der **Gartenlandschaft Altmark**, die viele, auch private Gärten und Parks vereint.

Ausführliche Informationen in den Reisetipps von A bis Z → S. 162

»Von diesem flachen Lande hier, von der altmärkischen Heimat, die ja auch die meinige ist, ist die Kraft und der Anstoß zur Bildung des kurbrandenburgischen Staates und Preußens und schließlich zur Wiedergeburt des deutschen Reiches ausgegangen.«

Otto von Bismarck, 1894 in Stendal

Blick auf Tangermünde

LAND UND LEUTE

Zahlen und Fakten

Lage und Größe: Die Altmark bildet den Norden des Bundeslandes Sachsen-Anhalt und grenzt an Niedersachsen, Mecklenburg-Vorpommern und Brandenburg. Interpretiert in den Grenzen der heutigen, etwa gleich großen Landkreise Altmarkkreis Salzwedel und Landkreis Stendal, also einschließlich des ostelbischen Elb-Havel-Winkels, den nicht nur eingefleischte »Eingeborene« als eigentlich zur brandenburgischen Prignitz gehörend bezeichnen, erfasst sie eine Fläche von 4715 Quadratkilometern. Das entspricht der Größe des Saarlandes und des Großherzogtums Luxemburgs zusammen. Mit rund 198 000 Einwohnern gehört die Altmark zu den am dünnsten besiedelten Gebieten Deutschlands. Die größte Ost-West-Ausdehnung beträgt ca. 125 Kilometer, von Süd nach Nord sind es maximal 100 Kilometer.

Natur und Klima: Die Altmark ist Teil der Norddeutschen Tiefebene und eine der ältesten deutschen Kulturlandschaften. Sie steigt von unter 20 Meter in der westlichen Jeetze-Niederung um Salzwedel auf maximal 160 Meter in den Hellbergen an. Weithin wechseln Ackerland und Wälder einander ab. Von Südosten nach Nordwesten »umschmiegt« die Elbe gleichsam die Region. Das große Niedermoorgebiet im Südwesten, der Drömling, wurde vor über 200 Jahren in eine einzigartige Kulturlandschaft mit heute 1700 Kilometer Wasserläufen und wunderbaren Wander- und Radwegen verwandelt. Große Teile der Colbitz-Letzlinger Heide im Süden sind aufgrund ihrer militärischen Nutzung nicht zugänglich. Die Jahresmitteltemperatur liegt bei 12,6 Grad. Das zunehmende Niederschlagsdefizit der vergangenen Jahre macht sich auf den leichten Böden und in den Wäldern besonders bemerkbar.

Städte: Die Hansestädte Stendal (40 000 Einwohner), Salzwedel (23 400) und Gardelegen (22 200) – jeweils mit allen Ortsteilen – sind die größten Städte. Gemeinsam mit Tangermünde, Osterburg, Seehausen, Havelberg und Werben haben sie sich 1998 zum Altmärkischen Hansebund zusammengeschlossen.

Verwaltung: Seit der sachsen-anhaltischen Verwaltungsreform 2007 bilden der Altmarkkreis Salzwedel und der Landkreis Stendal die Altmark. In den Kreistagen sind – neben den deutschlandweit agierenden Parteien – zunehmend freie Wählergruppen vertreten. Die Landräte werden seit 1990 in gelegentlichem Wechsel von CDU und SPD gestellt.

Wappen: Die Wappen der beiden Landkreise nehmen mit dem roten Adler jeweils unübersehbar Bezug auf die Verbindung der Altmark zu Preußen und dem heutigen Brandenburg. Die anderen Elemente beziehen sich auf die seit 2007 vereinten »Altkreise«, beim Altmarkkreis Salzwedel auch auf die historischen Beziehungen zum Herzogtum Braunschweig-Lüneburg.

Wirtschaft: Traditionell geprägt ist die Altmark durch ihre ertragreiche Land- und daraus folgend auch eine leistungsfähige Ernährungsgüterwirtschaft sowie durch eine kleinteilige, aber leistungsfähige Wirtschaftsstruktur. Automotive- und Biotechnologieunternehmen haben teilweise Weltruf. In Arneburg liegt eine der modernsten Zellstofffabriken Europas. In der westlichen Altmark wird noch immer Erdgas gefördert.

Tourismus: Knapp 630 000 Übernachtungen wurden 2019 in der Altmark registriert. In der Trust-Score-Skala der Gäste zum Service und zum Preis-Leistungs-Verhältnis lag die Tourismusregion bei fast allen Werten an der sachsen-anhaltischen Spitze und über dem deutschlandweiten Durchschnitt. Dass der Elbe-Radweg, rund 105 Kilometer führen durch die Altmark, 2021 erneut zum beliebtesten deutschen Fernradweg gewählt wurde, ist sozusagen schon Tradition. Dass die Altmark unter den beliebtesten deutschen Radwanderregionen in der ADFC-Analyse 2020 auf Platz 6 kletterte, ist für manchen, nicht jedoch für den Kenner, eine Überraschung.

Geografie

Das Norddeutsche Tiefland, zu dem die Altmark zählt, ist eiszeitlich geprägt. Die Region erstreckt sich vom Drawehn im Westen bis an die Elbe im Osten, grenzt im Süden an die Magdeburger Börde und im Norden an das Wendland. Während im Südwesten der Drömling und die Ohre-Niederung eine recht markante Abgrenzung zur Magdeburger Börde bilden, ist der Übergang im Westen und Nordwesten zum Vorland der Lüneburger Heide kaum feststellbar. Alt-, Grund- und Endmoränen haben die Täler der eher kleinen Flüsse geformt und die höchsten Erhebungen hervorgebracht. Östlich der Elbe finden sich die Kamernschen Berge. Das durchgehend flache, höchstens wellige Hauptgebiet der Altmark westlich der Elbe wird nur gelegentlich von kleineren Höhenzügen unterbrochen. Dazu gehören der Kalbesche Werder, die Hellberge bei Zichtau, mit 160 Metern über NHN der »Altmark-Gipfel«, und der Pistolsche Berg bei Bonese (121 Meter über NHN). In der Elbniederung im Osten und Nordosten sowie der Jeetze-Niederung nördlich von Salzwedel liegt das Niveau der Erdoberfläche bis zu 20 Meter unter NHN. Im Südosten hat die Altmark Anteil an der Colbitz-Letzlinger Heide. Linkselbisch ziehen sich im Osten und Norden mit Altmärkischer Wische und Biese-Aland-Niederung großflächige Acker-, Wiesen- und Weideflächen bis zur niedersächsischen Grenze bei Schnackenburg. Abgesehen von der Colbitz-Letzlinger Heide finden sich größere Waldflächen zwischen Arendsee und der Hansestadt Osterburg. Prägende Baumart auf den Sandböden ist die Kiefer, auf den Moränenplatten finden sich auch Eichen und Buchen.

Informationstafeln am Naturlehrpfad im Biosphärenreservat Drömling

Gewässer

Das wichtigste Gewässer ist natürlich die Elbe, an und auf der es vielfältigste Möglichkeiten für den Aktivtourismus gibt. Aus dem Brandenburgischen kommend, mündet die Havel, im Elb-Havel-Winkel wunderschön renaturiert, unweit von Havelberg in die Elbe. Aktuell werden die sehenswerten wassertechnischen Anlagen vor der Havelmündung einer grundlegenden Ertüchtigung unterzogen, die nach den Hochwassern von 2002, 2006 und vor allem den katastrophalen Überschwemmungen von 2013 unabdingbar wurden. Umfangreiche Debatten wurden um die Frage geführt, ob man denn – neben einem Neubau der zum Teil zerstörten Deiche – nicht auch über andere, naturnähere Lösungen nachdenken müsse. Letztlich können wohl alle mit der Entscheidung leben, sowohl neue Deiche, deutlich zurückverlegt, als auch weiträumige Polder (Überflutungsflächen) zu schaffen, die im Übrigen auch der flussnahen Flora und Fauna als Ganzes zugutekommen. An der südlichen Grenze der Altmark durchfließt die Ohre das Niedermoorgebiet des Drömlings.

Eine gern gestellte Frage an Besucher der Altmark ist die nach einem Fluss mit drei Namen. Die Antwort lautet: Milde-Biese-Aland. Auf 97 Kilometern zieht sich das Flüsschen von Süd nach Nord durch die ganze Region. Von der Quelle nahe des Heideortes Letzlingen im Oberlauf als Milde, im Mittellauf als Biese und bei Schnackenburg als Aland in die Elbe mündend – begleitet von einem wunderschönen gleichnamigen Radwanderweg. Auch die in der Altmark entspringenden Flüsse und Bäche des Jeetze-Purnitz-Systems im Westen und des Uchte-Aland-Systems im Osten münden in die Elbe.

Natürliche Seen gibt es in der Altmark wenige, ein dafür besonders attraktives Gewässer ist der Arendsee im Norden. Dieser wurde nicht von der Eiszeit geformt, sondern entstand nach dem Einbruch eines Salzstocks im Untergrund. Kreisrund und mit extrem klarem Wasser wird er auch das »Auge der Altmark«

An der Grenze zu Niedersachsen mündet der Aland bei Schnackenburg in die Elbe

Rinder am Grünen Band im Drömling

genannt, touristisch ist er aus vielen Gründen einer der Hotspots der Region. Kleinere natürliche Seen sind der Ahlumer See, der Nierower oder Schollener See, der Kamernsche und der Schönfelder See, einige davon sind Altwässer der Elbe.

Schutzgebiete

Das größte und zugleich bedeutendste Schutzgebiet ist das UNESCO-Biosphärenreservat Mittelelbe mit einer Gesamtgröße von 125 510 Hektar in ganz Sachsen-Anhalt. Es erfasst entlang der Elbe einen großen Teil der Altmark und ist eine der letzten naturnahen Flusslandschaften Europas. Hartholzauenwälder, Stillgewässer, Flutrinnen, Binnendünen, Feuchtwiesen und eine beeindruckende Flora und Fauna bilden hier eine Modellregion für das Miteinander von Mensch und Natur. In Havelberg bietet das attraktive »Haus der Flüsse – Natura 2000 Informationszentrum« auf modernste Weise Einblicke in alles Wissenswerte um die Tier- und Pflanzenwelt an Elbe und Havel. Weitere Informationsstellen des Reservats finden sich in der Altmark in Arneburg und Ferchels.

Das Niedermoorgebiet Drömling im Südwesten der Altmark zwischen Calvörde und Wolfsburg wurde ab 1990 zunächst als Naturpark ausgewiesen (weitere fünf davon gibt es in Sachsen-Anhalt) und besitzt seit 2019 den Status eines Biosphärenreservats. Mit der Anerkennung als UNESCO-Biosphärenreservat wird für 2023 gerechnet, verdient hätte es diese wirklich einzigartige Landschaft in Deutschland allemal.

National und international bedeutsame Schutzräume wie das Europäische Vogelschutzgebiet bei Kalbe (Milde) oder das Vogelschutzgebiet Unteres Elbtal liegen gänzlich oder zum Teil in der Altmark. Allein 14 Landschaftsschutzgebiete von der Unteren Havel im Osten bis zur westlichen Altmarkplatte um Salzwedel und Diesdorf sind ausgewiesen, hinzukommen FFH-Gebiete und eine Vielzahl einzelner Naturdenkmäler.

Spannend ist die Naturentwicklung am »Grünen Band«, einst innerdeutsche Grenze und Todesstreifen – heute ein Gebiet voller Leben, in dem Natur, Kultur und Geschichte einen harmonischen Dreiklang anstimmen. Besonders deutlich wird diese Symbiose an der Grenze von Altmark und Wendland. Hier treffen Niedersachsen, Mecklenburg-Vorpommern, Brandenburg und Sachsen-Anhalt zusammen. Vier Länder »auf einen Ritt« – wo hat man das sonst noch in Deutschland?

Auf spezielle Weise bekannt geworden ist in den letzten Jahren das Altmarkdorf Iden, gelegen zwischen der Hansestadt Osterburg und der Elbe. Hier befindet sich das sachsen-anhaltische Wolfskompetenzzentrum, das sich professionell mit dem emotional diskutierten Thema Wolf befasst. Zügig besiedelte das streng geschützte Tier seit etwa 2008 vor allem die großen Wald- und Heideflächen im Osten und auch die Altmark. Die aktuellsten Zahlen (Ende 2020) gehen von rund 134 Tieren in ganz Sachsen-Anhalt aus – von Naturschützern freudig begrüßt, von Landwirten und Jägern skeptisch bis ablehnend betrachtet.

Bevölkerung

Der Altmärker ist Altmärker – und das macht er im durchaus heterogenen Verbund des Landes Sachsen-Anhalt auch immer deutlich. Anfangs, also nach der Bildung der »neuen Bundesländer« 1990, beharrlich, später nachlassend und heute mehr mit einem Augenzwinkern machten und machen allein die Bewohner des Elb-Havel Winkels um Havelberg und im Land Schollene geltend, dass sie ja Prignitzer seien. Einig ist man sich allemal darin, dass in ihnen allen brandenburgisch-preußisches Blut fließt. Wenngleich natürlich die Elbgermanen, speziell die Langobarden, aber auch die Slawen und manch anderer Stamm hier ihre Spuren hinterlassen haben: So ist halt die Geschichte …

Dass die Verbindung vieler Altmärker zu ihrer unmittelbaren Heimat besonders eng ist, ließ sich ablesen, als es wieder möglich wurde, sein Fahrzeug auch mit Kennzeichen »verblichener« Altkreise zu bestücken. So begegnen dem aufmerksamen Beobachter in der relativ überschaubaren Region neben den Hauptvarianten SDL (für den Landkreis Stendal) und SAW (Altmarkreis Salzwedel) immer wieder auch HV (Havelberg), OBG (Osterburg), KLZ (Klötze) und GA (Gardelegen).

Ziemlich deutlich lässt sich der Altmärker an seiner Sprache identifizieren, denn die Altmark liegt nördlich der von Sprachwissenschaftlern so genannten »Ich-Ick-Grenze«, die sich quer durch Sachsen-Anhalt zieht. Fremde Ohren hören schon ein leichtes »Berlinern«, je weiter man in der Altmark jedenfalls nach Norden und Osten kommt. Im Süden finden sich hie und da Anklänge an das »Börde-Platt«. Nur sehr selten wird in den Dörfern noch Ostniederdeutsch gesprochen, ein Zweig der Niederdeutschen Sprache. Historisch Interessierte finden die Besonderheiten dieser Dialektvariante, die sich aus altsächsischen, slawischen und holländischen Sprachstücken zusammensetzt und sich hörbar vom norddeutschen Platt unterscheidet, im 1859 erschienenen »Wörterbuch der altmärkisch-plattdeutschen Mundart« des in Salzwedel geborenen Historikers Johann Friedrich Danneil beschrieben.

Dünn besiedelt war die Alte Mark schon immer. Die Jahre nach 1990 führten zu einem zusätzlichen Bevölkerungsrückgang um fast ein Drittel. Allerdings flachte sich dieser Rückgang zuletzt deutlich ab. Neue Unternehmen entstanden, die Verkehrsanbindung verbessert sich zusehends, der Hochschulort Stendal der Hochschule Magdeburg-Stendal (FH) lockt mit attraktiven Studiengängen, die zu beobachtende Stadtflucht junger Paare aus den Metropolen, angeregt auch durch die moderaten Preise von Grundstücken und Immobilien in einer wunderschönen Landschaft, machen sich in der Statistik bemerkbar. Alles in allem führen die beiden Kreise mit 36 (Altmarkkreis) und 46 Einwohner je Quadratkilometer (Landkreis Stendal) die Rangliste der Besiedelung deutscher Städte und Kreise noch immer an – von hinten, versteht sich. Worüber viele Altmärker nicht wirklich traurig sind…

Der Anteil der Bevölkerung mit ausländischen Wurzeln liegt mit 3,6 Prozent weit unter dem Bundesdurchschnitt.

80 Prozent der Bewohner der Altmark sind konfessionslos, von den verbleibenden knapp 40 000 Menschen gehören die meisten zur Evangelischen Kirche Mitteldeutschlands. Das Dekanat Stendal des Katholischen Bistums Magdeburg registriert gut 10 000 katholische Gläubige.

Typisch altmärkisches Bauernhaus mit Brunnen in Püggen

Wirtschaft und Gesellschaft

Industrie

Dass die Altmark nicht als bedeutende Industrieregion bekannt ist, wird der Tourist eher als angenehm empfinden. Vor allem die naturräumlichen Gegebenheiten und traditionelle Handwerke und die damit verbundenen Fähigkeiten definierten seit jeher das wirtschaftliche Profil der Region. Dass unweit von Arneburg mit dem zum Mercer-Konzern gehörenden Zellstoff-Werk der größte altmärkische Industriekomplex liegt, hat jedoch weniger mit dem hier verarbeiteten Nadelholz zu tun, sondern vor allem mit einer sozialistischen Hinterlassenschaft. Hier an der Elbe begann die DDR 1982 mit dem Aufbau eines Kernkraftwerkes, dessen Bau jedoch 1991, weit vor seiner Inbetriebnahme, eingestellt wurde. Das Gelände wurde letztlich zum Standort des Zellstoffwerkes, das mit den bei der Produktion anfallenden Holzbestandteilen auch noch eines der größten Biomasse-Kraftwerke Deutschlands betreibt.

Nicht entgehen werden dem aufmerksamen Besucher vor allem in der westlichen Altmark die Relikte der Erdgasförderung. Die Region gehörte zu den größten Onshore-Erdgaslagerstätten in Europa. Auf einer Gesamtfläche von rund 2000 Quadratkilometern wurden zwischen 1968 und 1990 rund 650 Bohrungen mit einer durchschnittlichen Tiefe von 3,5 Kilometern niedergebracht, von denen rund 100 noch heute zur Erdgasförderung genutzt werden. Ein seit 1994 aufgelegtes Ökologisches Großprojekt (ÖGP) verfolgt das Ziel, nicht mehr benötigte bergbauliche Anlagen der Erdgasproduktion schrittweise zurückzubauen. Damit soll eine Nutzung der Flächen für land- und forstwirtschaftliche sowie industrielle Zwecke ermöglicht werden. Dafür wurden bislang pro Jahr durchschnittlich 10 Millionen Euro aufgewendet, 2035 soll dieses Projekt abgeschlossen sein.

Mit dem Einstieg in die Marktwirtschaft und die nach 1990 zunehmend besser werdenden Bedingungen für schon vorhandene kleine Firmen, aber auch für Gründer, entwickelten sich verschiedenste, stark spezialisierte Industriebetriebe vor allem im Bereich der Automobil-Zulieferindustrie, der Kunststoff- und der Automatisierungstechnik. Dazu gehören, um nur einige wenige Beispiele zu nennen, Unternehmen wie Zorn Instruments aus Stendal (mit hochpräziser Prüftechnik in über 100 Ländern der Erde unterwegs), Viso Solutions aus Brunkau (weltweit vernetzte Spezialisten für Zentriersysteme und Low Vision) oder – aus einer ganz anderen Branche – die Kiebitzberg-Werft, die in der Hansestadt Havelberg nicht nur die über 300-jährige Schiffbautradition mit dem Bau von Schwimmsteganlagen, Schiffen, Plattformen, Wohnschiffen und Aluminiumbooten fortsetzt, sondern im Innenausbau aller Art neue Maßstäbe bei der Verwendung von Mineralstoffen und Holz definiert.

Bedeutender als in manch anderer Region ist die Rolle des Handwerks in der Altmark. Über 600 Innungsbetriebe zählt die Kreishandwerkerschaft. Diese kleingewerbliche Wirtschaftsstruktur ist nicht nur ökonomisch ein Rückgrat der Region. Das Wirken der zahlreichen, auch historischen Gewerke wird in neu Entstandenem, aber auch an vielfach wunderschön sanierten und restaurierten historischen Gebäuden sichtbar. Selbst in den winzigsten Orten finden sich Kleinodien, von einheimischen Handwerkern saniert und erhalten, die den Besucher überraschen.

Energie und Verkehr

Wenn sich heute auf den weiten Flächen der Altmark vielfach große Windräder drehen – nicht durchgängig zur Freude von Naturpuristen –, so setzen diese doch eigentlich nur eine große Tradition fort: Auf den wenigen Höhen und den weiten Flächen der Alten Mark reckten schon immer Mühlen ihre Flügel in den fast stets aus Westen blasenden Wind. Anfang des 20. Jahrhunderts waren es noch 118 an der Zahl, dazu trieben an den Flüsschen und Bächen 77 Wassermühlen Mahl- und Sägewerke, aber auch kleine Generatoren an. Heute liegt die Altmark mit ihrer Produktion an regenerativen Energien deutlich über dem Bundesdurchschnitt. Der Altmarkkreis Salzwedel ist eine anerkannte Bioenergie-Region, im Landkreis Stendal kommen 77,5 Prozent der erzeugten Energie aus Windkraft. Dutzende Biogasanlagen und fast 50 Solarparks nutzen die aus der Landwirtschaft und durch die Sonne »frei Haus« gelieferten Ausgangsstoffe für eine umweltfreundliche Energieerzeugung.

Für den Straßenverkehr ist die Autobahn 14 aus unterschiedlicher Sicht ein Reizthema. Unternehmer, Touristiker und viele Kommunalpolitiker begrüßen jeden fertiggestellten Kilometer enthusiastisch. Naturschützer und manche Grundstückseigentümer verzögern ihre Fertigstellung mit allen juristischen Mitteln seit Jahrzehnten. Geholfen hat dies, wenn man so will, der Natur tatsächlich: Profilveränderungen, zahlreiche Wildbrücken und Krötentunnel, die Umsiedlung mancher bedrohten Kleintierart machen die A 14 zu einer regelrechten »grünen Autobahn«, zugleich aber jeden Kilometer zu den teuersten, die je gebaut wurden.

Windkraft hat eine lange Geschichte in der Region: die Mühle in Zierau

In einer Stunde erreicht man von Hannover oder Berlin per ICE die Hansestadt Stendal

Nüchtern betrachtet stellt diese Autobahn die schnelle Verbindung zwischen der Ostsee, Mitteldeutschland und Tschechien her. Ende 2021 fehlten bis zur endgültigen Fertigstellung, mit der 2026 gerechnet wird, noch einige Dutzend Kilometer, einschließlich der großen Elbquerung zwischen der Altmark und dem brandenburgischen Wittenberge. Zwischen der A 14 und den Autobahnen A 39 und weiter A 7 stellen die sehr gut ausgebauten Bundesstraßen 188 und 190 im sozusagen doppelten »Hosenträgerformat« die Ost-West-Verbindungen durch die Altmark her.

Mit dem Begriff »Amerika«- oder »Kaiser-Linie« wissen historisch und/oder Eisenbahn-Interessierte sicher etwas anzufangen. Die Trasse, auf der im 19. und 20. Jahrhundert viele deutsche Auswanderer nach Bremerhaven fuhren, um dort nach Amerika einzuschiffen, und die gelegentlich auch von Kaiser Wilhelm II. auf dem Weg zu den deutschen Nordseehäfen benutzt wurde (in der Gegenrichtung kamen Frischfisch und andere Güter von der Küste ins Landesinnere), erhielt so ihre Namen. Nach dem Rückbau in den Jahren der deutschen Teilung wurde die Strecke zwischen den Hansestädten Stendal und Salzwedel ins Niedersächsische wieder ertüchtigt. Bedeutender für den Personenverkehr sind für die Altmark vor allem die ICE-Verbindung zwischen dem Rhein-Ruhr-Gebiet über Hannover und Stendal nach Berlin sowie die Nord-Süd-Strecke aus der Landeshauptstadt Magdeburg über Stendal weiter in die norddeutschen Bundesländer.

Als Wasserstraße ist natürlich die Elbe schon immer eine wichtige Verkehrsader. Die Hansestadt Tangermünde erlebte nicht zuletzt auch durch ihren Hafen goldene Zeiten. Der Umstieg auf den (Just-in-Time)-Straßentransport in den vergangenen Jahrzehnten, aber auch die zunehmend häufiger niedrigen Wasserstände der Elbe führten jedoch zu deutlich reduziertem Verkehr auf dem Fluss. Heute umschiffen die großen Lastkähne von Hamburg ins Landesinnere die Altmark meist auf dem niedersächsischen Elbe-Seiten-Kanal, um dann über den Mittellandkanal Richtung Berlin oder Magdeburg und nach Tschechien zu schippern.

Von braunen Bierflaschen und grünen Algen – Die Hidden Champions der Altmark

Wer die Altmark wortwörtlich, im übertragenen Sinne, aber auch ihre Geschichte und Gegenwart durchstreift, kann Dinge entdecken, für die der englische Begriff des »Hidden Champion« geradezu erfunden worden zu sein scheint. Da steht man südlich von Kunrau, mitten im Tausend-Gräben-Land Drömling, vor dem Gedenkstein für einen gewissen Theodor Hermann Rimpau. In Kusey, an der Ortseinfahrt vom winzigen Rundlingsdorf Wenze kommend, versteckt sich ein ebensolcher Gedenkort für Albert Schultz-Lupitz. Die Osterburger haben August Huchel zwar keinen Gedenkstein gesetzt, verwahren seinen Nachlass jedoch im Museum und feiern ihn zum jährlichen Spargelfest. Wer sein Feierabendbier traditionell aus einer braunen Flasche trinkt, denkt dabei mit Sicherheit nicht an den gebürtigen Klötzer Adolph Frank, hat aber ein handfestes Ergebnis seiner Forschungen in der Hand. Und wenn schon von dem beschaulichen Klötze die Rede ist, dann kommt sogleich ein Mann ins Spiel, der 1999 als einer der weltweiten Vorreiter etwas auf den Weg brachte, das für die Zukunft der Menschheit von enormer Bedeutung sein könnte: Jörg Ullmann, Biologe und Geschäftsführer von Roquette, der ersten Mikro-Algenfarm in Europa. Doch beginnen wir am Anfang, geerdet sozusagen...

Christoph Entzelt hieß der Mann, der schon im 16. Jahrhundert so treffend beschrieb, was diese Region vor allem ausmacht: »Es ist aber das Land – die Alte Mark – mit hohen Gnaden und Gaben Gottes geziert: einer gesunden Luft, ein reich Kornland, schöner Viehzucht, Butter, Käse, Wolle, Honig, Fleisch, Fische, schön Brot, Wildbret, Küchenspeis, Holz ... Die Städte darinnen brauen die herrlichsten Biere.« Das Land, der Boden also in der Altmark und seine ertragreiche Nutzung beschäftigte die Menschen seit je und brachte die Ideen kühner Geister auf den Weg.

Theodor Hermann Rimpau entwickelte als Besitzer des Ritterguts Kunrau im riesigen Niedermoorgebiet des Drömling ab 1862 – zuerst übrigens genau dort, wo heute sein Gedenkstein steht – die Moordammkultur mit einem regelmäßigen Wechsel

Nahe Kunrau steht dieser Gedenkstein für Theodor Hermann Rimpau, den »Vater« der Moordammkultur

von Gräben und exakt 25 Meter breiten Dämmen und erzielte so für diese Standorte sehr gute Erträge. Diese Art der Moornutzung wurde seitdem auf allen Kontinenten kopiert und machte Rimpau als ihren Erfinder weltweit bekannt. Quasi ein Nachbar von Rimpau war Albert Schultz, der auf seinem Gut Lupitz, über Jahrzehnte hinweg umfangreiche Forschungen und Versuche auf dem Gebiet der Nährstoffversorgung von Pflanzen durchführte. Aus einer »Wüstenei«, wie es hieß, entwickelte Schultz-Lupitz sein Gut zu einer der bedeutendsten Musterwirtschaften in Deutschland. Seine Forschungen vor allem zur Phosphor-, Stickstoff- und Kalidüngung fanden Eingang in den weltweiten Ackerbau. Sozusagen nebenbei – als Start-up, wie man heute sagen würde – gründete er noch die Zuckerfabrik in Salzwedel und war Abgeordneter im preußischen Landtag und im Deutschen Reichstag.

Kali war, um es so zu sagen, auch der Lebensinhalt von Adolph Frank. Der vielseitige Naturwissenschaftler entdeckte und erschloss nach 1860 die Kalisalzlager im heute sachsen-anhaltischen Staßfurt und ließ dort die erste Kalifabrik der Welt errichten. Neben zahlreichen Patenten, die er anmeldete, gehen auch später weltweit agierende Industrieunternehmen (u.a. die Badischen Anilin- und Sodafabriken – BASF) wesentlich mit auf ihn zurück. Dass man das Glas für Bierflaschen durch das Hinzufügen bestimmter Oxide braun färben kann (und sollte), um den Gerstensaft vor Lichteinwirkung zu schützen, war sozusagen ein Beifang seiner Forschungen.

In den Mittelpunkt seiner Forschungen stellte der Osterburger August Huchel dagegen etwas, was Kenner am liebsten strahlend weiß sehen: den Spargel. Kaum jemand, der das Edelgemüse heute in seinen zahlreichen Varianten genießt, wird dabei an Huchel denken. Der Mann also (→ S. 40) ist ein echter Hidden Champion – wie viele Kreative aus der Altmark bis heute.

Womit wir wieder bei Jörg Ullmann wären. Als der mit seiner Frau Kirstin Knufmann vor gut 20 Jahren begann, seine riesige Algenfarm aufzubauen, titelten die Medien »Das grüne Wunder« oder »Lebensmittel der Zukunft«. Kilometerlange, leuchtend grüne Glasröhren durchziehen heute die lichtdurchfluteten Gewächshäuser am Ortsrand von Klötze. Hier wachsen die Mikroalgen, zigfach schneller als Landpflanzen, die bis zu 70 Prozent reines Protein in der Biomasse und neben anderen wichtigen Inhaltsstoffen auch die gefragten Omega-3-Fettsäuren enthalten. Die Anwendungsbreite von Algen ist enorm: als Lebens- und Futtermittel, in Medizin und Kosmetik, ja auch in Architektur, Mode, Luft- und Raumfahrt werden Algen schon heute und in Zukunft noch mehr eingesetzt. Ein noch ziemlich neues Feld der Algenanwendung hat das junge Forscher- und Unternehmerpaar übrigens nicht geheim gehalten – schlicht »Algen« heißt das 2016 erschienene Kochbuch, das die Gastronomische Akademie Deutschlands mit einer Goldmedaille adelte.

Champions eben.

Albert Schultz-Lupitz-Gedenkstein

Land- und Ernährungsgüterwirtschaft

Die Altmark war und ist eine Agrarregion. Dank der naturräumlichen Vorzüge zählen leistungsstarke landwirtschaftliche Unternehmen und ein ausgeprägtes forstwirtschaftliches Potenzial zu den traditionellen Standortvorteilen. Bewirtschaftet werden die Flächen aktuell von rund 500 Betrieben unterschiedlicher Eigentumsformen. Nicht zu übersehen sind die riesigen Schläge, die von den aus den großen DDR-Genossenschaften hervorgegangenen Agrarunternehmen bewirtschaftet werden. Neben Getreide bauen sie vor allem Mais, Raps sowie Zuckerrüben und Kartoffeln an. Viele sind zugleich durch ihre Produktion regenerativer Energieträger wie Biogas wichtige Treiber für die Energiewende. Darüber hinaus wird ein besonderes Gemüse jährlich von Feinschmeckern aus Nah und Fern im Frühjahr herbeigesehnt: der altmärkische Spargel, als dessen »Hauptstadt« die Hansestadt Osterburg gilt (→ S. 114).

Dem Gedanken der Regionalität, aber auch der ausgeprägten fachlichen Tradition folgend, finden sich in der Altmark verschiedene Unternehmen der Lebensmittelindustrie wie etwa Milchwerke, Käsereien oder die fleischverarbeitende Industrie. Gewissermaßen eine Zwitterstellung zwischen Land- und Ernährungsgüterwirtschaft nimmt die Roquette-Algenfarm in Klötze ein. Als erste Algenfarm Europas bei ihrer Inbetriebnahme 1999 ein absoluter Exot, ist sie heute einer der weltweiten Vorreiter einer zukunftsträchtigen Industrie (→ S. 26).

Überhaupt wird die Altmark zunehmend vom Bemühen um einen ökologischen Landbau geprägt. Dazu passt, dass seit 2019 die Ausbildung zum Landwirt in den berufsbildenden Schulen um das Angebot des zweijährigen Fachschulbildungsgangs »Ökologischer Landbau« ergänzt wurde. Vom Anbau bis zur Vermarktung streben vor allem junge Landwirte, Obstbauern und Tierzüchter durchgehende Wertschöpfungsketten an, deren Ergebnisse sich sehen und schmecken lassen können. Zahlreiche der altmärkischen Produkte, ob aus der Destillerie Diesdorf, der Paradiesfrucht GmbH in Salzwedel oder vom Stendaler Stallbaum-Scheunenladen sind nicht nur »Kulinarische Sterne Sachsen-Anhalts«, sondern tragen auch vielfach internationale Auszeichnungen.

Hochschule

Mit dem Slogan »Studieren im Grünen« wirbt die Hochschule Magdeburg-Stendal (FH) für ein Studium im Herzen der Altmark. Der Campus mit Hörsaal- und Seminargebäuden, Bibliothek, Mensa, Studentenwohnheim und eigener Kinderbetreuung ist kompakt, alles ist zu Fuß erreichbar. Rund 2000 junge Leute studieren am Standort Stendal der Hochschule, die ihre Fachbereiche zwischen den beiden Städten aufteilt. Insgesamt bietet die Hochschule über 50 Studiengänge an. Neben dem klassischen BWL-Studium locken vor allem sehr spezielle Fächer wie Kindheitswissenschaften oder Rehabilitations-Psychologie Studierende in die Altmark. Sie finden in der Hansestadt neben dem modernen Campus vor allem Übersichtlichkeit, kleine Fachgruppen und eine sehr gute Betreuungsquote vor.

Die Altmark ist Pferdeland

Sport

Sportliches Zentrum der Altmark ist die sachsen-anhaltische Landessportschule in der Hansestadt Osterburg. Vom Leichtathletikstadion über die Schwimm- bis zur Kampfsporthalle und Seminarräumen für jeden Zweck bietet sie viele Möglichkeiten für Training, Aus- und Fortbildung und Freizeitgestaltung. Gruppen und Individualtouristen sind ebenso gerne gesehen wie Weltklasseathleten, die sich hier auf ihre Wettkämpfe vorbereiten – beste Unterkunft und Verpflegung inklusive.

Über die Jahre hinweg hat die Altmark auch Medaillengewinner internationaler Wettkämpfe hervorgebracht, wie die Sprinterin Christa Stubnick (1933–2021), die für die damals gemeinsame deutsche Olympia-Mannschaft 1956 zwei Silbermedaillen gewann, oder den Speerwerfer Raymond Hecht. Und auch die Stendaler Fans erinnern sich noch gerne an die lange Karriere ihrer Fußballer in der DDR-Oberliga und den einen oder anderen DDR-Nationalspieler aus den eigenen Reihen, darunter Kurt Liebrecht, Gerd Backhaus und Klaus Decker. Höhepunkte waren 1966 die Finalteilnahme im DDR-(FDGB)-Pokal und im geeinten Deutschland das knappe Ausscheiden im DFB-Pokal-Viertelfinale gegen Bayer Leverkusen im Jahr 1995 nach großem Kampf im Stadion »Am Hölzchen«. Heute kickt der 1. FC Lok Stendal in der Fußball-Oberliga.

Breitgefächert für jedermann ist das Angebot in den annähernd 300 Vereinen der Altmark, in denen über 30 000 Mitglieder in fast 40 Sportarten zugange sind. Vom Schützenklub bis zum Fliegerverein reicht das Angebot, überdurchschnittlich vertreten (was Wunder im Pferdeland Altmark!) ist jedoch alles, was mit dem Reiten zu tun hat. Um nur ein Beispiel zu nennen: Im Reitsportzentrum Krumke sind die Voltigierer aus Osterburg zu Hause, die bei Turnieren im In- und Ausland stets um vordere Plätze mitreiten. Was der eine oder andere kaum glauben wird: Auch Schlittenhunde-Touren kann man in der Altmark buchen und die Dannefelderin Angela Wiatkowski hat mit ihren Huskys schon die 160-km-Distanz der »Polar-Distans« im schwedischen Särna absolviert.a

Geschichte

Warum heißt die Altmark eigentlich Altmark? Weil sie, um es ganz knapp zu sagen, der älteste Teil und westelbisches Ausgangsgebiet dessen ist, was man später und bis heute die Mark Brandenburg nennt. »Antiqua Marchia« – um 1304 taucht dieser Name erstmals in den Chroniken auf, was dann vielfach dazu führt, dass die Region, nicht ohne Stolz, von den Einheimischen mit Attributen wie »Wiege Brandenburgs« oder sogar »Wiege Preußens« bedacht wurde und wird.

Von der Frühzeit bis ins Mittelalter

Im Gegensatz zum südlichen Teil des heutigen Sachsen-Anhalts hat man bislang nennenswerte Siedlungsspuren in der Altmark erst aus der Kupfersteinzeit gefunden. Die Funde, darunter zahlreiche Großsteingräber, werden der Trichterbecherkultur zugerechnet, deren regionale Variante sich durch Tiefstichkeramik auszeichnet. Besonders sehenswerte Großsteingräber finden sich zum Beispiel in Steinfeld (Die Anlage ist rund 50 Meter lang!), am Ortsrand von Stöckheim mit dem sogenannten Goliath-Grab und im Wald, nördlich der Landstraße zwischen Stöckheim und Lüdelsen, das Königsgrab mit einem vier Kilometer langen archäologischen Wanderpfad. Interessant ist, dass am Ende des 2. Jahrhunderts nach Christus in der Altmark größere Friedhöfe entstanden, was möglicherweise auf eine stärkere Zuwanderung von Gruppen schließen lässt. Auf jeden Fall scheint die Region kontinuierlich von elbgermanischen Gruppen besiedelt gewesen zu sein, unter denen die Langobarden hervortreten. In lokalen Quellen finden sich dazu verschiedentlich Hinweise. Etwa ab dem 7. Jahrhundert folgte die Zuwanderung von Sachsen im Nordwesten entlang der Jeetzel und von Slawen im Osten. Von Karl dem Großen wurde das Gebiet bei der Unterwerfung der Sachsen erobert und war seither Teil des fränkischen, dann des ostfränkischen Reiches.

An die einstige Ausdehnung der Hanse erinnert dieser Wegweiser in Salzwedel

Vom sächsischen König Heinrich I. ging dann in der ersten Hälfte des 10. Jahrhunderts die Initiative aus, den Bau von Burgen in der damaligen Nordmark voranzutreiben, die vor allem strategische Aufgaben zum Schutz der Gebiete und bei der Christianisierung der ostelbischen Gebiete erfüllen sollten. Dieser Aufgabe widmete sich dann Heinrichs Sohn Otto I. – später als erster Kaiser des Heiligen Römischen Reichs Deutscher Nation »der Große« genannt – mit besonderem Engagement. Man geht heute davon aus, dass die Burgen Salzwedel – strategisch wichtig in der Nordmark an der Salzstraße – Kalbe (Milde) und Gardelegen aus diesen Gründen gebaut wurden. In Havelberg, wo Havel und Elbe zusammenfließen, gründete Otto I. um 946 ein Bistum, um von hier aus die Christianisierung des Ostens voranzutreiben.

Nach dem großen Slawenaufstand von 983, indessen Folge auch dieser Havelberger »Vorposten« verloren ging, kontrollierten die Sachsen nur noch den westelbischen Teil der Nordmark, die spätere Altmark. Mit der Belehnung dieses Gebiets, das nun zunehmend Ausgangspunkt für die Eroberung ostelbischer Gebiete wurde, durch Kaiser Lothar III. an Albrecht I. 1134 trat das Geschlecht der Askanier auf den Plan. Nach der endgültigen Einnahme von Brandenburg 1157 wurde die Nordmark Teil der Mark Brandenburg mit Albrecht I. als Markgrafen, dem man schon zu Lebzeiten den Beinamen »der Bär« verlieh. Albrecht trug zahlreiche Titel, die einen Eindruck von seiner und der Macht der Askanier vermitteln: Graf zu Ballenstedt und Graf zu Aschersleben, Markgraf von Brandenburg, später Herzog von Sachsen und Markgraf von Anhalt. Albrecht und seine Nachfahren hinterließen weitreichende Spuren: Sie bauten nicht nur Burgen und Siedlungen aus, sondern holten deutsche Siedler, aber auch Flamen und Holländer in die Mark Brandenburg, die nunmehr aus der Mittelmark, der westelbischen Altmark, der Neumark sowie der Uckermark, östlich des heutigen Berlin, bestand.

Nach dem Aussterben der brandenburgischen Linie der Askanier gelangte dieses Gebiet und somit auch die Altmark ab 1324 unter die Herrschaft der Wittelsbacher und Luxemburger, die sich ab 1356 Kurfürsten nennen durften und mit Kaiser Karl IV. Tangermünde zur Nebenresidenz von Prag ausbauten. Parallel dazu entwickelte sich mit der dynamischen Entwicklung des frühkapitalistischen Handels die Hanse als stolzer und mächtiger Städtebund, in dem auch altmärkische Städte wie Stendal, Gardelegen und Salzwedel eine bedeutende Rolle spielten.

Vielfältige Spuren haben, in jenen Jahrhunderten beginnend, in der Altmark ansässige Adelsgeschlechter hinterlassen, denen nachzuspüren noch heute lohnt. Von Schulenburg, von Katte, von Alvensleben, von dem Knesebeck, von Königsmarck, von Dennewitz, von Rundstedt – um nur einige zu nennen – und natürlich die Bismarcks: Wunderschöne Schlösser und Herrenhäuser, Burgen, Klöster und Kirchen haben sie geschaffen, aber auch prägende Wirkungen in der oder für die Altmark sind ihnen über Generationen hinweg zuzuschreiben.

1415 begann mit Kurfürst Friedrich I., nach fast einem Jahrhundert der Unruhen und Wirren in der Mark, die Herrschaft der Hohenzollern über das Kurfürstentum Brandenburg und die Altmark. Der Dreißigjährige Krieg (1618–1648) hinterließ dann auch in der Alten Mark und ihren Städten schlimme Spuren.

Die Ruine des Neuen Schlosses in Tylsen bei Salzwedel

Theodor Fontane, der profunde Altmark-Kenner und -Liebhaber beschrieb das sehr viel später literarisch mit den Worten: »Auch jetzt noch verleugnen die altmärkischen Städte ihre frühere Bedeutung keineswegs, …man merkt einfach nur, dass Rock und Mann zur gleichen Zeit heruntergekommen sind und dass beide einst stattlicher dreinsahen.«

Der Altmärkische Hansebund – acht Städte im »Gefolge«

1161, 1669, 1980, 1998 – Jahreszahlen, die Wegmarken bedeuten in einer Historie, auf die man in der Altmark heute nicht ohne Stolz blickt. Mit dem »Artlenburger Privileg«, ausgestellt von Heinrich dem Löwen, begann 1161 die Erfolgsgeschichte der Hanse – eines Städtebunds im Norden Deutschlands und der angrenzenden Länder. Hansekontore, in denen Kaufleute ihre Interessen bündelten und so auch die Politik maßgeblich beeinflussten, entstanden von London über Brügge, Hamburg und Lübeck bis nach Reval und Nowgorod. Und mittendrin, über mehrere Hundert Jahre, die Hansestädte der »Olden Mark«. Was 1669 mit dem letzten mittelalterlichen Hansetag in Lübeck endete, entstand 1980 im niederländischen Zwolle neu: ein Hansebund, der sich nun als europäische Lebens- und Kulturgemeinschaft versteht. 194 Städte in 16 Ländern gehören heute zum »Gefolge«, denn genau das bedeutet das aus dem Althochdeutschen kommende Wort Hanse.

Und da keine Region in der europäischen Hanse eine größere Konzentration an Mitgliedsstädten aufzuweisen hat als der Norden Sachsen-Anhalts, beschlossen Stendal, Salzwedel, Gardelegen, Tangermünde, Osterburg, Werben, Seehausen und die Prignitzstadt Havelberg, dies auch nach außen stolz zu dokumentieren – sie schlossen sich 1998 zum »Altmärkischen Hansebund« zusammen. Am längsten dabei – seit 1263 nämlich, als die Stadt Mitglied der »Gotländischen Gesellschaft« wurde, eine der Wurzeln der Hanse – ist Salzwedel. Was dann auch zu der Ehre führte, 2008 als erste im altmärkischen Verbund den Internationalen Hansetag ausrichten zu dürfen, Gastgeber also für halb Europa. Das soll – man mag es kaum glauben, aber so weit reicht die Planung – 2038 wieder der Fall sein, nach Gdańsk, Braunschweig, Edinburgh, Kaliningrad und vielen anderen, die bis dahin Gastgeber sein werden.

Zu Reichtum und Bedeutung der altmärkischen Hansestädte trug natürlich die vorzügliche Lage an den Flüssen Elbe, Havel und auch Jeetze – damals schiffbar bis nach Hamburg – und an wichtigen mittelalterlichen Handelsstraßen bei. Allein acht verbriefte Hauptwege der Hanse durch die Altmark, die später auch als Heer- und Poststraßen benutzt wurden, verzeichnen die Chroniken. Geschichte und Geschichten kann man noch heute nachspüren auf dem Räuber- oder dem Hopfenweg, dem Tuch- oder dem Vier-Flüsse-Weg, auf Damm- und Kolonnen-, Dom- und Elbe-Havel-Weg. Sie alle führen durch zauberhafte Landschaften, vor allem aber zu den beeindruckenden Bauten der norddeutschen Backsteingotik, die mit der Hanse wuchs und ihre Blüte erlebte.

1859 schrieb Theodor Fontane, der genuine Kenner der märkischen Landschaft, in seinen »Gedanken über die Altmark«: »Auch jetzt noch verleugnen die altmärkischen Städte ihre frühere Bedeutung keineswegs, und neben schlichten, zum Teil baufälligen Fachwerkhäusern, die im günstigsten Falle das Interesse hohen Alters bieten, finden sich zahlreiche Bauten, die an Fürstenmacht und Bürgerreichtum, an die Glanztage des Klerus und der Hansa erinnern...«. Besuchte Fontane die altmärkischen Hansestädte heute, gut 160 Jahre später, würde er nicht nur die spektakulären Bauten der Hansezeit bestens erhalten wiederfinden, sondern vielerorts schon feinfühlig restauriertes Fachwerk.

Die Altmark und der preußische Staat

Vielfältig waren die Ursachen, die im 18. Jahrhundert zur Entstehung des preußischen Staates führten, die Mark Brandenburg jedenfalls und damit auch die Altmark bildete seinen Kern. Darauf verwies Otto von Bismarck, der im altmärkischen Schönhausen (Elbe) geborene erste Kanzler des 1871 entstandenen Deutschen Reichs, später nur allzu gerne. Die Altmark, als eine der vier »Provinzen« der Kurmark, war in sechs von Landräten geführte Kreise unterteilt.

Mit der Niederlage Preußens in den napoleonischen Kriegen 1806 begann ein neun Jahre währendes Intermezzo, die Altmark kam zum Königreich Westphalen, Salzwedel wurde Sitz eines westfälischen Unterpräfekten. Nach dem Wiener Kongress 1815 wurde sie, in die Kreise Salzwedel, Gardelegen, Osterburg und Stendal untergliedert, Preußen als dessen Provinz Sachsen zugeschlagen.

Hier liegt auch der Quell des heutigen Landesnamens Sachsen-Anhalt, der also im Norden diese ehemalige preußische Provinz meint, und nicht das Königreich Sachsen, den heutigen Freistaat. Dazu noch eine weitere Anmerkung: Den drei anhaltischen Herzogtümern war es auf dem Wiener Kongress gelungen, ihre Selbstständigkeit zu erhalten, sie vereinten sich 1863 zu einem einheitlichen Herzogtum unter Dessauer Führung. Noch heute existiert das askanische Adelshaus der Anhaltiner, seine Mitglieder sind verschiedentlich auch im Bundesland noch aktiv.

20. und 21. Jahrhundert

Die verheerenden Kriege des 20. Jahrhunderts hinterließen auch in der Altmark ihre Spuren, wenngleich diese aufgrund des weithin agrarischen Charakters der Region nicht so gravierend waren, wie etwa im Süden des heutigen Bundeslandes. Im Zweiten Weltkrieg wurde der Stendaler Dom bombardiert und vor allem die sinnlosen deutschen Abwehrschlachten entlang der Elbe schlugen wie in Havelberg und mit den gesprengten Elbbrücken, zum Beispiel bei Tangermünde, tiefe Wunden. Im Frühjahr 1945 wurde die Altmark zudem zum Endpunkt meh-

Die Gedenkstätte Buchhorst

rerer Todesmärsche aus nationalsozialistischen Konzentrationslagern in Nord- und Mitteldeutschland. An sie erinnern heute u.a. die Gedenkstätte Feldscheune Isenschnibbe bei Gardelegen und der Ehrenfriedhof im Drömlingort Buchhorst sowie zahlreiche Gedenksteine entlang der Routen der Todesmärsche. Eingraviert ist auf den meisten dieser Findlinge der rote Winkel, der in den faschistischen Lagern politische Häftlinge kennzeichnete.

Nachdem zunächst US-amerikanische Truppen in die Gebiete westlich der Elbe einrückten, wurde die gesamte Altmark zum 1. Juli 1945 Teil der sowjetischen Besatzungszone. Mit der Auflösung Preußens im Jahr 1947 kam die Altmark zum neu gebildeten Land Sachsen-Anhalt.

Nach der Gründung der DDR im Oktober 1949 spielten die Länder eine immer geringere Rolle, 1952 wurden sie aufgelöst. Auf sachsen-anhaltischem Gebiet entstanden die Bezirke Halle (Saale) im Süden und Magdeburg im Norden. Wie schon zuvor hatte die Altmark auch danach mit ihrer Randlage zu kämpfen. Dies umso mehr, als eine lange innerdeutsche Grenze im Westen und im Norden entlang der Elbe die Region gleichsam einengte, mit allem Unbill, das damit zusammenhing. So wurden ganze Dörfer im Grenzbereich bei Nacht und Nebel umgesiedelt, die DDR-Oberen hatten diesem Plan den menschenverachtenden Namen »Aktion Ungeziefer« gegeben. Sehr anschaulich wird darüber heute im Grenzlandmuseum Schnackenburg (Niedersachsen) und – auf altmärkischer Seite – an dessen Ableger in der Wüstung Stresow oder auch in Böckwitz/Zicherie informiert.

Aus den zunächst neun sehr großflächigen Altmark-Kreisen wurden in der DDR-Zeit sieben Kreise, die bis zur Kreisneugliederung 1994 Bestand hatten. Wirtschaftlich leisteten vor allem die großen Landwirtschaftlichen Produktionsgenossenschaften (LPG) für Tier- und Pflanzenproduktion einen wichtigen Bei-

Ehemaliger Grenzturm bei Böckwitz/Zicherie

trag zur Versorgung der DDR-Bevölkerung. Größere Industriebetriebe existierten in Stendal, Tangermünde und Tangerhütte. Für die Energieversorgung war die Erdgasförderung in der westlichen Altmark wichtig.

Im Herbst 1989 gingen auch in der Altmark, vor allem in Stendal, die Menschen auf die Straße, um ihre zunehmende Unzufriedenheit mit den herrschenden Zuständen zu artikulieren. Mit dem Mauerfall im November 1989 und der deutschen Wiedervereinigung im Jahr danach rückte die Altmark aus ihrer Randlage plötzlich wieder in Deutschlands Mitte – die Freudenszenen in den ehemals abgeschnittenen Grenzorten sind noch heute unvergessen.

Mit der Kreisgebietsreform im 1991 wieder gegründeten Bundesland Sachsen-Anhalt entstanden 1994 die beiden heutigen Landkreise Stendal und Altmarkkreis Salzwedel, deren Landräte seitdem, mehrfach wechselnd, von CDU und SPD gestellt werden. In den Kreistagen sind neben den genannten auch andere, in der Bundesrepublik wirkende Parteien, zunehmend aber auch unabhängige Wählervereinigungen vertreten. Die Städte und Dörfer sind in Einheits- und Verbandsgemeinden vereint, die zum Teil riesige Flächen umfassen. So ist die Stadt Gardelegen mit allen ihren Ortschaften und Ortsteilen mit 632 Quadratkilometern die nach Berlin und Hamburg territorial drittgrößte Kommune Deutschlands.

Berühmte Persönlichkeiten

Große Köpfe und auch manche Querköpfe hat die Altmark hervorgebracht, andere haben hier gewirkt, Spuren aber auch anderswo hinterlassen. Manche Namen kennt man, hätte sie aber nicht mit der Altmark verbunden. Einige werden hier vorgestellt, anderen begegnet man quer durch diesen Reiseführer.

Albrecht der Bär (um 1100–1170)

Seine Grablege befindet sich in der Schlosskirche von Ballenstedt am Harzrand, dem damaligen askanischen Hauskloster. Albrecht I., seit dem 12. Jahrhundert »der Bär« genannt, wurde um 1100 geboren. Der Graf von Ballenstedt, Graf von Weimar und Orlamünde und seit 1157 erster Markgraf von Brandenburg, tat sich als Gegenspieler Heinrichs des Löwen hervor. 1126 heiratete er Sophie von Winzenburg. Aus der Ehe gingen mindestens zehn Kinder hervor. Albrecht trieb durch Diplomatie und Kampf die bereits zweimal gescheiterte Osterweiterung voran. Er nahm am Wendenkreuzzug von 1147 teil. Bis 1157 dauerte die Expansion, dann wurde Albrecht zum Markgrafen von Brandenburg ernannt. Die Ostgebiete wurden christianisiert. Albrecht holte in die schwach besiedelten slawischen Gebiete Bauern aus Flandern und siedelte sie im heutigen Fläming an. Er verhalf Stendal mit der Verleihung des Marktrechts zum Aufschwung. Drei Monate vor seinem Tod 1170 nahm er an der Weihe des Havelberger Doms teil. Mit ihm beginnt die Geschichte der Askanier.

Karl IV. (1316–1378)

Karl IV., geboren als Wenzel (tschechisch Václav), war römisch-deutscher König (ab 1346) und römisch-deutscher Kaiser (ab 1355). Er stammte aus dem Geschlecht der Luxemburger und zählt, auch durch seine erfolgreiche Hausmachtpolitik, zu den einflussreichsten europäischen Herrschern jener Zeit. Aus seiner Autobiografie über die Kindheits- und Jugendjahre erfährt man, dass Karl fünf Sprachen beherrschte. Unter seiner Regentschaft wurde 1356 die Goldenen Bulle verabschiedet, die unter anderem das Wahlverfahren des römisch-deutschen Königs regelte und Anzahl und Namen der Kurfürsten festlegte. So wurde sie zum wichtigsten Grundgesetz des Reichs bis zu seinem Untergang 1806. Karl baute Prag zu einem der wichtigsten geistig-kulturellen Zentren seiner Zeit und zur Haupt- und Residenzstadt des Heiligen Römischen Reiches aus. In Tangermünde, von Böhmen aus auf der Elbe bequem erreichbar, richtete Karl in der alten Reichsburg seine brandenburgische Residenz ein. Die Stadt sollte zur Hauptstadt der mittleren Provinzen aufsteigen, was durch seinen Tod allerdings verhindert wurde. 1373 erhielt Karl IV. die volle Verfügungsgewalt über die Mark Brandenburg. Auf der Tangermünder Burg steht seit 1900 als eine Schenkung von Kaiser Wilhelm II. an die Stadt eine Bronzestatur Karls IV. des Bildhauers Ludwig Cauer.

Grete Minde (unbekannt–1619)

Margarete Minde gehört zu den historischen Persönlichkeiten, die untrennbar mit der Geschichte der Hansestadt Tangermünde verbunden sind – nicht zuletzt durch die bekannte Novelle von Theodor Fontane, die dieser 1879 schrieb. Grete Minde entstammte einer angesehenen Patrizierfamilie, mit der sie Zeit ihres Lebens um ihr Erbteil stritt. Ihr Ehemann, zunächst Soldat und später als räuberischer Landsknecht verhaftet, beschuldigte seine Frau, weil sie ihr Erbe nicht bekommen hätte, die Stadt Tangermünde zwei Jahre zuvor angezündet und somit den großen Stadtbrand von 1617 verursacht zu haben. Das Gerichtsverfahren, mehr ein Schauprozess ohne wirkliche Aufklärungsabsicht, führte zur Verurteilung. Am 22. März 1619 starb Grete Minde qualvoll auf dem Scheiterhaufen. Über 250 Jahre galt sie als »verruchtes Weib«, als die Brandstifterin, die das größte

Die Grete-Minde-Skulptur vor dem Rathaus von Tangermünde

Das Winckelmann-Museum in Stendal

Unglück über Tangermünde gebracht hatte. Der damalige Kreisrichter und Historiker Ludolf Parisius schrieb 1883 nach genauem Studium der Gerichtsakten eine »Ehrenrettung«, obwohl eine eindeutige Aussage zu Schuld oder Unschuld bis heute nicht getroffen werden konnte. Fontane weicht in seiner Darstellung des Schicksals der Grete Minde allerdings deutlich von den historischen Begebenheiten ab. Am 22. März 2009, 390 Jahre nach ihrer Hinrichtung, wurde am historischen Rathaus der Stadt, in dem der Prozess gegen Grete Minde stattfand, eine lebensgroße Bronzeskulptur enthüllt, geschaffen vom Bildhauer Lutz Gaede.

Johann Joachim Winckelmann (1717–1768)

Der Stendaler Schuhmachersohn Winckelmann gilt als der Begründer der modernen Archäologie und, in seiner wissenschaftlichen Arbeit, auch als der geistige Begründer des Klassizismus im deutschsprachigen Raum. Sein Verständnis von Kunst brachte er auf die knappe Formel »edle Einfalt, stille Größe«. Er war Bibliothekar, Archäologe, Antiquar und Kunstschriftsteller. Winckelmann, studierter Theologe, Hauslehrer und Medizinstudent, ging 1755 nach Rom. Ein Stipendium des Dresdner Kurprinzen ermöglichte ihm ein unabhängiges Gelehrtenleben. Er führte den damals 25-jährigen anhaltischen Fürsten Leopold III: Friedrich Franz, den Begründer des Wörlitzer Parks, in die Architektur und Geisteswelt der Antike ein, als dieser auf seiner Grand Tour 1765/66 Rom besuchte. Der Fürst in seinem Wissensdurst »bezauberte« Winckelmann nach eigener Aussage. Erfahrungen, die Franz an der Seite Winckelmanns machte, flossen später in die Gestaltung der Wörlitzer Gartenlandschaft ein. 1768 fiel er in Triest einem Raubmord zum Opfer. Das attraktive Winckelmann-Museum in Stendal erinnert an den großen Sohn der Stadt und wer möchte, kann auf den Spuren des Gelehrten durch die ganze Altmark reisen. Die Winckelmann-Gesellschaft hat dafür einen informativen Flyer aufgelegt.

Johann Friedrich Danneil (1783–1868)

Danneil, eigentlich Dannehl, wurde in Kalbe (Milde) als Handwerkersohn geboren. Bereits vor seinem Studium in Halle (Saale) ab 1803 war er als Pädagoge tätig, wurde später Lehrer und Direktor des Salzwedeler Gymnasiums. Um 1820 unternahm Danneil erste archäologische Grabungen in der Altmark. Bei seiner Erforschung prähistorischer Objekte führte er wesentliche Neuerungen ein. In seinem 1835 veröffentlichten »Generalbericht über Ausgrabungen in der Umgegend von Salzwedel«, unterschied er beispielsweise zwischen Steinzeit, Bronze- und Eisenzeit. Insofern gilt er als einer der Begründer des Dreiperiodensystems, einer wissenschaftliche Systematik der Archäologie. Besondere regionale Bedeutung für seine Heimat erlangte Danneil 1836 durch die Gründung des Altmärkischen Vereins für Vaterländische Geschichte und Industrie. Das Regionalmuseum der Altmark in der Hansestadt Salzwedel ist nach Danneil benannt.

Jenny Marx (1814–1881)

Als Johanna Bertha Julie Jenny von Westphalen, Tochter des damaligen Landrats von Salzwedel, geboren, lernte sie nach der Versetzung ihres Vaters nach Trier dort den Studenten Karl Marx kennen. Nach der sieben Jahre dauernden Verlobungszeit – in der man sie als »Ballkönigin und schönstes Mädchen von Trier«, wie Marx sagte, kennenlernte – heirateten beide 1843. Jenny zog mit ihrem Mann nach Paris und später nach Brüssel, wo sie als Sekretärin von Karl Marx Teile des »Manifests der Kommunistischen Partei« zu Papier brachte. Auch in den folgenden Jahrzehnten des Exils, vor allem in London, arbeitete Jenny eng mit ihrem Mann und dessen Freund Friedrich Engels an deren philosophischen und ökonomischen Schriften. Jenny Marx brachte sieben Kinder zur Welt, von denen drei Töchter das Erwachsenenalter erreichten. Sie starb, zwei Jahre vor ihrem Mann, in London und ist dort auf dem Friedhof Highgate im Familiengrab beigesetzt. In der Hansestadt Salzwedel erinnert das Jenny-Marx-Haus an sie (→ S. 59).

Otto von Bismarck

Otto von Bismarck (1815–1898)

Bismarck, Nachfahre eines der ältesten Adelsgeschlechter der Altmark, wurde in Schönhausen (Elbe) geboren. Er studierte Jura und übernahm nach kurzem Staatsdienst die Verwaltung der Familiengüter, was den ehrgeizigen jungen Mann letzten Endes nur wenig befriedigte. Ab etwa 1845 wurde Bismarck auch politisch aktiv, in diese Zeit fällt mit der Ernennung zum Deichhauptmann von Jerichow auch die Übernahme des ersten öffentlichen Amts. Die Heimat an der Elbe ließ Bismarck, trotz steilen Aufstiegs in höchste Ämter, zeitlebens nicht los. Bismarck gewann auf verschiedenen

Denkmal für Jenny Marx im Garten ihres Elternhauses in Salzwedel

Wegen die Aufmerksamkeit der preußischen Könige und Kronprinzen, wurde Diplomat und war von 1862 bis 1890 – mit einer kurzen Unterbrechung im Jahr 1873 –in Preußen Ministerpräsident, von 1867 bis 1871 zugleich Bundeskanzler des Norddeutschen Bundes. Von 1871 bis 1890 war er erster Reichskanzler des Deutschen Reiches, dessen Gründung er maßgeblich vorangetrieben hatte. Als Kanzler und preußischer Ministerpräsident bestimmte er die Politik des neu geschaffenen Reiches bis zu seiner Entlassung 1890 entscheidend mit. Aus verschiedenen Blickwinkeln schon zu Lebzeiten und erst recht danach immer im Feuer historischer Auseinandersetzungen, gilt Bismarck unstrittig als Vollender der deutschen Einigung 1870/71 und als Begründer des Sozialstaates der Moderne. Durch die Memoiren »Gedanken und Erinnerungen« wirkte er selbst maßgeblich an seinem Bild in der deutschen Öffentlichkeit mit. Im Volksmund und in der Geschichtsschreibung wurde Bismarck auch der »Eiserne Kanzler« genannt. Das Museum im Geburtsort Schönhausen (→ S. 141) erzählt spannend über sein Leben und die Familiengeschichte.

Otto Reutter (1870–1931)

Geboren wurde der Sänger und Komiker als Friedrich Otto August Pfützenreuter in Gardelegen. Schon immer zog es ihn zum Theater, ein Wunsch, den sich Reutter nach der Kaufmannslehre als Statist ab 1887 in Berlin erfüllte. Ab 1915 produzierte Reutter im Palasttheater am Zoo in Berlin sogenannte Kriegsrevuen, sein Sohn Otto Reutter jun., fiel im Ersten Weltkrieg. In den 1920er Jahren trat Otto Reutter mit Couplets vor allem im Berliner Wintergarten auf – über 1000 soll er verfasst haben –, die seit Jahrzehnten von zahllosen Künstlern immer wieder vorgetragen werden. Dazu gehört auch sein wohl heute noch bekanntestes Couplet »Der Überzieher« (Seh‘ ich weg – von dem Fleck/Ist der Überzieher weg!). Otto Reutter spielte auch in verschiedenen Filmen mit. Er starb 1931 in Düssel-

Gustav Nagel in Bronze in Arendsee

dorf, beerdigt wurde er seinem Wunsch entsprechend in der Heimatstadt Gardelegen. Mit der vom Magdeburger Bildhauer Heinrich Apel geschaffenen sehenswerten Bronzeskulptur im Stadtzentrum setzte seine Heimatstadt dem »Klassiker des deutschen Varietés« ein angemessenes Denkmal.

Gustav Nagel (1874–1952)

Carl Gustav Adolf Nagel – in Chroniken als Naturmensch, Wanderprediger, Lebens- und Schreibreformer bezeichnet – wurde in der Hansestadt Werben geboren. Nach Schulbesuch und abgebrochener Kaufmannslehre wandte sich Nagel der Naturheilkunde und den Lehren des Pfarrers Sebastian Kneipp zu. Nagel begann sich – wie es hieß – »wie Jesus« zu kleiden, ließ sich seine Haare wachsen, zeigte sich in talarartigem Umhang oder knappem Lendenschurz und wohnte in einer Erdhütte. Ab 1896 entwickelte Nagel eine eigene Rechtschreibung, reiste dann als Wanderprediger durch Deutschland, Europa und bis nach Jerusalem. 1910 kehrte er in die Altmark zurück und begann später auf einem Grundstück am Arendsee mit der Anlage eines Naturgartens mit einem Seetempel und einer Kurhalle, den er »paradisgarten« nannte. Die nationalsozialistischen Behörden brachten Nagel ins Konzentrationslager Dachau sowie später in die Nervenheilanstalt Uchtspringe. Auch die DDR-Behörden wiesen ihn nach dem Zweiten Weltkrieg zwangsweise dort ein, er konnte Uchtspringe bis an sein Lebensende nicht mehr verlassen. Nagels »lebensreformerischer Erlebnispark« zieht noch heute viele Besucher an, die sehen wollen, wie der »wanderprediger und tempelwechter fon gottes gnaden« seine Ideen am Ufer des Arendsees umgesetzt hat.

August Huchel (1889–1963)

Der im altmärkischen Wieglitz geborene Huchel, in der Heimat und unter Kennern auch respektvoll »Spargelprofessor« genannt, widmete praktisch sein ganzes Leben dem Edelgemüse. Nach dem Landwirtschaftsstudium begann er 1926 auf eigenen Spargelanlagen in der Hansestadt Osterburg mit Leistungsversuchen. 1929 gründete er dort die »Deutsche Spargel-Hochzuchtgesellschaft Osterburg/Altmark«, es folgten zahlreiche Publikationen. Nach dem Zweiten Weltkrieg setzte August Huchel seine züchterische Arbeit zunächst in Osterburg und ab 1953 in Walbeck am Niederrhein fort. Es folgten die Gründung der »Deutschen Spargelhochzuchtstation« und der Aufbau eines Ringes von Lizenzvermehrungsbetrieben. Zwei von ihm gezüchtete Spargelsorten, »Huchels Leistungsauslese«

und »Huchels Staudenauslese«, wurden patentiert. Seit 1999 verwaltet das Osterburger Museum Huchels Nachlass. Die Hansestadt feiert ihre lange Tradition als »Spargelstadt«, wie Huchel sie einst nannte, auch mit dem jährlichen Spargelfest und der Krönung einer »Spargelkönigin«.

Friedrich Schorlemmer (geb. 1944)

»Wohl dem, der eine Heimat hat«, kann Schorlemmer, neben allem Politischen, das ihn umtreibt, formulieren. Denn von der geht er aus, von der Heimat. Für den in der Lutherstadt Wittenberg lebenden Schorlemmer ist das Werben an der Elbe, die kleinste Hansestadt der Welt. Der Bürgerrechtler aus Passion, widerständig in der DDR, die Demokratie einfordernder Streiter heute, kritischer Begleiter »seiner« Kirche, wortmächtiger Verteidiger einer vom Protestantismus bestimmten Freiheit zur Verantwortung, Friedensvisionär. Schorlemmer brennt für seine Themen und reist immer wieder quer durch die Bundesrepublik, sein jeweils neuestes Buch vorzustellen, das Gespräch zu suchen. Der Pfarrer prägte das Bild der »Schwerter zu Pflugscharen« in den Köpfen, indem er im September 1983 in einer aufsehenerregenden Aktion in der Lutherstadt Wittenberg ein Schwert zur Pflugschar umschmieden ließ.

Thomas Rühmann (geb. 1955)

Den in der Hansestadt Osterburg geborenen Schauspieler und Musiker kennen die meisten Deutschen wohl nur als weißbekittelten Dr. Roland Heilmann in der ARD-Serie »In aller Freundschaft«. Rühmann studierte Journalistik und übernahm, von einem Freund inspiriert, per Zufall eine Rolle in einem Theaterstück. Das führte letzten Endes zu einer Ausbildung an der Hochschule für Schauspielkunst »Ernst Busch« Berlin. Ab 1982 war Rühmann in verschiedenen Rollen am Maxim-Gorki-Theater in Berlin zu sehen. Sein Fernsehdebüt gab Rühmann 1983 in »Martin Luther«. Seit 1998 ist er der Serienarzt Dr. Roland Heilmann. Daneben betreibt Rühmann, der übrigens nicht mit Heinz Rühmann verwandt ist, zusammen mit Tobias Morgenstern seit 1998 das »Theater am Rand« im Dorf Zollbrücke im Oderbruch. Besonderheit dieses kleinen Theaters mit 200 Plätzen ist es, dass die Besucher erst nach dem Ende der Vorstellung ihren selbstbestimmten Eintritt entrichten. Gelegentlich wirkt Rühmann als Musiker in der Martin Rühmann Band mit, die sein Bruder Martin leitet.

Annett Louisan (geb. 1977)

Die Sängerin (bürgerlich Annett Päge) wurde in der Hansestadt Havelberg geboren. Ihren Künstlernamen leitete sie vom Vornamen ihrer Großmutter Louise ab. Ein Malerei-Studium in Hamburg finanzierte Annett mit einer Tätigkeit als Studiomusikerin. 2004 wurde sie mit dem Song »Das Spiel« und kurz danach mit dem ersten Album »Bohème« bekannt, das zu einem der am schnellsten verkauften Debütalben der deutschen Musikindustrie wurde. Ende 2020 erschien ihr neuntes Studioalbum »Kitsch«. Annett Louisan wurde mit dem ECHO Pop, der Goldenen Stimmgabel und dem DIVA-Award ausgezeichnet. Mehrfach übernahm sie auch Rollen in Filmen und als Synchronsprecherin, beispielsweise in der Serie »Der kleine Prinz«.

Kunst und Kultur

Die Altmark ist eine uralte und zugleich außerordentlich heutige und lebendige Kulturlandschaft. Erbe wird hier besonders groß geschrieben, verstanden aber durchweg nicht als ehrwürdig zu Bestaunendes, sondern immer wieder neu in Gebrauch zu Nehmendes, weiter zu Entwickelndes, ja, auch zu Genießendes. Eine für jeden Interessierten perfekte Möglichkeit, sich umfassend und zugleich aktuell zu informieren, hat der Kulturraum Altmark e.V. mit seinem Onlineportal geschaffen Fast 800 Locations, rund 200 Akteure und alle aktuellen und kommenden Events in der Region werden hier vorgestellt. *www.kulturportal-altmark.de*

Architektur

Was jedem Besucher natürlich zuerst ins Auge fällt, ist die besondere Architektur dieser Region. Die zahllosen Feldsteinkirchen, teils tausend Jahre alt und in oft wunderschöner romanischer Schlichtheit (→ S. 90). Dann die Backsteinarchitektur, die sich in Klöstern und großen Kathedralen ebenso manifestiert wie in den sehenswerten Profanbauten, die von Bürgerstolz, aber auch vom Reichtum der Hansezeit sprechen (→ S. 53). Schließlich das Fachwerk in allen seinen Ausformungen – von den schlichten Kirchen im Drömling und im Elb-Havel-Winkel bis hin zur überbordenden Fülle in der Hansestadt Salzwedel. Es nimmt nicht wunder, dass drei große, teils europaweite kulturhistorische Tourismusstraßen die Altmark queren: die Europäische Route der Backsteingotik, die Straße der Romanik (→ S. 44) und die Deutsche Fachwerkstraße.

Die entzückende Feldsteinkirche im kleinen Dorf Bühne

Auch die Kenner und Liebhaber von Schloss- und Gartenarchitektur kommen in der Altmark auf ihre Kosten. Schloss und Schlosspark zu Krumke gehören ebenso zu den sachsen-anhaltischen Gartenträumen wie die Bismarck-Schlösser in Briest und Schönhausen (Elbe) mit ihren Parks oder Schloss und Park in Tangerhütte.

Auch Spuren der Klassischen Moderne findet man in der Altmark. Insbesondere in der Hansestadt Stendal gibt es mit Bauten wie dem Kaufhaus in der Breiten Straße, dem Schulbau des ehemaligen Staatlichen Oberlyceums in der Blumenthalstraße 40 und der Wohnanlage in den Nummer 12–16 der gleichen Straße Beispiele der Neuen Sachlichkeit.

Die DDR-Zeit hat neben den standardisierten Wohnbauten teils ganz spezielle Architekturzeugnisse hinterlassen. Der Ort Langenapel beispielsweise wurde im Zuge der Kollektivierung nach 1952 zum »sozialistischen Musterdorf« ausgebaut. In den Jahren seit 1990 wurde altmarkweit Historisches restauriert und saniert. Moderne Industriearchitektur findet sich bei neu entstandenen Unternehmen.

Museen

Wie die Architektur museale Objekte gleichsam im Freien bietet, so ist dies auch bei der breitgefächerten altmärkischen Museumslandschaft der Fall. Das bereits 1911 begründete Freilichtmuseum Diesdorf (→ S. 67) ist eines der ältesten Museumsdörfer Deutschlands. Mit über 20 Wohn- und Wirtschaftsgebäuden auf einer Fläche von ca. sechs Hektar präsentiert es die Kultur und Lebensweise der Menschen in der Altmark zwischen dem 17. und 20. Jahrhundert. Auf einem ehemaligen germanischen Brandgräberfeld liegt die Langobardenwerkstatt Zethlingen (→ S. 75). Auf interessante Weise kann man hier im nachgestalteten Ambiente das Leben des langbärtigen Germanenstammes nachvollziehen.

Historisches Gedächtnis der Altmark sind das Danneil-Museum in der Hansestadt Salzwedel (→ S. 59) und das Altmärkische Museum in der Hansestadt Stendal (→ S. 103). Ein Muss ist der Besuch des Bismarck-Museums Schönhausen (Elbe) (→ S. 141), wo es alles über den »Eisernen Kanzler« zu erfahren gibt und besondere Interessen werden im Turmuhrenmuseum in der Hansestadt Seehausen (→ S. 118), im Buddelschiffmuseum in Tangerhütte (→ S. 129) oder im Feuerwehrmuseum in Beuster (→ S. 118) »bedient«.

Einen ganzen Tag kann man ohne Probleme – und dies speziell mit Kindern – im Winckelmann-Museum in der Hansestadt Stendal verbringen (→ S. 101). Es befindet sich an der Stelle des Geburtshauses von Johann Joachim Winckelmann (1717–1768) und ist Leben und Werk Winckelmanns, des Begründers der Klassischen Archäologie und Kunstgeschichte, gewidmet. Aus Anlass des 250. Todestages des Gelehrten wurde es aufwändig umgebaut. Besucher machen sich auf interaktive und spannende Weise auf den Weg in die Antike, und zwar weit über Winckelmann hinaus. Auf dem Hof steht, jüngst renoviert, das größte begehbare hölzerne Trojanische Pferd der Welt, in das Kinder ebenso klettern können wie auf einen Vulkan, wobei sie dessen Ausbruch und die Entstehung eines dann folgenden Tsunamis beobachten können.

Romanik und Gartenträume – eine wunderbare Symbiose

Wenn Sachsen-Anhalt vor den Verwerfungen durch die Corona-Krise die Zahl von acht Millionen jährlichen Besuchern erreicht hat, dann haben daran die »Straße der Romanik« und die »Gartenträume« einen erheblichen Anteil. In Form einer 1000 Kilometer langen Acht mit 88 Objekten in 73 Orten zieht sich die Straße der Romanik durch das Land, die Nordroute erfasst 13 Objekte in der ganzen Altmark.

Jede der Stationen ist von besonderer Bedeutung, manche – wie der Havelberger Dom (→ S. 135) und das Kloster Jerichow (→ S. 145) – sind mit ihrer Strahlkraft eine eigene Reise wert. Aber: Wie eine wertvolle Kette neben den großen Steinen erst mit den vielen kleinen zum wahren Schmuckstück wird, so machen Dutzende anderer romanischer Bauwerke die Anziehungskraft der kulturtouristischen Route gerade in der Altmark aus. Hier sind es die romanischen Feldsteinkirchen wie in Melkow, Wiepke, Engersen, Rohrberg, Seehausen und Beuster.

Auf der Straße der Romanik unterwegs zu sein, heißt aber nicht, schlechthin Steine zu sehen. Es heißt tief einzutauchen in Geschichte, Kultur und, so man mag, auch Glauben. Näher an authentische Orte früher deutscher und europäischer Geschichte kommt man so gut wie nirgends in Deutschland. Um die Auswahl und die Routenplanung zu erleichtern, sind alle Bauwerke in vier Kategorien (Dome und ihre Schätze; Klöster; Burgen, Schlösser und Pfalzen; Kirchen und Kapellen) eingeordnet. Die Top 21 werden in der Kategorie »Highlights/Höhepunkte« hervorgehoben, wiewohl der ein oder andere Tourist auf der Route vielleicht auch sein eigenes Highlight findet. Die Route ist durchgehend mit eigenem Logo gekennzeichnet, an den Objekten finden sich Tafeln mit umfangreichen Infos auch zu Parkplätzen, Toiletten, nahen Unterkünften, Gaststätten, Geldautomaten usw.

Straße der Romanik und Gartenträume in der Altmark

Der gusseiserne Pavillon im Schlosspark von Tangerhütte

Den Gegensatz zu den trutzigen Bauwerken, zugleich aber für den Besucher in der gemeinsamen Wirkung auf Geist und Seele regelrecht symbiotisch, bilden die wunderschönen Gartenträume-Parks der Altmark. Von den 50 sachsen-anhaltischen Gartenträumen, dem »Best of« aus 1000 denkmalgeschützten Anlagen im Bundesland, finden sich fünf durchaus spezielle in der Alten Mark, vor allem im englischen Stil geprägte Landschaftsgärten. Dazu zählen der Schlosspark Krumke (→ S. 115) in einem Ortsteil der Hansestadt Osterburg mit einer der ältesten Buchsbaumhecken Europas, der Schlosspark Tangerhütte (→ S. 128), der nahe Gutspark Briest sowie der Gutspark im Bismarck-Geburtsort Schönhausen. Die Gardelegener Wallanlagen führen auf 2,3 Kilometer Länge rund um die Altstadt und sind die besterhaltenen Anlagen ihrer Art in Sachsen-Anhalt. Mit dem Schleusensystem zur Regulierung des Wallgrabens konnte man im Fall der Gefahr eine Überflutungsfläche von bis zu 300 Meter Breite rings um die Stadt schaffen. Ende des 19. Jahrhunderts wurden die Wallanlagen im Zuge städtebaulicher Maßnahmen zur Promenade umgestaltet. (→ S. 83)

Ausgewählt wurden alle Anlagen unter denkmalpflegerischen und gärtnerischen Gesichtspunkten, um sie in besonderer Weise zu erhalten und zu fördern, über 60 Millionen Euro investierten staatliche und private Geldgeber dafür. Auf der in allen Tourist-Informationen erhältlichen Gartenträume-Übersichtskarte sind die Anlagen mit vier verschiedenen Piktogrammen gekennzeichnet: Höhepunkte, Barockgarten, Landschaftspark, Park mit botanischer Fülle.

Straße der Romanik: Info-Zentrum Haus der Romanik, Domplatz 1b, 39104 Magdeburg, Tel. 0391/8380222.
www.magdeburg-tourist.de
www.strassederromanik.de
https://romanik-strasse-erleben.de
Informationen über weitere romanische Routen in acht europäischen Ländern:
www.transromanica.com

Gartenträume: Eine kurze Beschreibung findet sich jeweils bei den angegebenen Anlagen. Wer sich schon vom heimischen Sofa aus Appetit auf den Besuch in einer der Anlagen machen möchte, kann dies ganz bequem mit den 360-Grad-Panoramen auf der Website tun. *www.gartentraeume-sachsen-anhalt.de*

Theater, Film und Musik

Das »Theater der Altmark« in Stendal hat nicht nur eine wechselvolle Geschichte, es ist vor allem ein wichtiger Bestandteil der reichen Theaterlandschaft Sachsen-Anhalts. Schauspieler wie Heinz Rühmann, Horst Tappert, Rolf Herricht, Helga Göring und Ezard Haußmann wirkten an der Bühne. Als Landesbühne mit eigenem Schauspielensemble ist es mit seinen Produktionen in den Bereichen Schauspiel, Kinder- und Jugendtheater in der ganzen Altmark und den angrenzenden Bundesländern präsent. Eines der Highlights sind jeden Sommer die Aufführungen im Freien, z.B. auf dem Areal des Klosters Arendsee. Experimentierfreudigkeit und Bürgernähe zeichnen das Theater besonders aus, das auch Träger des Deutschen Theaterpreises ist. Im Großen Haus mit seinen 556 Plätzen und den anderen Spielstätten gastieren auch namhafte Opern- und Operetten-Ensembles.

Eine interessante Entwicklung hat sich in den vergangenen Jahren verstärkt. Location Scouts internationaler Film- und TV-Produktionsfirmen haben die Altmark als Drehort entdeckt. Das betrifft sowohl die pittoresken Hansestädte wie Tangermünde, Werben oder Salzwedel, aber auch die vielfältigen Landschaften und kleinen Dörfer, in denen sich historische Filme ohne aufwändige Um- und Aufbauten drehen lassen.

Weithin im Dunkel liegt das Leben einer der wenigen historischen Musikerpersönlichkeiten der Altmark. Weder Geburts- noch Sterbedatum und -ort von Adam Ileborgh sind bekannt. Dennoch spielt er bei den zahlreichen Orgel-Konzerten, die in den Domen, Kirchen und Klöstern der Altmark erklingen – im übertragenen Sinne – immer eine Rolle. Denn eine der ältesten deutschen Orgeltabulaturen (eine Form der Notation), von ihm selbst mit dem Jahr 1448 datiert, dokumentiert sein wichtiges Wirken in der Altmark. Der vollständige Titel lautet: »Incipiunt praeludia diversarum notarum secundum modernum

Historische Kulisse: das Neustädter Tor in Tangermünde

modum subtiliter et diligenter collecta cum mensuris diversis hic infra annexis per fratrem Adam Ileborgh Anno Domini 1448 tempore sui rectoratus in stendall«. Aus diesem Titel geht hervor, dass er zu dieser Zeit Schulrektor in Stendal war. Möglich ist auch, dass er Organist in der 1447 geweihten Marienkirche oder der Kirche des Franziskanerklosters war, das in Stendal seit etwa 1230/40 bestand und wo er vermutlich auch lebte.

Pavillon der Initiative Künstlerstadt Kalbe

Heute gibt es eine Vielzahl von kleinen oder größeren Klangkörpern, Chören und Musikern, die in der Altmark »unterwegs« sind oder von hier kommen. Das reicht von den Stendaler Stadtmusikanten über Liedermacher wie Thomas Stein, Edgar Kraul und Uli Kirsch bis zur Punkrockband »Planet ROXter« aus der Hansestadt Gardelegen und Annett Louisan, Pop-Sängerin aus der Hansestadt Havelberg.

Traumhaft schöne Gebäude bilden den Rahmen für die vielfältigen Veranstaltungen, Festivals und Feste (→ S. 48). Seien es große wie das Musikforum Katharinenkirche in der Hansestadt Salzwedel, das Kloster Jerichow, die romanische Kirche in Meßdorf, bei Rockkonzerten die Burgruine Apenburg oder seien es kleine und kleinste wie die Kunst- und Kulturscheune Arneburg, die Salzkirche in der Hansestadt Werben oder der »Alte Kuhstall« in Tylsen.

Bildende Kunst und Freie Szene

Eine ganz besondere Prägung erfahren Kunst und Kultur, vor allem auch die freie Szene, durch die in der Altmark weit verbreiteten privaten und Vereinsinitiativen. Ergebnis dessen sind lauschige Konzerte in Cafés, Bars oder Hinterhöfen, Lesungen in kleinem Kreis, Kabarett- und Theateraufführungen, vielseitige Ausstellungen, deren Vernissagen und Finissagen Gäste aus ganz Deutschland anlocken. Die hiesige Kulturszene vibriert im besten Sinne des Wortes. Maler und Grafiker, Bildhauer und Holzschnitzer, Musiker und Schauspieler, Autoren und Sänger beweisen an vielen Orten in der Altmark ihr Können. Vielfach haben sie sich, auch mit Blick auf die in vieler Hinsicht günstigen Bedingungen, hier angesiedelt.

Ein besonderes Beispiel dafür ist Kalbe, idyllisch gelegen, mit einer malerischen Innenstadt, den Resten einer Wasserburg, kleinen Fachwerkhäusern und dem Flüsschen Milde, das sich durch die Innenstadt schlängelt. Engagierte Bürger setzten sich mit einer spannenden Idee gegen einen Verfall der Häuser ein und riefen vor Jahren das Projekt »Künstlerstadt Kalbe« ins Leben. Nun kommen jedes Jahr Künstler und Kunststudenten selbst aus dem Ausland in das Städtchen

Meßdorf, eine der zahlreichen Kirchen, in denen Konzerte stattfinden

und erwecken die alten Häuser – indessen schon mehr als ein Dutzend Gebäude und Grundstücke – für einige Wochen wieder zum Leben, nutzen sie kostenfrei als Atelier oder Inspirationsquelle. Zum Abschluss werden die entstandenen Kunstwerke präsentiert, als kleines Festival, das Einheimische und Touristen gleichermaßen anzieht.

Der Kunsthof Dahrenstedt, zugleich das Refugium seiner Besitzer, beherbergt als Stipendiatenhaus des Landes Sachsen-Anhalt – ähnlich wie das Künstler- und Stipendiatenhaus in der Hansestadt Salzwedel – Künstler, die während und am Ende ihres Aufenthalts Arbeiten präsentieren.

Traditionen, Feste und Festivals

Die Zahl der Feste und Festivals ist über das Jahr hinweg Legion, denn der Altmärker versteht es zu feiern. Dabei ist vieles aus Tradition gewachsen und an einen Ort gebunden, manches auch erst in den vergangenen Jahren entstanden. Ob Spargelfest in Osterburg, Burgfest in Tangermünde, Stendaler Rolandfest oder Steinfelder Bauernmarkt – jedes Fest lebt zuerst vom lokalen Flair, das viele Besucher suchen. 2022 ist die Hansestadt Stendal der Nukleus aller Feste, denn sie richtet vom 1. bis 3. Juli mit dem Sachsen-Anhalt-Tag das Fest des ganzen Bundeslandes aus.

Das mit Abstand größte und urigste der Feste ist der Havelberger Pferdemarkt. Jährlich Anfang September zieht es – nachweislich seit 1750, manche meinen sogar schon seit der Domweihe 1170 – Hunderttausende Pferdenarren (früher auch Heiratswillige) in die Prignitz. Bis zu 500 Pferde wechseln hier die Besitzer, ganz traditionell per Handschlag, daneben gibt es Western- und Indianershows, Dutzende Fahrbetriebe für Groß und Klein. Ein kleines, aber feines und ganz besonderes Fest feiert die kleinste Hansestadt der Welt, Werben an der Elbe, mit dem Biedermeierfest. Am ersten Juliwochenende wird das Biedermeier in vielfältiger Weise lebendig (übrigens auch zum Weihnachtsmarkt), ein Anliegen, dem sich die Werbener in ihrer ganz bewusst beschaulichen Stadt ohnehin durchgängig verschrieben haben. Die Krönung der zahllosen Altmärker Bauern-, Dorf- und Erntefeste ist das Altmärkische Erntefest jeweils am 3. Oktober im sehenswerten Freilichtmuseum in Diesdorf.

2006 fand in der Altmark das europaweite Kunstfestival »EuroLandArt 2006« statt, bei dem Landschaftskunst zum Thema »LandWirtSchaf(f)t« an sieben Standorten (Apenburg, Arneburg, Arendsee, Kakerbeck, Kalbe/Milde, Seethen und Steinfeld) zu sehen war. Auf manches damals Geschaffene stößt man noch heute.

Unter dem Titel »Kultur an besonderen Orten« veranstalten die Altmark-Festspiele seit 2014 Kunst und Kultur an teils ungewöhnlichen Spielstätten. Neben traditionellen Konzerten und Aufführungen haben dabei auch unkonventionelle Konzertformen sowie historische Veranstaltungsformate ihren Platz. Das trifft auch auf das Altmärkische Musikfest zu.

Konzerte mit Künstlern von internationalem Rang finden während des mdr-Musiksommers vor allem in Kirchen an der »Straße der Romanik« (z.B. im Kloster Jerichow oder in Beuster) und während der jährlichen Meßdorfer Musiktage im Spätsommer statt. In den Hansestädten Salzwedel, Havelberg und Tangermünde erklingen die Orgeln ebenso regelmäßig wie beim Kreveser Orgelsommer von Juni bis September. Kleine Festivals wie das »Forest Jump« (Hansestadt Salzwedel), »RoQ keeps equality« (Klötze/Ristedt) oder »Wagen & Winnen – Kunstperlen in der Altmark« machen das Angebot ebenso bunt wie manches Pop-Up-Event.

Der Havelberger Pferdemarkt ist ein Publikumsmagnet

Essen und Trinken

Die Frage, ob es eine spezifisch altmärkische Küche gibt, ist im Grunde müßig. Regionale Küche hat immer etwas mit den Böden zu tun, auf denen die Zutaten wachsen und natürlich mit Traditionen, die man bewahren, aber auch weiterentwickeln kann. Es blieb nicht ohne Einfluss, dass die Landschaften im Norden und Osten der Altmark ehemals slawisch waren, an Elbe und Havel natürlich vom Fischreichtum der Flüsse geprägt. Auch die Küche Niedersachsens und der südlich angrenzenden Magdeburger Börde findet sich auf altmärkischen Tellern wieder. Ebenso natürlich die Gerichte, die mit der DDR in die Rezeptbücher kamen, man denke nur an Soljanka, Würzfleisch (edler: Ragout fin) oder Goldbroiler (vulgo Grillhähnchen), die in altmärkischen Restaurants noch (oder wieder) präsent sind. Wer sicher sein will, eine gute Altmärker Küche vor sich zu haben, der achte auf das Qualitätssiegel »Altmärker Kulinarium«, eine schöne Initiative der Touristiker und Gastronomen für Wohlgeschmack und Gastlichkeit. Ganz speziell im Elb-Havel-Winkel haben sich »Küchenspione« auf den Weg gemacht. Ihre kulinarischen Enthüllungen vereint eine lesenswerte Broschüre, natürlich mit den einschlägigen Rezepten. In den Küchen der Altmark erfährt man Geschichte und Gegenwart der Region mit dem Gaumen.

Die Altmärker Küche bringt natürlich Spargel-, Wild- und Pilzgerichte auf die Karte. Die berühmte Altmärker Hochzeitssuppe darf da nicht fehlen, die in jedem Restaurant nach einem etwas anderen, aber immer dem »richtigen« Rezept gekocht wird. Pflicht sozusagen sind die klare Bouillon vom Huhn und die Einlage von Klößchen aus Gehacktem, dazu Eierstich und Spargel.

A propos Spargel. Dem Edelgemüse müsste man in einem Altmark-Reiseführer eigentlich ein spezielles Kapitel widmen. Die vorzüglich geeigneten Böden und die jahrhundertealte Tradition des Anbaus (→ S. 26, 40) bringen Jahr für Jahr zwischen Ende März und dem Johannistag (am 24. Juni sollte jeweils die letzte Stange gestochen werden) Qualitäten hervor, die ihresgleichen suchen. Die Fairness gebietet es hier, keinen der altmarkweit großen und kleinen Anbieter besonders hervorzuheben. Doch was Königshäuser und Fünf-Sterne-Restaurants auf die damastenen Tischdecken bringen, sozusagen à la minute aus der Altmark geliefert, muss wohl von erlesenem Geschmack sein. Probieren Sie sich einfach durch …

In der Altmark kommt Deftiges auf den Tisch

In Tangermünde erzählt man sich, dass hier zur Zeit Kaiser Karls IV. zum ersten Mal Schweineohren für einen kräftigen Eintopf zubereitet wurden, wie man sie heute noch als »Schweinsohren mit Kartoffel-Haferpüree« in der Gaststätte »Zum Exempel« bestellen kann. Salzwedel ist natürlich für seinen

Weiße Zeltkolonnen, in denen der Royal-Spargel schon im zeitigen Frühjahr sprießt

Baumkuchen bekannt, der wie vor 200 Jahren heute noch per Handarbeit hergestellt wird, beispielsweise in der Salzwedeler Baumkuchenfabrik Hennig, wo man auch als Besucher in die Backstube schauen kann. Der Baumkuchen ist die altmärkische Spezialität mit der vermutlich größten überregionalen Bekanntheit. Zu Salzwedel gehört ebenso das Salzwedeler Zungenragout.

Die Biere der Altmark waren schon zur Hansezeit ein Exportschlager und eine der begehrtesten Waren aus der Altmark. Salzwedeler »Soltmann«, Stendaler »Taubentanz« und Tangermünder »Kuhschwanz« kannte man weit über die Region hinaus. Als eines der ältesten Biere gilt das Garley-Bier aus der Hansestadt Gardelegen, das seit 1314 dort gebraut wurde. Aktuell haben engagierte Unternehmer die Tradition wiederbelebt. Man sollte beim Besuch in jedem Fall danach fragen.

In der Kaiser- und Hansestadt Tangermünde bekommt man in Flaschen oder im Glas das bekannte Kuhschwanz-Bier, sehr süffig, beispielsweise im Gasthaus »Zecherei St. Nikolai«, wo man sich in der ehemaligen Kirche gut zu mittelalterlicher Völlerei bei »Speyß von fleisch, zuckerwerk und erhitztem Gesöff« niederlassen und auch im Badezuber speisen kann. Das Bier gilt zwar als Tangermünder Spezialität, wird aber heute in Neuendorf in der westlichen Altmark gebraut.

Eine einfache Zutat aus Grieß zur Suppe ist der »Altmärker Klump«, herzhaft oder süß, oder Altmärker Knöllchen mit Speckstippe, wofür man einst die ganz kleinen Kartoffeln, die »Schweinekartoffeln«, aufbrauchte. Zur Hochzeit ging es dann auch mal üppiger zu, zum Beispiel mit Altmärker Tiegelbraten von der Hohen Rippe des Rindes oder eingedickt mit Schafsfleisch. Und nicht vergessen: Zur süß-sauren Grünen Bohnensuppe reicht man in der Altmark mit Zucker bestreute Eierkuchen. Ein Genuss! Einem Sonderfall altmärkischer Küche kann man in Zethlingen begegnen, wo in der Langobardenwerkstatt gelegentlich die »Langobardensuppe« gekocht wird – Grundbestandteile sind jede Menge unterschiedlicher Hülsenfrüchte.

Am Arendsee beim Fischer Kagel kann man die »richtige« Maräne essen, einen forellenartigen Fisch, der eine bestimmte Tiefe braucht, die hier nur dieser See bieten kann. Unweit von Havelberg, im »Quappenwinkel«, ist das Restaurant »Fischerstube Warnau« mit eigenem Fischereibetrieb zu empfehlen. Nicht minder der Fischerhof Gahrns in der Mildeniederung am Stadtrand von Gardelegen.

Für Süßmäuler mag der Hinweis auf die Salzwedeler Zitronencreme interessant sein, vor allem aber die »Renaissance« der Tangermünder Nährstange – einem Schokoriegel, mit dessen Geschmack ganze Generationen von Kindern in der DDR aufgewachsen sind. Mars, Bounty oder Snickers sind dagegen, so sagt mancher, »Allerweltssüßwaren« …

Spannend ist es auch, die wieder steigende Nachfrage nach historischen Obstsorten zu beobachten, der man in der Region an vielen Stellen und auf vielfältige Weise entspricht. Altmärker Brautapfel, Altmärker Goldrenette und Altmärker Wintergewürzapfel gehören dazu. Am Zentrum für Ökologie, Natur und Umweltschutz in Buch (→ S. 128) finden sich wunderschöne Streuobstwiesen und –alleen, beim jährlichen Streuobstfest im Herbst kann man mit Pomologen fachsimpeln. Ein zunehmend gefragtes Angebot ist auch die »Altmark-Kiste«, die man, mit wechselnden Spezialitäten gefüllt, mitnehmen oder sich liefern lassen kann. Bestückt wird sie im Landhof Neulingen (→ S. 81), dessen Besuch man Genussmenschen ohnehin ans Herz legen kann.

Im Landhof-Café in Neulingen

Die Spur der (Back) Steine

Eingang zur St.-Anna-Kapelle in Stendal

Wer in der Altmark nach Hinrich Brunsberg fragt, der muss für die richtige Antwort schon auf einen Kenner treffen. Dabei war der Mann das, was man heute einen »Stararchitekten« nennt. Und die Libeskinds und Fosters, die Chipperfields, Gerkans und Koolhoffs – die großen Baumeister der Gegenwart – wären gewiss glücklich, wenn sie denn sicher sein könnten, dass ihre Bauten auch in Jahrhunderten noch Bewunderung hervorrufen. Brunsbergs einzigartigen Bauten ist dies sicher, ob in Szczecin, in Brandenburg, in Prenzlau oder, und da sind wir in der Altmark, in Tangermünde. Wer vor der 24 Meter hohen, filigran verzierten Schaufassade des Rathauses der historischen Hansestadt steht, wird seine Begeisterung kaum verhehlen können. Zudem: Ob im hellen Sonnenlicht oder des Nachts von Scheinwerfern angestrahlt – das Rot der Backsteine lässt Wärme empfinden, Faszination für ein Meisterwerk, das eben jener Heinrich Brunsberg wohl um 1430 aus Backsteinen in gotische Formen »zauberte«.

Tangermünde und Stendal sind Stationen auf der Europäischen Route der Backsteingotik, die sich durch Polen, Deutschland und Dänemark zieht. Sie rückt eine vor allem im Ostseeraum vorkommende Bauweise der Gotik ins Blickfeld, die, nicht aus der Not, sondern eher aus der Tugend geboren, auf hier vorhandenes Baumaterial zurückgreifen zu wollen, aus schlichtem Backstein Kathedralen, Klöster und Profanbauten von erhabener Schönheit wachsen ließ.

Folgt man der Spur der Backsteine tief in die Geschichte, so findet man sie erstmals schon vor Jahrtausenden im heutigen Westjordanland. Wie so vieles brachten dann die Römer die Technik der gebrannten Ziegel in hiesige Gefilde, wo sie allerdings lange in Vergessenheit geriet. Mönche waren es, und hier kommt auch die Altmark wieder ins Spiel, die dann im 12./13. Jahrhundert den aus einheimischem Ton gebrannten Ziegelstein für den Bau ihrer Klöster nutzten – so auch in Jerichow. Nur wenige Autominuten von Tangermünde entfernt, kann man heute mit dem ehemaligen Prämonstratenserkloster nicht nur den ältesten Backsteinbau Norddeutschlands bewundern, sondern sich im Museum auch selbst an der Technik des Ziegelsteinformens und -brennens versuchen.

Die Verbreitung der Backsteingotik ist nicht zuletzt untrennbar mit der Hanse und dem Aufblühen ihrer Mitgliedsstädte ab dem 13. Jahrhundert verbunden. So wie in deren Nukleus, als der Lübeck gilt, finden sich deshalb auch in allen altmärkischen Hansestädten wunderschöne Zeugnisse der norddeutschen Backsteingotik – das Elbtor in Werben, die Stadttore in Stendal und Gardelegen, Kirchen in Osterburg, Seehausen und Salzwedel, dazu überall Bürgerhäuser. Gerade in der Alten Mark lohnt es, den Spuren der roten Steine zu folgen.

Zwei wunderschöne Hansestädte, eine geheimnisvolle Moorlandschaft, das älteste Dorfmuseum Deutschlands, ein Mississippi-Dampfer und blinkende Segel auf glasklarem See, ein europäisches Luftdrehkreuz für Millionen Gefiederte – das und viel mehr ist der Westen der »Alten Mark.

DIE WESTLICHE ALTMARK

Das Salzwedeler Tor in Gardelegen

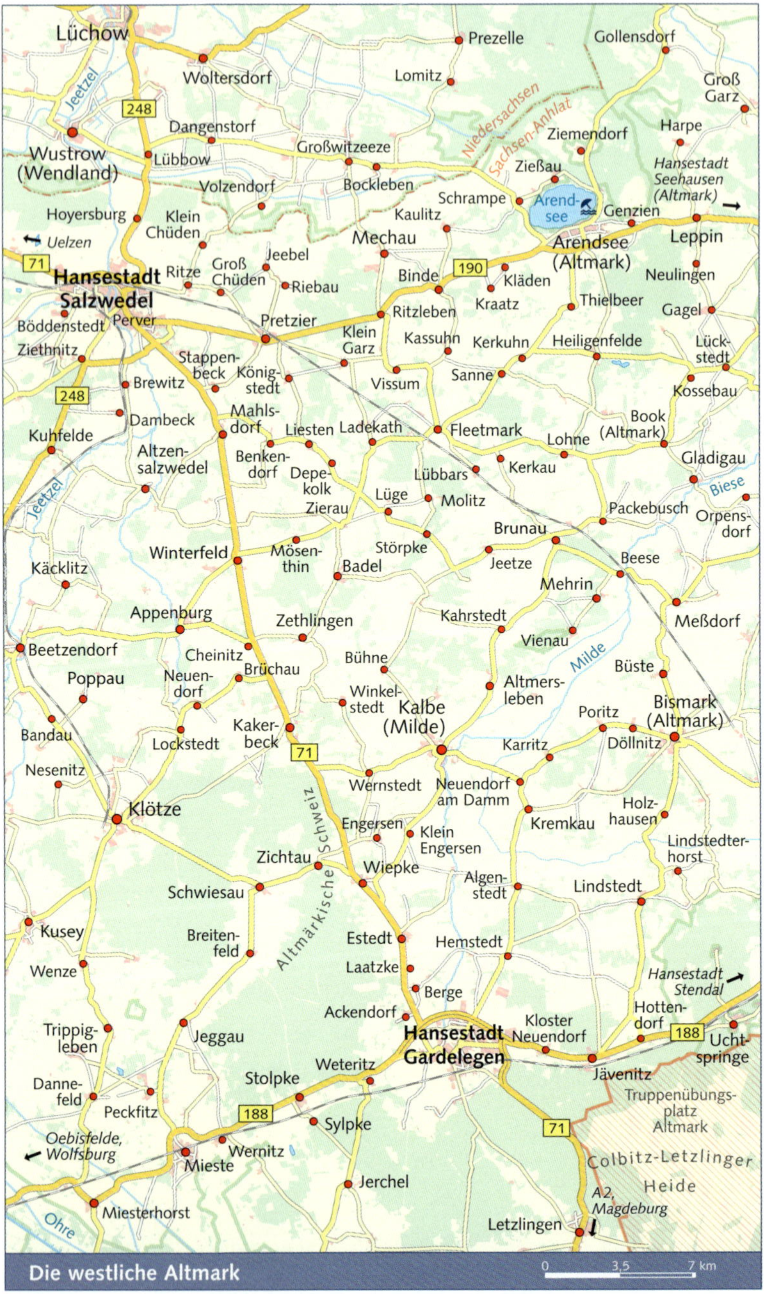

Die westliche Altmark

Am Alten Rathausturm in Salzwedel

Zwischen Salzwedel, Gardelegen und Arendsee

Die meisten der Besucher, die sich nach 1990 aus dem deutschen Norden aufmachten in die »Terra incognita« jenseits der gefallenen innerdeutschen Grenze, werden die Altmark wohl von Westen her erobert haben - was man auch heute sehr gut tun kann. Die Wege von Hamburg, Hannover und Wolfsburg, ob mit dem Auto oder der Bahn, sind kurz, das zu Entdeckende lohnt mehr denn je. Die westliche Altmark ist die - nach der Prignitz - am dünnsten besiedelte Region Deutschlands. Das prägt einerseits den zurückhaltenden, aber gastfreundlichen Menschenschlag in den historischen Städten und schmucken Dörfern und bietet andererseits Raum für eine zum Teil einmalige Flora und Fauna in Wäldern, am Elbestrom, in kleinen Flüssen und dem tiefsten See der Altmark, dem Arendsee. Allein der Drömling, die große Moorlandschaft im Süden der Westaltmark, ist Rückzugsgebiet für über 400 Arten der in der Roten Liste enthaltenen bedrohten Pflanzen und Tiere.

Hansestadt Salzwedel

Wiewohl geografisch ziemlich am Rande liegend, ist Salzwedel (23 400 Einwohner) nicht nur des Kreisstadtstatus wegen unstrittig die Metropole der westlichen Altmark. Geprägt wird sie von den Flüsschen Jeetze und Dumme, die die Stadt in vielen Kanälen durchziehen und über deren zahllose Brücken man gemütlich flanieren kann. Zu Beginn des 12. Jahrhunderts wird Salzwedel erstmals urkundlich erwähnt - später die Alte Stadt genannt, der 1247 die Gründung der Neuen Stadt Salzwedel folgte. Bis 1518 spielte die Doppel-Stadt eine wichtige Rolle im Hansebund (→ S. 32). Die schiffbare Jeetze setzte Handel und Wandel bis nach Hamburg in Gang und machte manchen Kaufmann reich.

Wer durch das **Neuperver Tor** zum Rathausturmplatz schlendert, hat einen schönen Startpunkt für die Entdeckung der 1713 schließlich vereinigten Alten und Neuen Stadt Salzwedel, deren Bild von zwei Architekturstilen geprägt wird:

der norddeutschen Backsteingotik und dem Fachwerkbau.

Kenner erkunden die Stadt in einer großen Acht, deren Schnittstelle just am **Rathausturmplatz** liegt. Man geht dann, in dem einen Achterbogen, rechts in die Reichestraße vorbei am ehemaligen Handelshaus, hinter dem sich – Fantasie ist gefragt – früher der Salzwedeler Hafen befand. Von der Hohen Brücke führt ein Abstecher zum **Steintor** (1530), einem der letzten beiden von ursprünglich zehn Stadttoren. Dann geht es zum **Hansehof** und der imposanten dreischiffigen **Katharinenkirche**. In ihr, wie das Steintor aus der Epoche der Backsteingotik, sind die drei Farbglasfenster im Chorpolygon (um 1420) mit Malereien zur Genesis und zum Leben Christi ein besonderer Blickfang. Nach dem Blick auf den schönen Fachwerkbau der **Alten Lateinschule** führt uns die boulevardartige Breite Straße zurück zum Rathausturmplatz. Von dort nimmt man den anderen »Achterbogen« durch die belebte Burgstraße. Schon nach wenigen Metern darf man rechter Hand, zu Füßen des dahinter liegenden Burggartens mit dem Bergfried, ein Salzwedeler Unikat nicht übersehen: den **Puparschbierbrunnen**. Eine Tafel verweist noch heute auf den historischen Hintergrund des volkstümlichen Namens: »Allen wird bekannt gemacht, dass keiner in die Jeetze kackt, denn morgen wird gebraut!«. Wie überall in der mit Brauereien reicht gesegneten Altmark verwendete man auch in Salzwedel das Flusswasser zum Brauen. Auf das Rein-

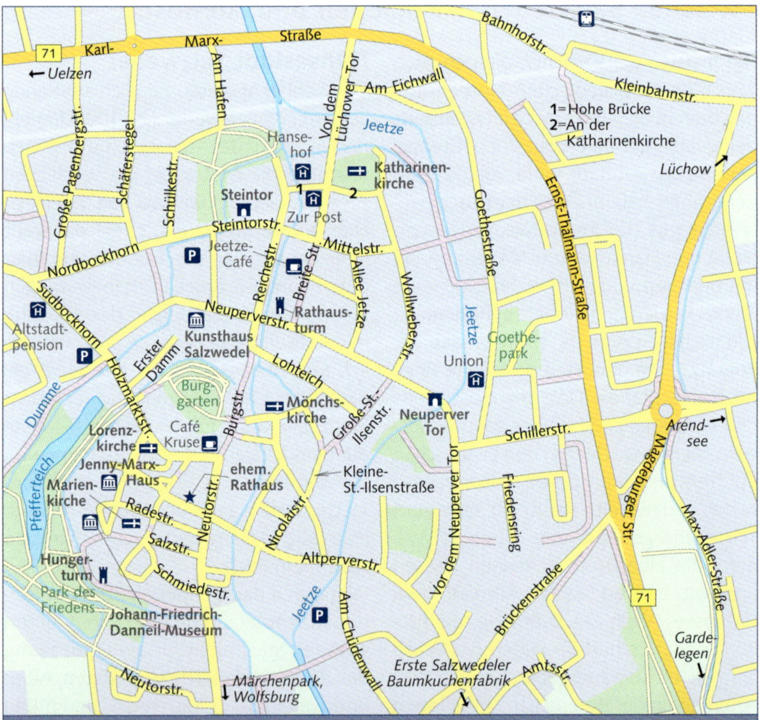

Hansestadt Salzwedel, Zentrum

heitsgebot, das im Kern natürlich etwas anderes meint, machte der Spruch so auf spezielle Weise aufmerksam...

Die schönsten Zeugnisse der Backsteinarchitektur sind im südlichen Stadtzentrum das **ehemalige Rathaus** (1509), vormals Kaufhaus der Gewandschneider, der **Hungerturm** als Teil der früheren Stadtbefestigung, die **Marienkirche** und die **Mönchskirche** (beide um 1259, letztere ist heute Konzert- und Ausstellungshalle). Die Marienkirche hat nicht nur einen über 80 Meter hohen schiefen Turm – der die Stadtsilhouette unverwechselbar macht und der Sage nach dem Steinwurf eines wütenden Riesen zu verdanken ist, den die Turmhöhe störte – sondern vor allem den größten und schönsten Altar der Altmark, die Holzschnitzarbeit eines unbekannten Meisters um 1510.

Der von den engagierten Salzwedeler Touristikern auf einem informativen Flyer zusammengestellte Spaziergang durch Salzwedels Fachwerk und dessen Stilepochen vereint allein 18 ganz besonders sehenswerte Bauwerke (570 sollen es in der Stadt insgesamt sein), darunter das großartige **Adam-und-Eva-Tor** von 1534 in der Schmiedestraße 27, und die »Kluhs«, eine uralte Zehntscheune, beide im Schatten der Marienkirche. Die vielfältig gestalteten Fachwerkbauten zeugen zunächst von Handwerkskunst, darüber hinaus auch vom Wohlstand ihrer Bauherren. Das vermutlich älteste Haus der Stadt ist das **Hochständerhaus** (Mitte 15. Jh.) in der Schmiedestraße.

Die Mönchskirche

Im Garten des Jenny-Marx-Hauses

Die **Probstei** von 1474 beherbergt das nach dem Salzwedeler Schulrektor und Altertumsforscher Johann Friedrich Danneil (→ S. 38) benannte Museum. Ist das Haus im historischen Areal um die Marienkirche schon von außen eine Augenweide, so fasziniert den Betrachter im Inneren ganz besonders der Weinbergaltar von Lucas Cranach dem Jüngeren. Der Altar und die Salzwedeler Madonna – ein Zeugnis des Übergangsstils von der Romanik zur Gotik –, sitzend und damit einzigartig, lohnen allein schon den Besuch.

Im Museum begegnet man auch einer der prominentesten Töchter der Stadt: Jenny von Westphalen. Als Tochter eines preußischen Beamten wurde die spätere Frau des Philosophen Karl Marx 1814 in Salzwedel geboren und die Stadt bekennt sich indessen auch unverkrampft zu ihr. In der nach ihr benannten Straße steht **Jenny Marx' Geburtshaus** mit einer Ausstellung in zwei Räumen. Wer nach einem vielleicht schon leicht ermüdenden Stadtspaziergang etwas Entspannung

Salzwedel ist die Hochburg des Baumkuchens

braucht, dem sei der Rosengarten des Hauses mit der eleganten Jenny-Bronzeplastik (1981 vom Magdeburger Bildhauer Heinrich Apel geschaffen) empfohlen. Über die erfrischende »Kleine Brunnenfrau« (1931 vom in Salzwedel geborenen Künstler Hans Mettel geschaffen), fällt der Blick auf den eleganten, wenn auch leicht schiefen Turm der Marienkirche.

Dass in Jenny Marx' Geburtshaus heute die Kreismusikschule ihren Sitz hat und junge Leute nach Wohlklang streben, würde ihr gefallen haben: Immerhin war sie nicht nur die »couragierte Frau zwischen Salzwedel und London«, sondern galt auch als »Ballkönigin«, von der Marx als »schönstes Mädchen von Trier« schwärmte (→ S. 63).

Schwärmen muss man auch von einer ganz besonderen Delikatesse, deren Hochburg Salzwedel unstrittig ist, dem **Baumkuchen**, der seit 150 Jahren nach dem gleichen Verfahren gebacken wird. In mehreren großen und kleinen Bäckereien lodern noch heute die offenen Feuer: Schaubacken, Verkostung, Verkauf, weltweiter Versand – alles selbstverständlich. Die Entscheidung über den besten, den ersten, den einzig wahren usw. Baumkuchen überlassen die Salzwedeler Touristiker geschickt dem Besucher: Bei einer halbtägigen Führung nur zum Thema Baumkuchen (garniert natürlich mit Geschichtslektionen in kleinen Happen) kann man sie kosten.

Kunst in Salzwedel

Die Hansestadt Salzwedel hat sich, das kann man ohne Übertreibung sagen, in den vergangenen Jahren zu einer kleinen, aber feinen Kunstmetropole entwickelt. Es gibt anspruchsvolle Locations wie die wunderbar zur Konzert- und Ausstellungshalle umgebaute **Mönchskirche**, vor der die Eisenplastik einer Gottesanbeterin mit dem Titel »Für Walter – statt Blumen« steht, die der Künstler Hans Molzberger für die Weltausstellung EXPO 2000 geschaffen hatte.

Nicht minder attraktiv ist die **Lorenzkirche**, Station der »Straße der Romanik« und schon mehrfach Ort von Veranstaltungen des mdr-Musiksommers. Wie überhaupt die heimelige Umgebung des kleinen katholischen Gotteshauses eine

Die Orgel der Marienkirche

▶ Karte S. 58

der schönsten Ecken Salzwedels ist, man fühlt sich förmlich um Jahrhunderte zurück versetzt.

Ein Anziehungspunkt, den man unbedingt bald besuchen sollte, ist das **Kunsthaus Salzwedel**. Seit 2015 ist die ehemalige Mädchenschule ein Ort von Kunst und Kultur. Noch bis zum Jahr 2023 zeigt eine Dauerausstellung unter dem Titel »Broken Brushes« 79 Druckgrafiken aus der Sammlung des amerikanischen Kunsthändlers Gus Kopriva. Max Beckmann, Lovis Corinth, Otto Dix, Lyonel Feininger, Paul Klee und Franz Marc sind nur einige der prominenten Namen, denen man hier begegnet.

Märchenpark

Bevor sie Salzwedel verlassen, sollten vor allem Familien unbedingt einen längeren Stopp im Märchenpark mit Duftgarten und Spielscheune einplanen. Unmittelbar vor den Toren der Hansestadt gelegen, findet sich hier auf einem fast fünf Hektar großen Areal ein Wunderland für Groß und Klein.

Unser Tipp ▸ Vom Innenleben einer Orgel

4200 Pfeifen hat die Orgel in der Marienkirche mit ihrem barocken Orgelprospekt. Sie wurde zwischen 1748 und 1752 als letztes seiner Werke vom bedeutenden Orgelbauer Joachim Wagner errichtet. Kantor Roland Dyck lässt die Gäste bei seinen Gruppenführungen (30 oder 60 Minuten) nicht nur tief ins Innere der Orgel blicken, man kann auch hören, wie die »Königin der Instrumente« das gewaltige Kirchenschiff mit ihrem Klang ausfüllt. Wer mag, kann eine Führung durch die Kirche mit dem größten Schnitzaltar der Altmark hinzubuchen (Tel. 03901/2896196).

Hansestadt Salzwedel

Vorwahl: 03901

Postleitzahl: 29410

Touristinformation Salzwedel, Neuperver Str. 29, Tel. 422438, Mo–Fr 10–17 Uhr, Mi 10–15 Uhr, Sa 10–14 Uhr. www.salzwedel.de

Hotel Union, Goethestr. 11, Tel. 422097; 33 Zi., DZ ab 95 Euro (o. F.). Traditionsreiches Haus, Restaurant im Tiroler Landhausstil, schöner Biergarten zur Jeetze. www.hotel-union-salzwedel.de

Hotel Siebeneichen, Kastanienweg 3, Tel. 35032; 12 Zi., DZ ab 69 Euro. Freundliches, familiengeführtes Haus am Stadtrand. www.hotel-siebeneichen.de

Altstadtpension, Südbockhorn 12, Tel. 393 8853; DZ ab 40 Euro (o. F.), FeWo ab 80 Euro. www.altstadtpension-salzwedel.de

Café Kruse, Holzmarktstr. 4–6, Tel. 422107; Mo–Sa 8.30–18.30 Uhr, So u. Fei 10–18.30 Uhr. Stammhaus des Original Salzwedeler Baumkuchens. Gläserne Baumkuchenmanufaktur Mo–Fr 10–15 Uhr. www.baumkuchen-kaufen.de

Jeetze-Café, Breite Str. 19, Tel. 34242. Auch hier natürlich Baumkuchen in allen Varianten. Schöne Terrassenplätze am Jeetze-Ufer fernab vom Straßenlärm, winters sitzt man am offenen Kamin. www.baumkuchen-saw.de

Café Frida, Vor dem Neuperver Tor 1a. Tel. 8135920. Fr, Sa 14–17.30, So 10–17.30 Uhr. Bei Kuchen und feinen Snacks der Café-Küche kann man Kunst und Handwerkliches aus der Region bewundern (und kaufen). Inspiriert auch von Namenspatronin Frida Kahlo. Sehr beliebt ist der Sonntagsbrunch. www.cafe-frida-salzwedel.de

Restaurant Heimart, im Kunsthaus, Neuperverstr. 18, Tel. 3073270. Karte im Baukastensystem: Frische regionale Küche, die zu genussvollem Ergebnis führt, Tipp nicht nur für Veganer: Gebackene vegane

Kartoffelklöße mit Kräuterdip, Spargelfüllung und -chutney. www.heimart-saw.de

Johann-Friedrich-Danneil-Museum, An der Marienkirche 3, Tel. 423380; Di–So 13–17 Uhr, Gruppen nach Vereinbarung auch zu anderen Zeiten. www.museen-altmarkkreis.de

Jenny-Marx-Haus, Jenny-Marx-Str. 20, Tel. 423380; Di–So u. Fei 13–17 Uhr, Gruppen nach Vereinbarung auch außerhalb der Öffnungszeiten. www.museen-altmarkkreis.de

Kunsthaus Salzwedel, Neuperver Str. 18, Tel. 3022777; Di–So 14–17 Uhr, Führungen nach Anmeldung. www.kunsthaus-salzwedel.com

Märchenpark Salzwedel, An der Warthe 5, Tel. 393981; Mai–Okt. 10–19 Uhr, Nov.–Apr. 11–18 Uhr, Spielscheune, Wichtelcafé und Elfencafé teilweise andere Zeiten. www.maerchenpark-duftgarten.de

Unmittelbar nordwestlich vor den Toren Salzwedels liegen mit den **Brietzer Teichen** und dem **Cheiner Torfmoor** zwei »Perlen« am Grünen Band, dem fast 1400 Kilometer langen Biotopverbund entlang der ehemaligen innerdeutschen Grenze. Man kann diese Schatzkammern der biologischen Vielfalt sehr schön auf dem **Vier-Länder-Grenzradweg** (→ S. 157) »erobern«. www.vierlaendergrenzradweg.de

Erste Salzwedeler Baumkuchenfabrik, St.-Georg-Straße 87, Baumkuchenversand: Tel. 32306. www.baumkuchen-salzwedel.de

Grünland – Der Bioladen, Chüdenstraße 4, Tel. 471104. Bestens eingeführt seit 20 Jahren, vor allem Bio-Produkte aus der Region nicht nur zum Essen oder Trinken. Biokisten werden auch geliefert. www.bioladen-salzwedel.de

Holzschnitzaltar in der Marienkirche

▸ Karte S. 58

Jenny Marx – Die Ballkönigin aus Salzwedel

Am 5. Dezember 1881 hielt auf dem Londoner Highgate-Friedhof Friedrich Engels die Grabrede für eine Frau, deren prallvoller, ja abenteuerlicher Lebensweg 67 Jahre zuvor in der Hansestadt Salzwedel seinen Anfang genommen hatte. Als Tochter des Landrats Johannes Ludwig von Westphalen wurde Johanna Bertha Julie Jenny am 12. Februar jenes Jahres in der altmärkischen Hansestadt geboren. Schon zwei Jahre später zog die Familie nach Trier, wohin Jennys Vater als Regierungsrat versetzt worden war. Dort trafen sich, auch durch die Freundschaft der Familien Marx und Westphalen bedingt, Jenny und Karl – schicksalhaft, wie man durchaus treffend formulieren kann.

Bevor sich die Wege der beiden jedoch so richtig verbanden, genoss Jenny das bunte Treiben der Trierer Gesellschaft in vollen Zügen. Die als »Ballkönigin« und »schönstes Mädchen von Trier« apostrophierte junge Adlige verlobte sich denn auch »standesgemäß« mit dem schneidigen Leutnant Karl von Pannewitz. Das aber hielt nur kurze Zeit, denn »tief im Innersten«, wie sie selbst später schrieb, fühlte sie sich immer mehr zu ihrem Kinder- und Jugendfreund Karl hingezogen. Der heimlichen siebenjährigen Verlobungszeit mit dem lebensfrohen Studenten der Jurisprudenz und Philosophie folgte die Hochzeit der Beiden im Juni 1843 in Kreuznach.

Schon wenige Monate später begann mit dem Umzug der jungen Familie nach Paris die bis ans Lebensende (über Brüssel, London, Köln, wieder Paris und letztlich London) währende, mäandernde Reise von Jenny an der Seite ihres Mannes. Wobei »an der Seite« einerseits richtig, andererseits aber auch falsch ist. Sie gebar Marx' sieben Kinder, ertrug seine Marotten und Fehltritte und nicht minder das zeitweise ärmliche Leben mit ihm. Anderseits war sie selbst intellektuell höchst aktiv, debattierte mit Marx und dessen mehr oder weniger revolutionären Freunden, schrieb Artikel, Theaterkritiken und Bücher, war einfach auch sie selbst...

Nachdem in der DDR-Zeit ihre Rolle zwar gewürdigt, neben dem überhöhten Marx-Bild aber häufig schattenhaft und konturlos 63 blieb, wurde Jenny Marx nach dem Mauerfall wie ihr Mann Karl für die missglückten sozialistischen Experimente der jüngeren Vergangenheit gleichsam in Mithaftung genommen. Umso mehr lohnt es heute, in ihrer Geburtsstadt, die sich indessen unverkrampft und angemessen zu ihrer »Tochter« bekennt, Jennys Spuren zu folgen. In ihrem Salzwedeler Geburtshaus in der Jenny-Marx-Straße – seit 2005 auch Sitz der Kreismusikschule, 2011 mit einem modernen Anbau ergänzt – ist eine Dauerausstellung ihrem Leben und Wirken gewidmet (→ S. 59). Im Garten des Hauses, einem der lauschigsten Plätze in Salzwedel, steht die wunderschöne Jenny-Skulptur des Magdeburger Bildhauers Heinrich Apel. Auf Bänken, die Ruhe dieses Winkels mit Blick auf den Turm der Marienkirche genießend, im Rücken Teile der alten Stadtmauer, kann man darüber sinnieren, wohin Lebenswege führen können und wie die Nachwelt sie sich gelegentlich zurechtdenkt.

»Ohne Jenny würde es den Karl Marx, den wir heute kennen, gar nicht geben«, sagen die Mitglieder des Salzwedeler »Freundeskreises Jenny Marx«. Und ohne sie, die engagierten Bürger dieser Stadt, wäre Salzwedel wohl um eine Attraktion ärmer.

Salzwedels Umgebung und der »Hansjochen-Winkel«

Wer Salzwedel zur weiteren Erkundung der Altmark verlässt, hat, die Qual der Wahl: Sternförmig verlassen Straßen und auch Radwege die Hansestadt: nach Norden zur ehemaligen Grenze und ins niedersächsische Lüchow, nach Osten auf der B 190 in Richtung Arendsee, nach Südosten auf der vielbefahrenen B 71 zur Hansestadt Gardelegen und nach Süden und Südwesten auf der B 248 oder, noch besser, auf den vielen kleinen Sträßchen in die malerischen Dörfer des »Hansjochen-Winkels«. Unser Vorschlag: Nehmen Sie zuerst den Süden...

Man muss schon auf einen historisch beschlagenen Einheimischen treffen, um zu erfahren, woher der Name Hansjochen-Winkel kommt, als der die Gegend west- und südwestlich der Hansestadt Salzwedel heimatverbunden bezeichnet wird. Die Geschichte jedenfalls geht so: Als der Preußenkönig Friedrich Wilhelm III. eines Tages nebst Gemahlin ein Potsdamer Garderegiment besuchte, stachen

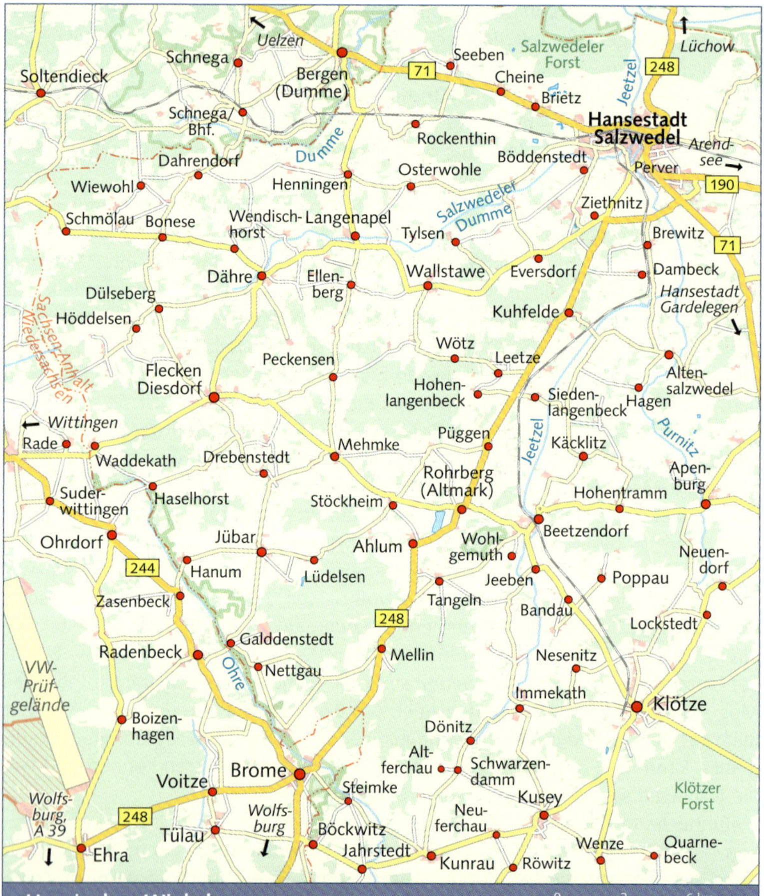

Hansjochen-Winkel

Überbordende Schnitzerei in der Kirche in Osterwohle

der Königin mehrere besonders großgewachsene Gestalten ins Auge. Auf die Frage nach Namen und Herkunft antwortete der Flügelmann: »Hansjochen Pollehn aus Bonese bei Salzwedel.« Die Antwort des Zweiten: »Hansjochen Giffey aus Rustenbeck bei Salzwedel« und der dritte Befragte beschied: »Hansjochen Meyer aus Schmölau bei Salzwedel.« Wohl ein Dutzend der Gardisten sollen den gleichen Rufnamen gehabt haben und, an ihren Gemahl gewandt, meinte die auch bei den Soldaten beliebte Königin: »Das muss dort um Salzwedel herum ja ein wahrer Hansjochen-Winkel sein.«

Pfarrkirche Osterwohle

Ob das heute noch so ist, unterliegt, wie Jörg Wrobel von der Evangelischen Kirchengemeinde Osterwohle augenzwinkernd sagt, wie fast alles in Deutschland wohl dem Datenschutz. Daten- und kenntnisreich dagegen informiert der engagierte Führer jeden Gast über die faszinierende Pfarrkirche des Ortes. Ein kirchliches Kleinod von Weltrang nennen auch Kunsthistoriker die vermutlich aus dem 13. Jahrhundert stammende einzigartige Dorfkirche. Von 1607 bis 1621 ließ Oleke von Saldern, Schwiegertochter des letzten katholischen Bischofs von Ratzeburg Christoph von der Schulenburg, das Innere der umgebauten Feldsteinkirche von zahlreichen unbekannten Schnitzern ausgestalten. Dass überall Pinienzapfen zu finden sind, lässt heutige Interpreten auf italienische Schnitzer schließen, so, wie die Hopfenblüten einheimischen Künstlern zugeschrieben werden. Der bis heute erhaltene Originalzustand der Ornamentik, von Engelsdarstellungen, biblischen Figuren – man bestaune vor allem den einzigartigen Taufdeckel –, Köpfen, Gesichtern und Fratzen aus kontrastierendem dunklem und hellem Eichen- und Lindenholz überwältigt in seiner Fülle. Überbordende Schnitzarbeiten und aufwändigste Ornamente assoziieren regelrechte Märchenbilder. Ob man hingerissen ist oder das Ganze eher distanziert betrachtet – Die Kirche gilt jedenfalls als ein Muster für den in Deutschland sehr seltenen Manierismus zwischen Renaissance und Barock.

In der Klosterkirche Diesdorf

Rund um Diesdorf

Auf dem, unbedingt gemächlichen, Weg zum Flecken Diesdorf sollte man sich verschiedene Entdeckungen gönnen. **Wallstawe** beherbergt eine der sieben verkehrten Kirchen der Altmark, bei denen der Turm im Osten steht (→ S. 91). Im völlig abgelegenen, aber vom Altmark-Radrundkurs berührten **Tylsen** findet sich Idylle pur. In **Dähre** laden Waldbad und Campingplatz als wirkliche Wohlfühloasen ein. Und wer historisches Interesse mit dem aktuell so gefragten Waldbaden verbinden will, der nimmt von Dähre aus die Landstraße nach **Bonese**. Wenige Kilometer hinter Bonese in Richtung Schmölau zweigt links ein Waldweg ab. Dem verwitterten Wegweiser nach **Rustenbeck** folgend, geht es in den Wald. Dort findet man nach ca. einem Kilometer rechter Hand den **Lehnekenstein**. Wissenschaftler bezeichnen ihn nüchtern als einen der nördlichsten Menhire (keltisch für aufrechter Stein) Mitteleuropas. Die Saga aber sieht in ihm die verwunschene Braut Lehnchen (plattdeusch: Lehneken). Der bis zur Erde reichende breite Streifen auf dem Stein ist dann natürlich das Brauttuch.

Will man den Ausflugstag vor dem Besuch in Diesdorf in Salzwedel beschließen, dann lohnt ein östlicher »Schlenker« über das **Rundlingsdorf Hohenlangenbeck**, **Hagen** und das **Kloster Dambeck**. So winzig das Feldsteinkirchlein in Hohenlangenbeck ist, so attraktiv sind die spätgotischen Wandmalereien mit Szenen aus dem Buch Genesis, dem Marienleben und der Passionsgeschichte Christi. In Hagen steht ein hölzerner Turm als Solitär neben der kleinen Kirche und in Dambeck sind die dort seit einigen Jahren wieder lebenden Mönche liebenswürdige »Berichterstatter« über Geschichte und Gegenwart des Klosterlebens.

Unser Tipp ▸ Live-TV aus dem Storchennest

Von Wallstawe auf schmalem Weg kommend, ahnt man schon, dass die heutige Wildnis kurz vor Tylsen irgendwann andere Zeiten gesehen hat. Inmitten des verwilderten Schlossparks findet sich die **Ruine des Neuen Schlosses** derer von dem Knesebeck – ein Caspar-David-Friedrich-Motiv der allerfeinsten Art. Das **Alte Schloss**, der **Fachwerkspeicher** aus dem 16. Jahrhundert, der **Dorfkrug**, der Friedhof mit den uralten Grabsteinen um die Kirche – an vielem hat der rührige Heimat- und Kulturverein Tylsen Hand angelegt und ein wunderschönes Ausflugsziel geschaffen. Im Vereinshaus, dem »Alten Kuhstall,« gibt es wechselnde Ausstellungen und Kleinkunst aller Art. Etwas ganz Besonderes aber findet sich im Eingangsbereich der Dorfkirche: das **Storchenkabinett**. Vom An- bis zum Abflug der Störche (Frühjahr bis Spätsommer) kann man jedes Wochenende auf einem Bildschirm das Leben der Storchenfamilie im Nest hoch auf der Kirche betrachten. Eine Kamera im Turm macht es möglich: www.heimatundkulturvereintylsen.de

▸ Karte S. 64

Flecken Diesdorf

Mehr als 20 historische Wohn- und Wirtschaftsgebäude, neuerdings auch eine Kirche, Bauerngärten und Geräte aller Art geben im **ältesten Freilichtmuseum Sachsen-Anhalts** in Diesdorf auf circa sechs Hektar Fläche ein eindrucksvolles Bild ländlichen Brauchtums vom 17. Jahrhundert bis in die Gegenwart. Die niederdeutschen Streuhöfe und der mitteldeutsche Vierseithof vermitteln zusammen mit Bockwindmühle, Taubenturm, Backhaus und Dorfschule das Bild eines typisch altmärkischen Dorfes. Und man kann sich auch selbst betätigen: Spinnen und Weben, Dreschen und Korn mahlen, Backen und Schmieden stehen zu den großen Museumsfesten auf dem Programm.

Etwas ganz Besonderes findet sich im Bauerngarten des Museums, der »Kiek übern Tun«. Die Rede ist vom **Braunkohl** (anderswo Grünkohl genannt), eine altmärkische Spezialität früherer Zeiten, der so hoch wächst, dass er »über den Zaun guckt«.

Sehr viel weiter zurück reicht die Historie eines anderen Diesdorfer Kleinods: Um 1182 wurde mit dem Bau der **Klosterkirche St. Maria und Crucis** des Augustinernonnenklosters begonnen, 1230 wurde sie vollendet. Von den die Basilika umgebenden Wohngebäuden des ehemals reichsten Stifts der Altmark ist kaum noch etwas vorhanden. Das Gotteshaus selbst ist heute eine der am besten erhaltenen romanischen Kirchen der Altmark und der »Straße der Romanik«. Beeindruckend sind das reich verzierte, übergiebelte Gewändeportal an der Stirnwand des südlichen Querschiffs und im Inneren der Kirche das Heilige Grab. Auch die in den Fensterlaibungen der Ostteile vorhandene ursprüngliche Ausmalung aus Schachbrett- und Dreiecksornamenten lohnt ein näheres Hin-

Eingang zum Freilichtmuseum Diesdorf

sehen. Den tiefsten Eindruck hinterlässt ein Aufenthalt in der Kirche am Morgen, wenn das Sonnenlicht durch die Fenster des Chors den backsteinroten Innenraum erleuchtet. Bei vielen Kirchen der näheren Umgebung (Beispiel Lorenzkirche in Salzwedel), aber auch im Ostseeraum, spricht man vom Diesdorfer Einfluss.

Wer nach Museum und Kirche weitere, auch geistige Stärkung anderer Art braucht, mag sich im Hofladen (oder nach Anmeldung auch in der Destillerie) der **Mosterei** der Familie Schulze umschauen. Die Obstsäfte, -weine und Edelbrände tragen nicht nur »Kulinarische Sachsen-Anhalt-Sterne« sondern auch international renommierte Auszeichnungen. 2020 und 2021 erhielten der Diesdorfer Rum, der »Old Paul«-Gin und der hauseigene Whisky Goldmedaillen bei weltweiten Contests. Vom Whisky – wie kann er anders heißen – »Old Mark« reift indessen schon die 14. Edition.

Beetzendorf

Steuert man von Diesdorf aus Beetzendorf an, den Partnerort in der Verbandsgemeinde, werden bei Bedarf verschiedene Interessen »bedient«. Gleich am Ortsrand von **Stöckheim** und dann in Richtung Lüdelsen im Wald begegnen dem Besucher mit dem **Goliath-Grab** und dem **Königsgrab** (inklusive archäologischem Entdeckerpfad) mit sehenswerten Hünengräbern Zeugnisse einer ganz fernen Vergangenheit.

»Nur« rund 800 Jahre alt ist die **Dorfkirche in Rohrberg**, ein sehenswertes Objekt an der »Straße der Romanik«. Am **Ahlumer See** verraten die Fahrzeug-Kennzeichen, dass das Bade- und Anglerparadies ganzjährig ein Anziehungspunkt nicht nur für Altmärker sondern auch für viele Niedersachsen ist.

Beetzendorf, wie auch das östlich gelegene Apenburg lassen sich ohne das Wirken des Adelsgeschlechts derer von der Schulenburg nicht denken. Im 14. Jahrhundert mit Gemarkungen belehnt, sollte der heimische Adel die Kolonisation der Nordmark festigen – viele der damals errichteten Burgen begegnen uns heute als Ruinen, vielfach von sehenswerten Parks umgeben. Parkt man sein Fahrzeug in Beetzendorf am Mühlenteich, so hat man nicht nur gleich einen malerischen Blick, sondern ist auch in wenigen Schritten an der **Ruine der ehemaligen Rundburg**, die den Eingang zum 1731 angelegten wunderschönen **Gutspark** bildet. Eine absolute Besonderheit in dem von der Jeetze durchflossenen 60 Hektar großen dendrologischen Park sind nicht die Millionen gelber Winterlinge im Frühjahr, sondern ist eine, so sagen die Beetzendorfer, europaweit einzigartige Allee von majestätischen Sumpfzypressen.

Apenburg, ehemals Schulenburgscher Besitz, wird dominiert vom kastellartigen quadratischen Bergfried der Burg. In deren Hof befindet sich hinter dicken Mauern ein Schulenburgsches Erbbegräbnis – um die Burg wird es bei Festen und angesagten Blues- oder Rock Konzerten gelegentlich lebendig.

Die Sumpfzypressenallee in Beetzendorf

▲ Karte S. 64

Umgebung von Salzwedel

Gemeinde Beetzendorf-Diesdorf, Marschweg 3, 38489 Beetzendorf, Tel. 039000/970. www.beetzendorf-diesdorf.de

Herberge am kleinen Weingarten, Dahrendorf Nr. 22, 29413 Dähre. Tel 0176/73816630. Wunderschöne Anlage mit Fewo und Zi (DZ ab 60 Euro o.F.) für Radler und Wanderer bei liebenswürdigen Gastgebern. www.herberge-dahrendorf.de
Bauernhof Eversdorf, Eversdorf 24a, 29410 Salzwedel, Tel. 03901/477974; FeWo auf dem Bauernhof kompl. 70 Euro (o. F.). Auf Anfrage Unterbringung von Pferden. www.bauernhof-eversdorf.de
Landhotel Wieseneck, Im Winkel 7, 38486 Apenburg-Winterfeld, Tel. 039009/90260; DZ ab 75 Euro. www.wieseneck.de
Landhof Altmark, Hagen 21, 38486 Apenburg-Winterfeld, Tel. 039035/804045; DZ ab 47 Euro (o. F.). www.landhof-altmark.de

Gaststätte Am Markt, Am Markt 16, 29413 Diesdorf, Tel. 03902/298. Solide deutsche Küche.
Gaststätte Zur Kastanie, Breite Str. 52, 38489 Jübar, Tel. 039003/271. Direkt am Altmark-Radrundkurs, vielgelobtes Essen.
Fischerhütte Ahlumer See, Am Mühlenberg 63, 38489 Rohrberg, Tel. 039007/688. Frischer und geräucherter Fisch, schöne Sicht auf der Terrasse.

Altmärkisches Café Diesdorf, Kloster 4, 294134 Diesdorf, Tel. 03902/281. Hausgebackener Kuchen, gemütliches Ambiente.

Diesdorfer Süßmost-, Weinkelterei und Edeldestille, Bergstr. 1, 29413 Diesdorf, Tel. 03902/317;Hofladen Mo–Fr 8–12 u. 13–17 Uhr, Sa 8–12 Uhr. Vorzügliche Säfte aus vorwiegend regionalem Obst werden hier seit über 90 Jahren gepresst, 2008 ist die Destillerie hinzugekommen. Die Sessel im Verkostungsraum haben bequeme Lehnen, bei über 20 Bränden im Sortiment sicher nicht verkehrt. Führungen von 30 Minuten bis zur ausgiebigen Probe mit Menü möglich. www.diesdorfer.de

Freilichtmuseum Diesdorf, Molmker Str. 23, 29413 Diesdorf, Tel. 03902/450; Di–So u. Fei 10–17 Uhr, Nov.–März Gruppen nach Voranmeldung. www.freilichtmuseum-diesdorf.de

Pferdewohnwagen Altmark, Hinterstr. 6, 38486 Apenburg, Tel. 0175/4725789. Etwas ganz Besonderes: Mit 3 bis 4 Personen je gut ausgestattetem Wagen, gezogen von gutmütigen Kaltblütern, geht es auf ausgesuchten Routen durch die Altmark. www.pferdewohnwagen.de

Waldbad und Campingplatz Dähre, Eickhorster Weg 21, 29413 Dähre, Tel. 039031/337. Mit 50-Meter-Becken, Sprungturm, Spaßbadebereich mit Rutsche. Wohnmobil-Stellplätze, Campen auch für Gruppen, alles bestens saniert. www.gemeinde-daehre.de

Beetzendorf gehört zu den »Altmärkischen Wandernestern«. Von hier und von Diesdorf sind zahlreiche Wanderungen möglich. Vom Beetzendorfer Park aus kann man das Naturschutzgebiet **Beetzendorfer Bruch-Tangelnscher Bach** erkunden.

Apenburger Landbäckerei, Vorderstr. 23, 38486 Apenburg, Tel. 039001/63012. Nicht umsonst wurde Bäckermeisterin Karin Beier als sachsen-anhaltische »Unternehmerin des Jahres« geehrt. Ihr altmärkisches Roggenbrot trägt seit 2018 einen »Kulinarischen Stern«. www.biobaeckerei-apenburg.de

Auf Sagenpfaden in der Altmark: »De Mitt von de Welt« in Poppau

Klötze und Umgebung

Will man die Mitte der Welt passieren, geht dies »problemlos« auf dem Weg von Beetzendorf nach Klötze. Vorbei am winzigen **Jeeben** mit seiner schönen Feldsteinkirche (→ S. 90) führt eine Seitenstraße nach **Poppau**. Für Reiter aufgelegt, aber nicht nur für sie spannend, stößt man auch dort auf das Projekt »Alte Sagen auf neuen Pfaden«. An 18 touristisch interessanten Stellen erzählen Infotafeln aus der Sagenwelt der Altmark – immer mit wirklich Sehenswertem verbunden, zum Beispiel eben in Poppau »De Mitt von de Welt«. Unter einem riesigen Findling soll eine gewaltige Eisenkette vergraben sein, mit der man vor Zeiten die Welt vermessen habe. Unweit von Poppau gibt es seit 1997 das **Ökodorf Sieben Linden** als – nach dem Verständnis der Bewohner – sozialökologische Modellsiedlung und Gemeinschaft, als Modell- und Forschungsprojekt für eine zukunftsorientierte Lebensweise, in der Arbeit und Freizeit, Ökonomie und Ökologie, Individuum und Gemeinschaft, weltoffene und dörfliche Kultur in kleinen Lebenskreisen zu einem Gleichgewicht finden. Eingeladen wird auch zu »PowerTanzFestival« und Sonntagskuchen. Auf dem Rückweg nach Klötze kann der Interessierte auch in **Nesenitz** noch eine der sieben verkehrten Kirchen der Altmark besichtigen.

Klötze selbst, im Tal der Purnitz gelegen, ist nicht nur staatlich anerkannter Erholungsort und eines der »Altmärkischen Wandernester«, sondern trägt auch den Titel »Pferdefreundliche Gemeinde«. Das hat, neben der Gastfreundschaft der Einwohner, auch noch eine andere, sozusagen objektive Ursache: Der Ort nämlich liegt in der, wie viele sagen, schönsten Landschaft der Altmark, der **Altmärkischen Schweiz**. Diesen Namen tragen die Zichtauer oder auch Hellberge ob ihrer in der Eiszeit entstandenen Endmoränenlandschaft mit Bergen, dichten Wäldern und tief eingekerbten Tälern (z.B. Stakenberg/148 m NHN und »Himmel und Hölle«, eine steile Endmoränenkuppe nördlich von Zichtau), die das Schmelzwasser der Gletscher hinterließ. Der Klötzer und der Zichtauer

▲ Karte S. 64

Forst und die Jemmeritzer Heide sind Bilderbuchlandschaften für Wanderer, Radler und Reiter, vereint auch im **Landschaftsschutzgebiet Zichtauer Berge-Klötzer Forst**. 16 Objekte sind hier als Naturdenkmale geschützt, darunter die gewaltige »Ferchel-Eiche« der vor Jahrhunderten wüst gefallenen Ortschaft Ferchel oder die Bäume des »Lindendoms« im alten Zichtauer Park.

In Klötze, mit einigen sehenswerten **Fachwerkhäusern** im alten Celler Baustil, gibt es jedes Jahr im Mai eine kleine botanische Sensation zu erleben: In der Nähe des schönen Waldbades, ein Stück auf dem Bienenpfad entlang, öffnen dann bis zu **5000 Orchideen** auf einer Wiese ihre Blüten. Bestaunen kann man sie von einem Besuchersteg aus, der keinesfalls verlassen werden sollte. Staunen kann man auch in der **Roquette-Algenfarm** – Biotechnologie, die man sonst kaum irgendwo zu sehen bekommt (→ S. 26).

Lohnend ist von Klötze aus auch der Abstecher in Richtung Westen. In Immekath (von Imme = Biene und Kath = Kate) steht am Ortsrand Richtung Dönitz die sagenumwobene Ruine Danne. Wenige Kilometer weiter, an der malerischen **Hoppenmühle** vorbei, liegt das winzige **Altferchau**. Das sei erwähnt, weil man von hier aus nach einem 700-Meter-Spaziergang an der **Jeetze-Quelle** steht. Ein Papierschiffchen, käme es denn an, würde von hier aus nach einigen Tagen im großen Hamburger Hafen anlanden...

In **Kusey** findet man, etwas versteckt, den Schultz-Lupitz-Gedenkstein (→ S. 26), vor allem aber, wie in den südlich liegenden Dörfern Wenze, Röwitz und Trippigleben, eine der vielen schönen **Fachwerkkirchen**. Die Erklärung für den hier vorherrschenden Baustil ist einfach: Im Drömling gab es viel Holz, aber wenig Steine, im Norden der Altmark war es umgekehrt. So wurde damals, leicht scherzhaft gesagt, regional gebaut. Eine ausgeklügelte Logistik à la »Just-In-Time« war nicht nötig...

Kunrau ist mit Schloss, dazugehörendem Park und dem hier startenden Naturlehrpfad einer der nördlichen Eingänge in das Biosphärenreservat Drömling (→ S. 92). Darauf macht auch das im Schloss residierende Naturerfahrungszentrum mit der Ökoschule aufmerksam.

Am Ortsrand von **Böckwitz**, das durch die ehemalige innerdeutsche Grenze von seinem niedersächsischen Zwillingsort **Zicherie** getrennt war, gibt der **Grenzlehrpfad** einen durchaus beklemmenden Einblick in jene Zeit. Ob das privat betriebene, kleine Museum im Ort weiter bestehen wird, ist offen.

Für den Rückweg nach Klötze sollte man von Böckwitz die unscheinbare Ortsverbindungsstraße nach **Steimke** wählen. Der Ort ist nicht nur ein sehr ansehnliches Dorf – manche historischen Häuser und Höfe schon mit niedersächsischer Anmutung – hier steht auch eine riesige 1000-jährige Eiche, für viele ein regelrechter Wallfahrtsort.

Schloss Kunrau

Klötze und Umgebung

Einheitsgemeinde Stadt Klötze, Schulplatz 1, 38486 Klötze, Tel. 03909/4030. www.stadt-kloetze.de

Hotel Braunschweiger Hof, Neustädter Straße 49, 38486 Klötze, Tel. 03909/2351; 14 Zi., DZ ab 82 Euro. www.braunschweiger-hof.de

Hotel Landhaus Birkenmoor, Kuseyer Straße 1, 38486 Klötze/Neuferchau, Tel. 039008/761; 13 Zi, DZ ab 72 Euro (o. F.).

Ferienpark Zichtau, Zum Tempelberg 5, Gardelegen/OT Zichtau, Tel. 039085/304; Zimmer, Holzferienhäuser, Camping, Holzhäuser für 6 Pers. In der Nähe sehr schönes Freibad und Gut Zichtau, ein Zentrum für Kultur und Bildung mit Café etc. www.ferienpark-zichtau.de

Restaurant Die Mühle, Ringstraße 47, 38486 Klötze, Tel. 03909/511886. Gemütliches Restaurant in aufwändig restaurierter Holländer Windmühle. Gasträume auf drei Ebenen

Gasthof Zu den Linden, Am Dorfplatz 2, 384586 Klötze/OT Immekath, Tel. 03909/41098. Wirtshaus seit 200 Jahren und nun familiengeführt in der 3. Generation, weit über den kleinen Ort hinaus bekannt für altmärkisches Essen mit pfiffigen Ideen. www.gasthof-zudenlinden.de

Roquette Klötze, Lockstedter Chaussee 1,38486 Klötze, Tel. 03909/47260. Spannender Einblick in ein europaweit führendes Unternehmen bei verschiedenen Gruppenführungen mit »algigen« Experimenten in der Algenfarm. www.algomed.de

Schloss Kunrau, Am Park 2, 38486 Klötze/OT Kunrau. Tel. 039008/828200. 1859–1861 im Stil der italienischen Renaissance vom Gutsbesitzer Theodor Hermann Rimpau erbaut, Erfinder der Moordammkultur (→ S. 25).
www.droemlingswelt.de
www.schloss-kunrau.de

Campingplatz am Freibad Kunrau, Immekather Weg 12 38486 Klötze, Tel. 039008/481 während der Badesaison.

Ökodorf Sieben Linden, Sieben Linden 1, 38489 Beetzendorf/OT Poppau, Tel. 039000/51236. Offenes Sommercamp und PowerTanzFestival, einmal im Monat (außer Jan. u. Aug.) Sonntagscafé mit Rundgang und selbstgebackenem Kuchen. www.siebenlinden.org

Von **Klötze** und **Zichtau** aus, das zu den »Altmärkischen Wandernestern« gehört, gibt es ein ausgedehntes, gut ausgeschildertes Wegenetz. Die mit Tiernamen benannten Touren wie Amsel-, Dachs- oder Fuchstour sind ebenso zu empfehlen wie die 11-km-Route von Klötze zum Eisernen Kreuz, zur Quelle und zurück, die am Klötzer Tierpark »Arche Noah« startet.
»Auf Solbrigs Spuren« führen Wanderwege durch das Gut Zichtau, zu »Himmel und Hölle« oder zum Stakenberg.
www.gartenakademie-sachsen-anhalt.de

Kalbe (Milde)

▲ Karte S. 56

Es kommt ja nicht oft vor, dass Städte ihren Namen ändern, um sich von anderen zu unterscheiden. Die Mildestadt ging diesen Weg 1952, um sich von der damals anderen Kreisstadt im Bezirk Magdeburg, Calbe (Saale), zu unterscheiden. So wurde aus Calbe (Milde) dann Kalbe (Milde) und die Kalbenser (womit natürlich ganz gerecht alle Geschlechter gemeint sind) können gut damit leben. Den schönsten Blick auf das kleine Städtchen hat man vom **Hausmannsturm** (16. Jh.): umringt von zwei Armen der Milde

Die Ruine der Wasserburg in Kalbe (Milde)

die pittoreske **Ruine der Wasserburg** mit ihrem fein restaurierten Torhaus (Museum) zu Füßen, der **Altstadtring**, den die Einheimischen ob seiner runden Form liebevoll »Pottkuchen« nennen, gut erkennbar, die **Kuranlagen** mit dem Goßlerschen Haus und dessen Buchsbaumpark unter viel Grün. Und im Sommer gleich als Nachbarn fleißig klappernde Störche, die sich auf der Burgruine in luftiger Höhe eingerichtet haben.

»Stadt der 100 Brücken« heißt es oft von Kalbe, in Wahrheit sind es viel mehr, die in der Kurstadt über die kleinen und kleinsten Fließe der Milde gebaut werden mussten. Es mag wohl sein, dass diese Idylle viele Künstler angezogen hat, die ihre Ateliers indessen hier eingerichtet haben, sicher sind es auch die leer stehenden Häuser und Wohnungen, die die Stadt – inspiriert durch die umtriebige Kulturinitiative Künstlerstadt Kalbe – Malern, Fotografen und Autoren als temporäre Bleibe angeboten hat. Jedenfalls profitieren beide Seiten von diesem Deal: Die Stadt wird immer schöner und die Kreativen finden Ruhe fernab vom aufgeregten Szenetreiben der großen Metropolen.

Für einen **Spaziergang** empfiehlt sich der Start an der Burg, die Kuranlagen können links liegen bleiben, wenn man am Freibad auf die Ostpromenade einbiegt. Im Bogen geht es um schöne Grün- und Gartenanlagen bis zur Gardelegener Straße. Diese führt, an detailgetreu sanierten, von Rosenstöcken flankierten Fachwerkhäuschen direkt auf den **Markt** und zur **Nikolaikirche**. Diese wurde ca. 1150 als romanische Feldsteinkirche erbaut. Um- und Ausbauten wurden über Jahrhunderte von den Burgherren, der Adelsfamilie von Alvensleben, initiiert. Nach der Runde um das Stadtzentrum über Markt-, Rathaus- und Gerichtsstraße landet man unweigerlich an der wieder zur Burg führenden Stendaler Straße. Nicht übersehen kann (und sollte) man den blumendekorierten **Pavillon der Initiative Künstlerstadt Kalbe**, ein hübscher Treffpunkt für Gespräche und gelegentlich auch Drinks.

Stichwort Treffpunkt: Für viele Kurgäste und Touristen ist ein Besuch in den beiden, die Mildebrücke in der Stendaler Straße flankierenden, weithin berühmten Cafés »Friedenseck« und »Piccolo« quasi Pflichtprogramm.

Kalbe (Milde)

Vorwahl: 039080
Postleitzahl: 39624
Tourist-Information, Schulstr. 11, Tel. 97122; Mo–Fr 9–12 Uhr, Mo u. Do auch 12.30–15 Uhr, Mi geschl.
www.stadt-kalbe-milde.de
www.kuenstlerstadt-kalbe.de

Landhotel Zum Pottkuchen, Marktstr. 9, Tel. 95390; 8 Zi., DZ 90 Euro. Kleines, aber feines Haus am »Pottkuchen« genannten Innenstadtring, hauseigene Galerie mit Altmark-Bildern, nach der Besichtigung hauseigenen Pottkuchen probieren. www.pottkuchen.de
Hotel Ratsstuben, Rathausstraße 2, Tel. 3113; 7 Zi., DZ ab 75 Euro (o. F.). Ruhige Lage im historischen Zentrum, typische Kalbenser Freundlichkeit.

Kutscherhaus Kalbe, Gartenstr. 2, Tel. 727599. Mit viel Liebe von den Inhabern geführtes Haus, wohlschmeckende Hausmannskost. Auch Kulturveranstaltungen. www.kutscherhaus-kalbe.de

Café Friedenseck, Stendaler Str. 28, Tel. 38840; **Eiscafé Piccolo**, Stendaler Str. 30, Tel. 72931. Zwei sehr schöne Cafés, direkt gegenüber liegend links und rechts der Milde mit Terrasse. Selbstgebackener Kuchen in beiden selbstverständlich. Im »Piccolo« italienisches Eis aus eigener Herstellung, im »Friedenseck« freitags Schaubacken. www.piccolo-kalbe.de
www.friedenseck.de.

Burg- und Heimatmuseum Altes Wachhaus, Burg 1, 39624 Kalbe (Milde), Tel. 039080/97122; März–Okt. Mi, Fr, Sa 16–17 Uhr, Nov.–Feb. jew. 15.30–16.30 Uhr sowie nach Vereinbarung. Kleine Ausstellung, Turmbesteigung möglich.
www.stadt-kalbe-milde.de

Favoritenweg Zwischen Himmel und Hölle, sehr schöner 20 km langer Rundweg vom Wanderstützpunkt Kalbe aus durch die Jemmeritzer und die Zichtauer Heide (Berge und Schluchten wie Himmel und Hölle), an der Kirche in Engersen (»Straße der Romanik«) vorbei und wieder zurück. www.stadt-kalbe-milde.de

Von Hand für's Land, Regionale Produkte und ausgesuchte Spezialitäten, Ernst-Thälmann-Straße 44; Mi u. Fr 14–17 Uhr, Sa 9–12 Uhr. Produkte der Bio-Landwirtschaft von verschiedenen regionalen Produzenten. www.riethwiesenhof.de

An der Ostpromenade in Kalbe (Milde)

▲ Karte S. 56

Von Kalbe (Milde) nach Arendsee

Wer sich einen Tag Zeit nehmen mag, um Natur im Überfluss und faszinierende Historie in vielen Facetten förmlich aufzusaugen, der sollte den Weg durch das territoriale Herz der Alten Mark von Kalbe ins nördliche Arendsee nehmen.

In **Winkelstedt** und **Brüchau** stößt man zunächst auf zwei alte Rundlingsdörfer. Diese Dorfform schauten sich die Altmärker, die eigentlich Haufen- oder Straßendörfer anlegten, vor Jahrhunderten von den slawischen Wenden ab. Jahrhunderte-, ja jahrtausendealter Geschichte begegnet man dann auch in **Zethlingen**. Westlich des Ortes auf dem Mühlenberg wurde schon Anfang des 19. Jahrhunderts ein großes germanisches Brandgräberfeld aus dem 2./3. Jahrhundert und später ein Eisenverhüttungsplatz entdeckt. Auf diesem historischen Gelände entstand ab 1990 die **Langobardenwerkstatt Zethlingen**, heute Außenstelle des Johann-Friedrich-Danneil-Museums Salzwedel. Auf Kult- und Verhüttungsplatz, in Web- und Grubenhaus, unter dem Schleppdach am Kochplatz oder an zwei Lehmbacköfen kann man individuell oder in Gruppen, an Projekttagen oder bei Führungen im Sommer das Leben des langbärtigen Germanenstamms nachvollziehen. Abschließender Höhepunkt ist gewöhnlich die Verkostung der »Langobardensuppe« (Grundbestandteile sind jede Menge unterschiedlicher Hülsenfrüchte) mit den selbst gebackenen, ofenwarmen Fladen.

Über das kleine **Bühne** mit seiner schönen romanischen Kirche geht es dann mitten hinein in eine der unstrittig schönsten Ecken der Altmark, den **Kalbeschen Werder** bis nach **Vienau**. 137 Hektar groß erhebt sich der sanfte Höhenrücken zwischen den Tälern von Milde und Augraben. Die Biodiversität auf dem Kalbeschen Werder, so sagen es die Experten, sucht

Die Langobardenwerkstatt Zethlingen

ihresgleichen, der Werder ist deshalb auch NATURA 2000-Areal. In der Milde-Niederung befindet sich ein 1500 Hektar großes **Europäisches Vogelschutzgebiet**. Im Frühjahr und Herbst ist hier bis hinauf zum Arendsee ein, so könnte man sagen, europäisches Luftdrehkreuz. Fantastisch ist das Schauspiel, wenn Abertausende Zugvögel hier rasten.

Das 68-Einwohner-Dörfchen **Beese** gehört zu Vienau und findet hier deshalb Erwähnung, weil von Beese an die am Heidedorf Letzlingen entspringende Milde den Namen Biese trägt. Den Namen gegeben haben Ort und Fluss übrigens die Niederländer, die der altmärkische »Urvater« Albrecht der Bär dort zur Trockenlegung der Biese-Niederung angesiedelt hatte. Später, nach seinem, 97 Kilometer langen Lauf durch die Altmark, mündet der Drei-Namen-Fluss als Aland beim niedersächsischen Schnackenburg in die Elbe.

Über das »Pferdedorf« **Mehrin** führt der Weg nach **Brunau**. Dort steht man staunend vor der St. Martinskirche. Im 12. Jahrhundert im romanischen Stil errichtet, hat sie zwei unterschiedliche Türme im gotischen Stil: der eine rund, der andere achteckig. Eine Legende schreibt dies dem unterschiedlichen Geschmack

Die Martinskirche in Brunau mit ihren unterschiedlichen Türmen

zweier Bischofstöchter (!) aus dem Geschlecht derer von Alvensleben zu, die über die Turmform entscheiden sollten.

Von Brunau aus lohnt ein Abstecher nach Osten, wo man an der Biesebrücke vom **Nachbau der Gladigauer Burg** begrüßt wird. Aus historischen Balken haben die Gladigauer mit Hilfe von Stendaler Spezialisten dieses »Stadttor« errichtet, als der Ort 2016 im Bundeswettbewerb »Unser Dorf hat Zukunft« mit einer Goldmedaille gewürdigt wurde. Schlendert man die langgestreckte Dorfstraße entlang – typisch für die altmärkischen Straßendörfer – wird auch optisch erkennbar, wie verdient diese Ehrung ist. Das Gladigauer Dorftheater wurde 2019 zum »Verein des Jahres« in Sachsen-Anhalt gekürt. Ein Kleinod ist das Pfarrhaus, auf dessen Gelände das historische Backhaus steht, in dem immer wieder Dorfbacktage stattfinden.

Fährt man von Gladigau ein paar Kilometer nach Osten, so taucht aus der Ebene etwas auf, was man hier wirklich nicht erwartet hat: ein schlanker Turm mit Zwiebelhaube, pastellrosa-farbig – die **Rokokokirche des Ortsteils Orpensdorf**, ein absolutes Unikat in der Altmark. Die Farbgebung geht auf ihren Erbauer Friedrich Wilhelm Diterichs zurück, einen berühmten preußischen Architekten und Baumeister (→ S. 91), der in der Kirche auch beigesetzt ist.

Man kann von Gladigau auf direktem Weg über **Kossebau** nach **Arendsee** fahren, als Radler übrigens auf einem Alternativabschnitt der Milde-Biese-Aland-Tour. Nicht minder empfehlenswert ist ein »Westschlenker«. Der führt über **Jeetze** mit seiner sehenswerten Bockwindmühle zunächst nach **Störpke**. Dort findet sich ein unter Denkmalschutz stehender typisch altmärkischer Vierseitenhof von 1820. Besitzer Hans-Joachim Koch, nach einem Arbeitsleben fernab auf den Heimathof zurückgekehrt und diesen liebevoll restaurierend, weiß spannend aus der Historie zu erzählen. Geschichte, viel ältere allerdings, bietet dann auch die **Hünengräbergruppe** im Wald bei **Molitz**, von wo es über **Fleetmark** in Richtung Arendsee geht.

Unser Tipp ▸ Auf Pirsch durch die Milde-Niederung

Den perfekten Stop-over für eine gemütliche Zwei-Stunden-Wanderung zwischen den Autofahrten (geht natürlich auch als Radrunde) bietet der **Naturlehrweg Vienau**. Vom Info-Pavillon am Ortsrand aus geht es an Binnendünen, Insektenhotel und Fledermauskeller vorbei direkt in die Milde-Niederung. Über Untere Milde führt der Weg bis zum Büster Stau der Milde. Wer Glück hat, begegnet hier Fischotter und Eisvogel, einen knappen Kilometer später wieder in Richtung Vienau erreicht man den Aussichtshügel mit dem Beobachtungspavillon. Die einmalige Sicht geht über die Niederung und die Flachgewässer bis hin zu den Hellbergen bei Zichtau. 6,5 Kilometer lang ist der Rundkurs und begegnen kann man, je nach Jahreszeit: Saat- und Blässgänsen, Kranichen und Störchen, Goldregenpfeifer, Kiebitzen, Wiesenweihe und dem Großen Brachvogel. Geduld lohnt sich und ist selbstverständlich – wir sind ja auf Entdeckertour!

Von Kalbe (Milde) nach Arendsee

Ferienhof Bühne, Bühne 12, 39624 Kalbe/Milde, Tel. 0163/6293737; schöne FeWo für bis zu 6 Pers. (69 Euro/Nacht) in winzigem Örtchen, Fahrräder, Kinderspielplatz. www.landurlaub-altmark.de

Landhotel Mehrin, Mehriner Dorfstr. 25, 39624 Kalbe (Milde)/OT Mehrin, Tel. 039030/9530; 70 Betten in Zi. und App., DZ ab 90 Euro; Reiterhof mit 45 Pferdeboxen. Der Titel »Leuchtturm der Tourismuswirtschaft« wurde dem Landhotel verliehen und es macht ihm alle Ehre. www.landhotel-mehrin.de

Reiterhof Dammkrug Güssefeld, Dammkrug 1 39624 Güssefeld, Tel. 039080/ 40496; FeWos, Blockhäuser, Camping. Alles, was das Herz von großen und kleinen Reitern begehrt. Reiterferien mit oder ohne Eltern, in den Ferien auch Kinder-Tagesbetreuung. www.dammkrug.de

Altmark-Vierseitenhof Karsten Busse, Thüritz Nr. 22, 39624 Kalbe (Milde), Tel. 0171/3120122; 100-qm-FeWo in 200 Jahre altem Fachwerkhaus. 4 Pers 50 Euro/Nacht. www.altmarkvierseitenhof.de

Langobardenwerkstatt Zethlingen, Mühlenberg, 39624 Kalbe (Milde)/OT Zethlingen. Kontakt über J.-F.-Danneil-Museum Salzwedel, Tel. 03901/423380; Mai–Sept. Den Alltag der germanischen Vergangenheit anschaulich nacherleben und selbst mitgestalten. www.museen-altmarkkreis.de

Dorf, Kirche und Pfarrhaus mit historischem Backofen, 39606 Gladigau. Backtage einmal im Monat Mai–Okt., Dorftheater, Tel. 0172/3001744. www.mein-gladigau.de

Eine beliebte Wanderung von Vienau aus ist der **Naturlehrweg** durch das Europäische **Vogelschutzgebiet Mildeniederung**, schöner Blick vom Aussichtsturm Vienau. NABU-Ortsgruppe Kalbe (Milde), Michael Arens, Im Wiesengrund 29 Vienau, 39624 Kalbe (Milde), Tel. 0174/7565105 oder 01520/8559841.

Arendsee

Der Arendsee und mit ihm der gleichnamige Ort an seinem Südufer gilt durchaus zu Recht als die »Perle der Altmark«. Zum einen liegt das Gewässer wie perlenrund geschliffen inmitten von Kiefern- und Laubwäldern. Zum anderen werden sogar Online-Abstinenzler vielleicht irgendwo erfahren haben, dass der See auf einer großen deutschen Internetplattform in den vergangenen Jahren von über 100 000 Usern mehrfach zu einem der beliebtesten deutschen Seen gewählt wurde. Rund fünf Quadratkilometer groß ist er – entstanden durch mehrere Erdeinbrüche nach Salzauslaugungen, zuletzt 1685 – und mit 51 Metern einer der tiefsten Norddeutschlands. Entdecken kann man seine Schönheit ganz bequem vom Deck der »Queen Arendsee« aus, einem Schiff im Stil der Mississippi-Steamboats, dessen Rad sich nur aus optischen Gründen am Heck dreht. Vielfältiger ist die Entdeckungsreise allerdings mit dem Rad oder per pedes. Knapp zehn Kilometer lang ist der Weg rund um den See und wer alles im weitesten Sinne Genießenswerte wahrnehmen will, sollte ruhig mehr als einen halben Tag einplanen.

Die »Queen Arendsee«

Rundweg um den See

Start ist für Pkw-Besitzer am großen **Parkplatz gegenüber dem Strandbad**, von wo aus man entgegen dem Uhrzei-

▶ Karte S. 56

Die Klosterkirche in Arendsee

gersinn schon nach wenigen Minuten dem sommerlichen Badetrubel entronnen und in das Landschaftsschutz- und Flora-Fauna-Habitat (FFH)-Gebiet eingetaucht ist. An der **Försterwiese** vorbei - ökologisch durch ihre Vielfalt seltener Pflanzen besonders interessant - kommt man zum **Fischwerder**. Dort steht ein **Turm für die Vogel-Beobachtung**. Bis zu 140 Vogelarten sind am Arendsee zu sehen, 60 von ihnen brüten in den Schilfgürteln des Ufers. Wiederkehrend in den Herbst- und Wintermonaten ist das Spektakel des Vogelzuges, wenn große Scharen nordischer Gänse und Kraniche auf ihrem Zug hier rasten, manche bleiben auch den ganzen Winter. Für diese Wochen empfiehlt es sich, Unterkünfte langfristig vorab zu buchen.

Eine längere Rast mag man ein Stück weiter beim weithin bekannten **Fischer Kagel i**m Ortsteil Zießau einlegen. Frisch geräucherten Fisch aller Art, vor allem natürlich die berühmte Maräne - einen forellenartigen Fisch, dem der Arendsee durch sein klares Wasser besonders günstige Lebensbedingungen bietet - kann man an rustikalen Tischen unterm Blätterdach genießen. Weiter führt der Rundweg am **Regattahafen** vorbei, mit immer neuen Ausblicken auf den See.

Nach dem **Kurgebiet des Luftkurortes** - hier soll demnächst ein nicht unumstrittenes Wohn- und Hotelareal direkt am See entstehen - stößt man unweigerlich auf das Gelände des alten **Benediktiner-Nonnenklosters** (1184), in dessen ehemaligem Hospital sich das **Museum** befindet. Das Klosterareal ist einer der schönsten Punkte der »Straße der Romanik« und das ganze Jahr über auch Schauplatz von Märkten, Konzerten und Theateraufführungen. Im alten Klostergarten kann, wer mag, sich in Demut üben, denn die »Demutspforte« ist nur in gebückter Haltung zu durchqueren. Der **Fontane-Stein** neben der Kirche erinnert daran, dass der Dichter Arendsee zu einem der Schauplätze seiner Erzählung »Grete Minde« (→ S. 36) gemacht hat. Die Klosterkirche St. Marien sollte man unbedingt durch den Haupteingang auf

Im Tempelgarten von Gustav Nagel

der Stadtseite betreten: Sieben Rundbögen bilden ein in der Backsteinarchitektur sehr seltenes Stufenportal, die Himmelspforte assoziierend, durch die der Mensch das Paradies betritt.

Paradiesische Zustände wollte auch Gustav Nagel schaffen, ein von manchem Mysterium umwölkter Wanderprediger aus der ersten Hälfte des vorigen Jahrhunderts (→ S. 40). Zu der von ihm am Arendsee gekauften Wiese, auf der er 1910 seinen Garten Eden einrichtete, führt der Weg um den See im weiteren Verlauf. 10 000 Besucher sollen zu Nagels Lebzeiten seinen **Tempelgarten** besucht haben, einiges davon kann man auch heute besichtigen.

Den Rundweg abschließend, kommt man am **Tauchwrack**, (vor einigen Jahren im See versenkt, um Tauchern einen »Abenteuerspielplatz« tief im See zu schaffen und natürlich nicht zu sehen), und an der **Fundstelle des Mühlsteins** vorbei, um den sich hier letzten Endes alles dreht: Eines fernen Tages, so geht die Sage vom Müller Arend, soll dessen Mühle bei einem fürchterlichen Unwetter im See versunken sein. Wie und warum das geschah und was für Auswirkungen das hatte, das ist eine schöne Geschichte für den Abend nach der Wanderung.

Wer von der Klosterkirche den abschließenden Teil des Rundgangs nicht am See entlang, sondern durch die **Innenstadt** wählt, kann am Brunnen auf dem vor Jahren neugestalteten Markt rasten, dem Glockenspiel lauschen und wird in der belebten **Friedensstraße** lebensgroßen Skulpturen aus Arendsees Geschichte begegnen: der Nonne, die zum Markt eilt oder Gustav Nagel, wie er in der Erinnerung der Arendseer lebt.

▲ Karte S. 56

Seit 1872 wird in der Stadt am See auf ganz unterschiedliche Weise gekurt, zunächst in einer Kaltwasser-Heilanstalt, später mit Bädern aller Art. Seit 1950 trägt der Ort ganz offiziell den Titel »Luftkurort« und die Stadtmütter- und -väter unternehmen vieles, um für ein im weitesten Sinne angenehmes Klima am und um den See zu sorgen. Dazu gehört auch, dass seit 1969 keine Motorboote den See befahren dürfen – die Jollen, die unter bunten Segeln im flirrenden Sonnenlicht auf dem See kreuzen, verleihen der Szenerie ein ebenso traumhaftes Flair wie die herbstlichen Nebel oder die reifgeschmückten Bäume im Winter.

Neben den rund um den Arendsee, in Radtournähe gelegenen Altmark-Dörfern wie **Schrampe**, **Zießau** und **Ziemendorf**, alle erst seit dem Mauerfall 1989 wieder für jedermann zugänglich, lohnt ein Blick in die romanischen **Feldsteinkirchen in Kraatz** mit auf den Putz gemalten Weihekreuzen (15. Jh.) und in **Neulingen**.

Unser Tipp ▸ Landhof an der Dörpstroat

Lohnend für eine kleine Radtour von Arendsee aus ist das südöstlich von Arendsee gelegene **Neulingen**. Man nimmt am besten den Rundweg »Durch altmärkische Dörfer«. In der romanischen St.-Marien-Kirche begrüßt den Besucher ein schwebender Engel und die Rühlmann-Orgel von 1914 mit sehr schönem Klang. Der Verein »De Dörpstroat« (Dörpstroat – Altmärker Platt für Dorfstraße) sorgte für deren Restaurierung und überhaupt für die Erhaltung dörflichen Lebens in dem winzigen (ca. 60 Ew.) Ein-Straßen-Ort. Ziel der Radtour aber ist vor allem der **Landhof Neulingen**.

Auf dem weitläufigen Gelände um den von den Besitzern kenntnisreich sanierten Vierseiten-Hof kann man ganze Tage (und Nächte) verbringen. Erholen, genießen, lernen, lehren und einfach Spaß haben, alles ist hier möglich – auf dem Kornboden, in Schaugarten und Backhaus-Café oder beim gemeinsamen Kochen. Der kleine Marktladen offeriert regionale Produkte und stellt auch die indessen vielgefragte Altmark-Kiste zusammen.

www.landhof-neulingen.de

i Arendsee

Vorwahl: 039384

Postleitzahl: 39619

Tourist-Info Arendsee, Töbelmannstr. 1, Tel. 27164; Mo–Fr 10–14 Uhr. Ferienhäuser, Ferienwohnungen, Hütten und Zimmer in großer Auswahl in und um Arendsee. www.arendsee.de

Flair Hotel Deutsches Haus, Friedensstr. 89–91, Tel. 2500 o. 9730; 26 Zi., DZ ab 115 Euro. Renommiertes, familiengeführtes Haus, eigener Badestrand mit Sauna am See. Im Restaurant perfekte regionale Gerichte, u.a. Maräne aus dem Arendsee. Spezielle Angebote während des Wildgansfluges im Herbst. www.dh-arendsee.de

Haus am See, Lindenstr. 28, Tel. 9890; 15 Zi., DZ ab 129 Euro. Spezialität: Fitness- und Sportangebote. Professionelle Behandlung und Begleitung in Wellnessfarm und Gesundheitszentrum. www.wellnesshotel-arendsee.de

Zur Wolfsschlucht, Klädener Dorfstr. 10, Arendsee/OT Kläden, Tel. 9820; 25 Zi., DZ ab 89 Euro. Die Inhaber sorgen für eine persönliche Atmosphäre, vielfältige und attraktive Arrangements. www.wolfshotel.de

Kinder- und Jugenderholungszentrum Altmark, Am Lindenpark 4–7, Tel. 9830. Unterkunft und Ferien für Klassen, Vereine, Familien, zahlreiche Aktiv- und Kulturangebote. www.kiez-arendsee.de

Integrationsdorf Arendsee, Harper Weg 3, Tel. 984880. Ferienhäuser und Ferienwohnungen für Familien, Alleinreisende, Gruppen, Klassen und Vereine aller Altersgruppen mit und ohne Beeinträchtigung. www.ida-arendsee.de

Campingplatz Im kleinen Elsebusch, Lüchower Str. 6a, Tel. 27363; Apr.–Okt. 7000 qm, 100 Stellplätze. Sehr schöne Lage, viele Angebote, u.a. Kremserfahrten beim Fischer.
www.campingplatzarendsee.de

Campingplatz Arendsee, Harper Weg 112, Tel. 2587 o. 01520/8811901; Apr.–Okt. Unmittelbar am See gelegen, großzügig bewaldet, 300 Dauerstellplätze, 120 Touristplätze. www.arendsee.de

Pension und Restaurant Zur Wildgans, Zießau Nr. 8, Arendsee/OT Zießau, Tel. 973895; Fr–Di ab 11 Uhr. Sehr gutes Essen, Zutaten frisch aus der Region, Fisch aus dem Arendsee. www.zur-wildgans.de

Fischerei Maränenhof Kagel, Arendsee/OT Zießau, Tel. 2550; Mi–So 9–18 Uhr. Frischer und geräucherter Fisch von Aal bis Zander, selbst auswählen, an der Theke holen und unterm Blätterdach verspeisen. Gegen Vorlage eines Fischereischeins auch Angelkarten.

Kloster Arendsee, Am See 3, Tel. 2479; Do–So 11–16 Uhr.
klosterarendsee@gmx.de

Strandbad Arendsee, Lindenstr. 3, Tel. 2251. Sandstrand, 72 m lange Riesenrutsche in den See mit ausgezeichneter Wasserqualität, ausgedehnter FKK-Bereich.

Freizeitspaß Altmark, Binde Nr. 1, 39619 Arendsee/OT Binde, Tel. 0159/02754976. Bogenschießen, Schnuppertauchen, Segway-Touren, Bumperball und anderes, was Spaß macht. www.freizeitspass-altmark.de

Yoga-Rundweg Arendsee, Tel. 0172/9456987 o. 0176/52103315. Kontakt auch unter kmgoyer@web.de. 10 Plätze rund um den Arendsee für Yoga-Übungen mit professioneller Begleitung. Startplatz auf dem Gustav-Nagel-Areal am See.

Schlittenhunde-Touren in der Altmark, Michael Lachs Tel. 01511/9478424. Vom Profi individuell zusammengestellte Touren für jedermann.
www.schlappipower.de

Pferde- und Freizeitparadies am Arendsee, Dorfstr. 49g, 39619 Arendsee/OT Ziemendorf, Tel. 97295. Pferdestandplätze, Reit- und andere Touren, auch Übernachtung.
www.pferde-freizeitparadies.de

Arendsee wird tangiert vom großen **Altmark-Rundkurs**, vom **Milde-Biese-Weg**, vom überregionalen **Radweg zur Grenz-Land-Geschichte** und vom **Vier-Länder-Grenzradweg**. Darüber hinaus gibt es sechs sehr schöne Wege zwischen 10 und 24 km um Arendsee herum, die in einem Flyer der Touristinformation Arendsee beschrieben werden.
www.arendsee.de
www.vierlaendergrenzradweg.de
www.region-wendland.de/grenzlandgeschichte

Neun Terrainkurwege hat der Luftkurort ausgeschildert, deren Länge zwischen 2,3 und 9,4 km liegt.
www.arendsee.de

LandHof Neulingen, Neulingen 19, 39619 Arendsee/OT Neulingen, Tel. 0172/3003375. Regionaler Marktladen, dazu Café, Schaugarten, Backstube. Auch Übernachtung, Seminar- und Eventräume.
www.landhof-neulingen.de

▸Karte S. 56

Hansestadt Gardelegen

Seit 2011 machen sich die Bewohner der alten Hansestadt den Spaß, Besucher nach der drittgrößten deutschen Stadt zu fragen, die - natürlich - Gardelegen heißt. Die damalige Gebietsreform hat es so gefügt, dass die 49 Ortsteile (zusammen 24 000 Einwohner) nach Berlin und Hamburg die größte Fläche belegen. Und noch in anderer Weise ist Gardelegen mit den genannten Großstädten verbunden. Was für Hamburg jeder weiß, muss für Gardelegen erklärt werden: Gardelegen ist Hansestadt, 1359 erstmals in diesem Zusammenhang erwähnt, weil an wichtigen Handelswegen liegend. Schon 1488 allerdings musste sich die Stadt auf kurfürstlichen Befehl aus allen Städtebündnissen und so auch aus der Hanse zurückziehen. Die Bürger hatten sich geweigert, eine auferlegte Biersteuer zu zahlen. 1995 dann erfolgte der Wiedereintritt in den »Hansebund der Neuzeit« und drei Jahre später in den neu entstandenen »Altmärkischen Hansebund« (→ S. 32). Die Beziehung zur deutschen Hauptstadt wiederum geht über einen Mann, den die meisten für einen waschechten Berliner halten. Als Otto Pfützenreuter erblickte er 1870 in Gardelegen das Licht der Welt, als Otto Reutter (→ S. 39) begeisterte er mit seinen Couplets ganz Deutschland, der »Wintergarten« und das »Apollo« in Berlin wurden seine zweite Heimat.

Der Reichtum der »Riesenstadt« Gardelegen hat aber nicht zuerst mit ihrer Fläche oder der schieren Zahl von

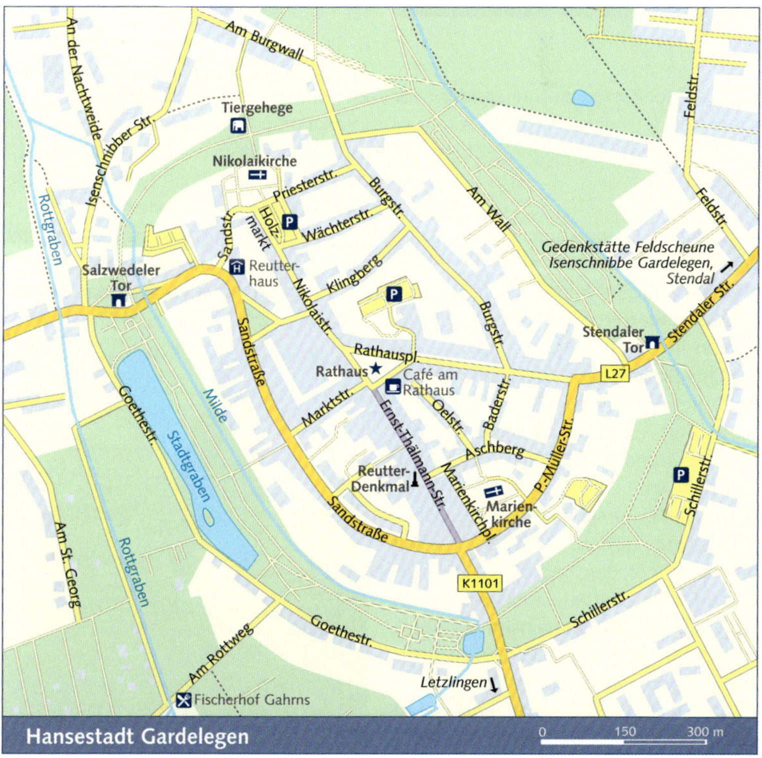

Otto Reutter in Bronze

49 vereinten Orten zu tun, sondern vor allem mit der unglaublichen Vielfalt an Sehenswertem aus Vergangenheit und Gegenwart.

Bierstadt Gardelegen

Gardelegen ist, und das muss unbedingt erwähnt werden, neben allem anderen auch eine Bierstadt, die grünen Hopfenranken im Stadtwappen – für die die Stangen übrigens aus dem nahen Drömling kamen – dokumentieren das voller Stolz. Seit 1324 besaß die Stadt das Malzrecht und um das Bier ranken sich natürlich auch viele Geschichten, deren eine so geht: Immer vor dem Bieranstich wurde eine hölzerne Bank hervorgeholt und dann mit Bier begossen. Lederbehoste Trinker zechten dann stundenlang und wenn sie sich gemeinsam erhoben, musste die Bank an den Hinterteilen kleben bleiben – dann hatte das Bier die rechte Güte... Nach jahrelanger Flaute ist die Gardelegener Braugesellschaft heute dabei, die Brautradition wiederzubeleben – den Gerstensaft zu probieren, lohnt definitiv.

▸ Karte S. 83

Stadtrundgang

Man macht keinen Fehler, wenn man einen Stadtrundgang an **Reutters Bronze-Standbild** von Heinrich Apel in der Ernst-Thälmann-Straße beginnt und nach wenigen Schritten an sehr gut erhaltenen **Bürgerhäusern**, am **Johanniterhaus** und dem ältesten steinernen Profanbau der Stadt vorbei zum **Rathaus** gelangt. Dieses steht an einem der wenigen dreieckigen Stadtplätze Europas und wird von einem prächtigen Roland bewacht, dessen erster Vorgänger 1564 errichtet und nach 275 Jahren währender Absenz 2002 wieder aufgestellt wurde – gestaltet nach dem historischen Vorbild. Ein genauerer Blick lohnt sich nebenan auf das Gebäude der **Alten Löwenapotheke**. Nicht zuerst, weil hier die Tourist-Information ihren Sitz hat, sondern weil es zu den schönsten der Stadt gehört.

In nordwestlicher Richtung liegt der **Holzmarkt**, einer der ältesten Winkel der Stadt, mit den historischen Bauten der **Oberpfarre**, der **alten Lateinschule** und des **Pfarrhauses von St. Nikolai**. Die da-

St. Nikolai in Gardelegen

Über die Wallanlagen führt ein Rundweg

nebenliegende monumentale Kirche zu besichtigen, 1945 durch Bomben zerstört, lohnt (Voranmeldung in der Tourist-Info nötig) u.a. wegen der im Chor restaurierten Heiligendarstellungen aus dem 15. Jahrhundert.

Vom Holzmarkt geht es, vorbei an **Ziesemeisterhaus**, **Toreinnehmerhäuschen** und der **Tormühle** zum **Salzwedeler Tor**, einem Backsteinensemble, wie man es sich schöner kaum vorstellen kann.

Hat man sein Auto am Holzmarkt geparkt, kann man am Salzwedeler Tor auch den **Rundgang über die Wallanlagen** beginnen, auf die die Gardelegener besonders stolz sind. Rund 2,3 Kilometer zieht sich dieser grüne Ring, der zu den sachsen-anhaltischen »Gartenträumen« gehört, um die historische Altstadt, vorbei an **Stadtgraben** und **Pulverturm**, **Stauden-**, **Rosen-** und **Immergrünem** und **Tiergarten** und den Resten von **Magdeburger** und **Stendaler Tor**. Man möchte nicht glauben, dass auf dem Wall, nach der Zerstörung im Dreißigjährigen Krieg, Obst und Gemüse angebaut wurden und sogar Friedhöfe lagen... Vom Magdeburger Tor lohnt ein Abstecher zur fünfschiffigen **St.-Marien-Kirche**, von der aus sich nach einer Predigt des Luther-Schülers Bartholomäus Rieseberg 1539 die Reformation ihren Weg in die Altmark bahnte.

Am Stadtrand von Gardelegen erinnert die **Feldscheune Gedenkstätte Isenschnibbe Gardelegen** an ein besonders dunkles Kapitel der Geschichte. Am 13. April 1945 wurden 1016 Häftlinge, die auf Todesmärschen aus verschiedenen Konzentrationslagern bis nach Gardelegen gelangt waren, in einer Feldscheune des Gutes Isenschnibbe von SS-Schergen erschossen oder bei lebendigem Leibe verbrannt. Den ersten Friedhof errichteten die schon einen Tag später einrückenden Truppen der 102. amerikanischen Infanteriedivision, 1950 begann der Bau eines Ehrenmals. 2020 wurde im Beisein des Bundespräsidenten Frank-Walter Steinmeier ein neues Besucherzentrum eingeweiht, in dem die Geschichte des Ortes nachvollzogen werden kann.

Nordwestlich von Gardelegen geht es in die zauberhafte Ferienregion der **Altmärkischen Schweiz** mit Zichtau im Zentrum, wovon an anderer Stelle in diesem Reiseführer die Rede ist (→ S. 70). Vor allem aber liegen hier mit Berge, Wiepke und Engersen drei Dörfer, für die man, wenn man wollte, einen ganzen Reisetag einplanen könnte. Die wunderschönen Feldsteinkirchen in **Engersen** und **Wiepke** sind ob ihrer kunsthistorischen Bedeutung Stationen der »Straße der Romanik«, in Wiepke muss man zudem die Reichwaldsche Wassermühle besucht haben.

Berge aber – unmittelbar vor den Toren Gardelegens – hat mit der **Sixtinischen Kapelle der Altmark** eine einmalige Sehenswürdigkeit zu bieten. Gut ein Jahrhundert nach der Bemalung der Sixtinischen Kapelle im Vatikan durch Michelangelo Buonarotti machte sich ein unbekannter italienischer Maler 1609 daran, es Michelangelo Tausende Kilometer nördlich von Rom gleichzutun. Er bemalte die hölzerne Decke und die Wände der Feldsteinkirche mit genau den Michelangelo-Motiven des Jüngsten Gerichts oder von Aposteln, die die Welt seit damals bewundert. Die engagierte Kirchengemeinde legt Wert darauf, dass der heute bekannte Beiname der Kirche kein Marketinggag sei, sondern schon in alten Chroniken auftaucht. In den vergangenen Jahren gereinigt und, vor allem, was das Holz anbetrifft, saniert, strahlen viele der Motive wieder in voller Schönheit. Spannend sind viele Aktivitäten der Kirchengemeinde, darunter der »Godspot« – ein WLAN, in das sich jeder Besucher kostenlos einloggen kann, um alle Informationen über das Gotteshaus zu erhalten.

Im Ortsteil **Kloster Neuendorf** haben die Backsteinkirche mit Kreuzgang und einige kleine Klausurgebäude des ehemaligen Zisterzienser-Nonnenklosters (1232), die Zeit seit der Aufhebung des Klosters (1579) überdauert. Besonders sehenswert in der Kirche sind die Buntglasfenster aus dem 14./15. Jahrhundert.

Südöstlich von Gardelegen geht es in die **Colbitz-Letzlinger Heide**, die die Altmark hier zur Magdeburger Börde abgrenzt. Das Heidedorf **Letzlingen** spielt insofern in der preußischen Geschichte eine

Die Feldscheune Gedenkstätte Isenschnibbe Gardelegen liegt westlich von Gardelegen

Karte S. 56

Rolle, als der brandenburgische Kronprinz Johann Georg sich hier ab 1559 das Jagdschloss Hirschburg bauen ließ. Knapp 300 Jahre später wurde es unter der Ägide des Königs Friedrich Wilhelm IV. im noch heute bestens erhaltenen neogotischen Tudorstil umgebaut und für höfische und später Kaiserjagden genutzt. Die letzte dieser Art fand am 9. November 1912 im Beisein von Kaiser Wilhelm II. statt. Letzlingen, das einzige Hohenzollernschloss in Sachsen-Anhalt, ist heute Hotel, die renovierte Schlosskirche Ort von Veranstaltungen.

Einen Ort, der auf keiner Wanderkarte verzeichnet ist, gibt es östlich von Letzlingen: Schnöggersburg. Hier wohnt kein Mensch, dafür wird gelegentlich geschossen – wenn auch meist lautlos mit Laserstrahlen. Die für das Training aller möglichen denkbaren Militäreinsätze errichtete Retorten-Stadt mit dem Kunstnamen ist Teil des **Truppenübungsplatzes Altmark**. Nach Wehrmachtstruppen, sowjetischen und NVA-Soldaten üben hier indessen Bundeswehr- und NATO-Verbände. Über Jahre hinweg, insbesondere nach 1989, demonstrierten regelmäßig Menschen unter dem Motto »Offene Heide« für einen Abbau des Truppenübungsplatzes. Die Demos sind seltener und sehr viel kleiner geworden, die meisten der Bewohner haben sich mit der Situation und den Vorteilen arrangiert, die die Bundeswehrstationierung auch bringt.

Das Schloss in Letzlingen

Der ganze Südwesten des Gardelegener Verwaltungsgebiets grenzt an den Drömling. Über **Weteritz**, wo man sich indessen daran macht, den dendrologisch wertvollen Gutspark wieder herzurichten, und **Solpke** mit seiner schönen romanischen Kirche führt der Weg nach **Mieste**, **Miesterhorst** und **Taterberg**, von wo aus man zur Erkundung des Drömlings starten kann.

Unser Tipp ▸ Die Mühle an der Beeke

Wenn Friedrich-Wilhelm Gille zu erzählen beginnt, dann ist er kaum zu stoppen. Die Liebe zu »seiner«, der Reichwaldschen Wassermühle in Wiepke, spricht aus jedem Wort. Wunderschön hat er, gemeinsam mit dem heutigen Mühlenverein, seit 1986 das Mühlengrundstück mit allem Drum und Dran saniert. Seit 1693 – die Jahreszahl ist eingemeißelt in das Einlaufbauwerk des Sandsteingerinnes – kann man die bis heute bestehende Wassermühle am Bachlauf der oberen Beeke nachweisen. Seit 1997 setzt sich, wenn es Gille und die Besucher wollen, das oberschlächtige Wasserrad wieder in Bewegung. Perfekt wird die Idylle im Frühjahr, wenn die Störche das Nest auf der Mühle beziehen. Drinnen hat der begeisterte »Müller« noch etwas ganz Spezielles zu bieten: eine wohl einmalige Sammlung von altmärkischen Brautkränzen, mehr als 80 an der Zahl. Wer Zeit hat, kann stundenlang schauen und zuhören, denn Friedrich-Wilhelm Gille und seine Mühle sind wirklich etwas Besonderes.
www.wassermuehle-wiepke.de

Hansestadt Gardelegen

Vorwahl: 03907
Postleitzahl: 39638
Tourist-Information Einheitsgemeinde Hansestadt Gardelegen, Rathausplatz 10, Tel. 42266; Mai–Sept. Mo–Fr 10–16 Uhr, Di 10–18 Uhr, Sa 10–14 Uhr. Okt.–Apr. Mo–Fr 10–16 Uhr (Di 10–18 Uhr). Sowohl über die Wallanlagen als auch durch die historische Innenstadt bietet die Tourist-Information erlebnisreiche Spaziergänge an, z.B. »Gartenträume-Wallrundgang« oder Stadtrundgang »Anno dunnemals«, dazu Führungen »Gardelegen im Detail« oder auch ganztägige Programme in der und um die Stadt. Auf einer Länge von 2 km machen QR-Codes auch eine eigene digitale Stadtführung möglich.
www.gardelegen.de
Fremdenverkehrsverein Mieste e.V., Riesebergstr. 2 A, 39649 Gardelegen OT Mieste, Tel. 039082/934013; Mo–Do 9–14 Uhr.

Hotel Reutterhaus, Sandstr. 80–82, Tel. 80760; 23 Zi., DZ ab 85 (o. F.) Euro. Angenehmes Haus, schöner Biergarten, urige Sauna. Im Restaurant: »Otto Reutters Haustopf« in der Eisenpfanne für den großen Hunger. www.reutterhaus.de
Gutshof Lindstedt, Zum Lindengut 77, 39638 Gardelegen/OT Lindstedt, Tel. 0172/4306695. Großzügiges Appartement im denkmalgeschützten Vierseitenhof.
Hotel Jagdschloss Letzlingen und Restaurant Kaiserhof, Schlossstraße 10, 39638 Hansestadt Gardelegen/OT Letzlingen, Tel. 039088/802-00.
www.travdo-hotels.de

Fischerhof Gahrns, Am Rottweg 2, Tel. 777658. Fischerhütte im Blockhausstil, sehr schön in der Mildeniederung gelegen. Fisch satt, z.B. gefüllte Regenbogenforelle aus eigener Zucht, Angelpark, Hofladen. www.fischerhof-gahrns.de
Landgasthof Berge, Berger Dorfstr. 66, 39638 Gardelegen/OT Berge, Tel. 03907/730793. Gute altmärkische Hausmannskost, auch Übernachtung, DZ ab 80 Euro.
Diner 188, Jävenitzer Chaussee 2, 39638 Gardelegen/OT Kloster Neuendorf, Tel. 03907/7766444. Diner, Bistro, Café, Terrasse direkt an der B 188. Interieur und Food im amerikanischen Stil, Burger aller Art, auch Veggie. Neu seit 2021: Gästehaus direkt neben dem Diner.

Café am Rathaus, Rathausplatz 19, Tel. 6396.

Feldscheune Gedenkstätte Isenschnibbe Gardelegen, An der Gedenkstätte 1, 39638 Hansestadt Gardelegen, Tel. 03907/77590811. www.gedenkstaette-gardelegen.sachsen-anhalt.de/
Jagdschloss Letzlingen, Schlossstr. 10. 39638 Hansestadt Gardelegen/OT Letzlingen, Tel. 039088/808970.
www.kulturstiftung-st.de/burgen-schloesser-dome/jagdschloss-letzlingen/
Wassermühle Wiepke, Mühlenweg 1, 39638 Hansestadt Gardelegen/OT Wiepke, Tel. 039085/6418. Besichtigung jederzeit nach tel. Voranmeldung.
www.wassermuehle-wiepke.de
Zisterzienserinnenkloster Neuendorf, 39638 Hansestadt Gardelegen/OT Kloster Neuendorf, Tel. 03907/711379; Do 8–11 Uhr.

Gardelegen wird tangiert von der **Milde-Biese-Tour**, durch verschiedene Ortsteile zieht sich der große Altmark-Rundkurs.
E-Bike-Ladestation: Ernst Thälmann-Straße 43; Mo–Sa 11–23, So 11–22 Uhr. Vier abschließbare Ladeboxen, drei offene Ladestationen, Schlüsselausgabe im Restaurant »Schützenhaus«.
www.gardelegen.de/tourismus

▶ Karte S. 83

Der **Heideweg** (16 km) führt vom Salzwedeler Tor über die Gardelegener Wallanlagen zum Naturschutzgebiet Lindenthal, nach Kloster Neuendorf (Zisterzienser-Klosteranlage), von dort durch die Heidelandschaft Kellerberge an der Gedenkstätte Feldscheune Isenschnibbe vorbei zum Stadtfriedhof (mit Otto-Reutter-Grabmal) und zurück zum Ausgangspunkt.
Das **Wandergebiet Letzlingen-Lindenthal-Jävenitz** in der Colbitz-Letzlinger Heide bietet 15 markierte Routen mit einer Gesamtstrecke von 110 km.
www.gardelegen.de/tourismus

In der und um die Hansestadt Gardelegen herum gibt es einige ganz spezielle Freizeit-Angebote. Beim Fliegerclub Gardelegen kann man vom Flugplatz an der Weteritzer Landstraße aus **Motor- oder Segelflüge** über die Altmark buchen.
www.fliegerklub-gardelegen.de
Auf dem Gelände der ehemaligen Grenztruppen der DDR in Peckfitz gibt es einen 34 Hektar großen **Offroadpark**, auf dem man sich in Geländewagen, russischen URAL-LKW oder sogar im Panzer durch Gelände aller Schwierigkeitsgrade bewegen kann – egal ob Anfänger oder Vollprofi. www.wurzelsepp-peckfitz.de
Zwischen Berge und Laatzke befindet sich der 23 Hektar große Schießpark »Am Kahnberg« mit anspruchsvollen Anlagen für Sport- und jagdliches Schießen aller Art. www.schiesspark-am-kahnberg.de

Mit Genuss, Rudolf-Breitscheid-Str. 6, Tel. 7798272. Conceptstore, Feinkostgeschäft und Inspirationsort für Interieur, exklusiv shoppen und im »Café mit Genuss« im Kräuterhof entspannen.
www.genuss-gardelegen.de
Gardelegener Braugesellschaft, Am Lindenberg 8, Tel. 0171/3494161; Mo 15–17, Do 10–12 u.15–18, Fr 15–18 Uhr oder nach Absprache. Im Frühjahr 2021 belebten zwei Gardelegener die uralte Brautradition neu. »1356« heißen die Biere, mit Bezug auf die Gardelegener Hansetradition, die als »Garley Hanse Urtrunk«, »Garley Pils« oder »Garley Bockbier« über den Ladentresen gehen.
www.gardelegener-bier.de

Deckenmalerei in der Kirche in Berge, bekannt auch als die »Sixtina der Altmark«

EXTRA

Kirchen der Altmark: Findlinge, Backstein und eine »Sixtina«

Es ist ja gleichsam selbstverständlich, dass der Reisende, wo auch immer er unterwegs ist, seine Schritte in die ehemaligen oder heutigen Gotteshäuser der Religionen dieser Welt lenkt. Dome und Basiliken, Kapellen, Synagogen, Tempel und Moscheen faszinieren seit jeher – wofür es tausend Gründe gibt.

Die Altmark, das sei hier ohne jede Überhebung gesagt, ist ein Paradies für den Kirchensucher und -besucher. Ob man kunsthistorisch oder architektonisch interessiert ist, die Baukunst der Altvorderen einfach nur respektvoll bestaunen will oder hinter wuchtigen Feldsteinmauern oder filigraner Backsteingotik stille Einkehr sucht: Auf drei Kilometern im Quadrat findet sich in der Altmark eine Kirche, insgesamt deutlich über 500 Gotteshäuser, womit die Region bis heute auf die höchste Kirchendichte in Deutschland verweisen kann. Die schiere Zahl allein mag wohl für die Erfolge der hier vor über 1000 Jahren begonnenen Christianisierung sprechen, uns Heutigen beschert sie Sehenswertes, das es so nur hier in dieser Fülle zu entdecken gibt.

Da sind zunächst die über 400 Feldsteinkirchen. Von »knuffig« in der Anmutung – wie im winzigen Dörfchen Hagen, in Hohenlangenbeck oder in Engersen – bis wuchtig im Auftritt wie in Meßdorf, Schäplitz oder Arneburg zeigen sie, mit welcher Kunstfertigkeit die eiszeitlichen Findlinge zu beeindruckenden Mauern gefügt wurden. Ob nur aus Turm und Schiff bestehend wie in Rindtorf, mit rechteckigem Chorabschluss wie in Wiekpe oder mit wunderschönen Apsiden wir in Jeeben, Tylsen oder Bühne – sie prägen das Siedlungsbild in der Altmark in ganz besonderer Weise.

Was auch auf den anderen, hier weit verbreiteten Baustoff zutrifft, den Backstein. Er betrat die »Bühne« mit den Kloster- und Dombauten der Spätromanik und Frühgotik (wie in Jerichow, Kloster Neuendorf, Werben, Arendsee oder Diesdorf), erlebte seine Blüte in der Hansezeit, wie St. Nikolaus in Stendal, Katharinen- und Marienkirche in Salzwedel oder St. Stephanus in Tangermünde belegen, und zieht seine Spur bis in die Neuzeit, wie man an der neogotischen Gutskirche in Schönfeld sehen kann. Häufig ist es eine Mischung aus Feld- und Backstein, die über die Jahrhunderte das heutige Gesicht der Kirchen formte, gut zu sehen an St. Laurentius/St. Nikolaus in Sandau – einem wuchtigen Gotteshaus, dem die Zeitläufte viele Narben schlugen.

Die kleine Feldsteinkirche von Kraatz

Im Osten und Süden der Altmark, wo Holz und nicht Stein wichtiges Baumaterial waren, begegnen uns Fachwerkkirchen, so in Röwitz, Wenze und, als besonders schönes Exemplar, im Haveldorf Garz. Achteckig, mit einer welschen Haube, ist sie ebenso ein Unikat wie die sozusagen völlig aus dem »Regionsbild« fallende Rokokokirche in Orpensdorf. Sie

Die Kirche von Wiebke

ist ein Werk des genialen Architekten Friedrich Wilhelm Diterichs, der im Preußischen zahlreiche Prunkbauten schuf; genannt seien hier nur die Weinbergterrasse am Schloss Sanssouci oder die Bethlehemskirche und das Ephraim-Palais in Berlin.

Während man Diterichs kennt, bleiben an anderer Stelle die Künstler bis heute unbekannt. Und das ausgerechnet bei zwei Kirchen, die jeder Altmark-Besucher gesehen haben muss. Die eine liegt in Berge, gleich westlich der Hansestadt Gardelegen, man nennt sie die »Sixtina der Altmark«. Gut hundert Jahre, nachdem Michelangelo Buonarotti die berühmten Malereien in der Sixtinischen Kapelle schuf, machte sich ein unbekannter Italiener um 1609 daran, in der schlichten Feldsteinkirche Decke und Giebelwand hinter der Orgel mit eben jenen Motiven zu schmücken, die die Welt aus dem Vatikan kennt (→ S. 86). Die andere Kirche, im von in Deutschland sehr seltenen manieristischen Stil geprägt - Kenner nennen es ein Kleinod von Weltrang -, liegt in Osterwohle (→ S. 65), weit im Westen der Altmark. Zeit sollte man nach dorthin mitbringen, um die menschliche Schöpferkraft, die hier ihren Ausdruck fand, zu bewundern.

Überhaupt wäre viel zu berichten über das von manchem nicht erwartete, gerade deshalb aber entdeckenswerte Interieur vieler Kirchen: Altäre und Orgeln von Meisterhand wie in Salzwedel, Letzlingen, Beuster, Meßdorf und Krevese oder die schwebenden Engel wie in Döbbelin, Hohenwulsch, Buchholz und Briest gehören ebenso dazu wie uralte Taufsteine und in faszinierenden Farben strahlende Fenster.

Einen »Perspektivwechsel« bietet ein ganz besonderer Kirchentyp dem Altmark-Besucher: die sogenannten »verkehrten Kirchen«. Hier weist der Kirchturm stets in Richtung Osten. Warum das so ist, bleibt letztlich im Dunkel der Vermutung. Sieben solcher Kirchen gibt es quer durch die Altmark, sie stehen in Beelitz, Storkau, Staffelde, Hämerten, Nesenitz, Tangeln und Wallstawe.

Der Drömling

Wer in der Altmark Ruhe und Entspannung, aber auch viel Platz für Aktivität sucht, der wird dafür im Drömling den Raum in einer kulturhistorischen Landschaft finden, die in Deutschland einzigartig ist.

320 Quadratkilometer groß ist das Niederungsgebiet zwischen Calvörde im Osten und Wolfsburg im Westen, entstanden aus einem nacheiszeitlichen riesigen Schmelzwassersee. Erstmals erwähnt wird die Gegend 938 vom Geschichtsschreiber Widukind als »Locus Thrimining« (»Schwankende Örtlichkeit«), was natürlich auf das sumpfige Moorland Bezug nimmt. Angeblich soll ein Teil der damals nach Sachsen eingefallenen Ungarn dorthin gelockt und dann aufgerieben worden sein.

Auf Friedrich des Großen »allerhöchste Ordre« begann man um 1770, den von Ohre und Aller durchzogenen Sumpf in eine Kulturlandschaft zu verwandeln. Was entstand und von genialem Wasserbau zeugt, war ein »Land der Tausend Gräben«. Über 1725 Kilometer lang sind die Wasserläufe, für Statistiker: 40 Kilometer je Quadratkilometer, »geordnet« von 243 Stauanlagen in diverse Kanäle, über die Aller in Richtung Westen und damit in die Weser, über die Ohre nach Osten in die Elbe fließend.

Mit wie viel Respekt schon einer der ersten Nachfolger des großen Friedrich auf das Geschaffene sah, wird noch heute

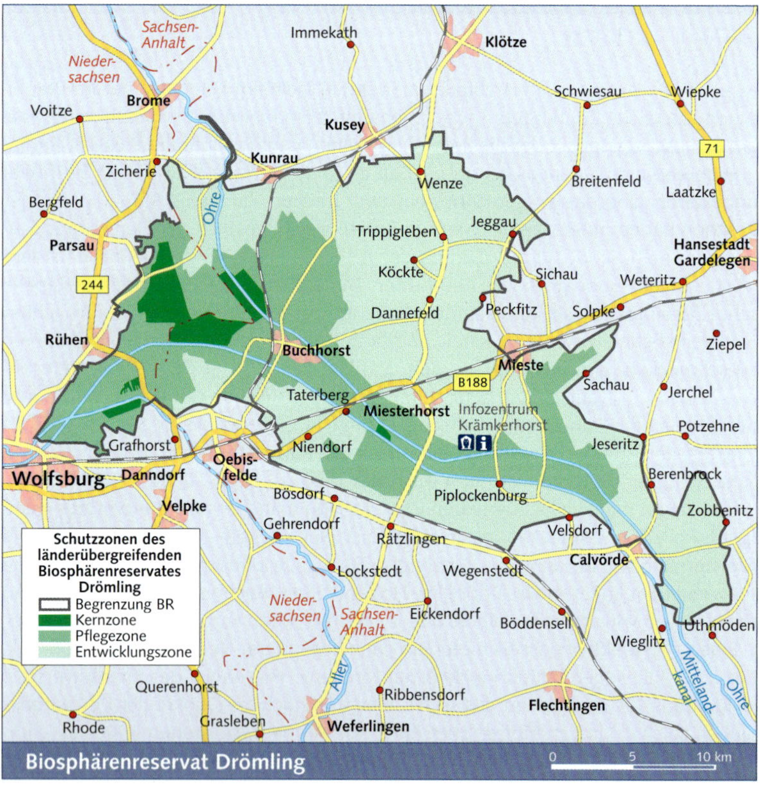

Biosphärenreservat Drömling

am Ortsrand von Taterberg ersichtlich: Preußenkönig Friedrich Wilhelm IV. war nach einem Drömling-Besuch 1841 so begeistert von dem Gesehenen, dass er kurz danach ein historisches Brückengeländer aus Sanssouci herbringen ließ, das seitdem mit dem vergoldeten, verschlungenen »Fridericus Rex«-Symbol die Ohre-Brücke ziert. Ein Muss beim Besuch des Drömlings ...

Vom Sitz der Parkverwaltung in Oebisfelde aus wird gemeinsam mit vielen Partnern in den Bundesländern Sachsen-Anhalt und Niedersachsen engagiert daran gearbeitet, diesem einzigartigen Naturraum den Status eines UNESCO-Biosphärenreservats zuerkennen zu lassen – 2023 soll es soweit sein. 38 500 Hektar groß wird das Reservat (4500 Hektar davon in Niedersachsen), vier Prozent bilden die Kernzone mit Erlenbruchwäldern, Feuchtwiesen und Wasseroasen für seltene Tier- und Pflanzenarten. Die Pflege- und die Entwicklungszone werden durch viele Projekte noch attraktiver für einen nachhaltigen Tourismus – speziell auf Fahrrad- und Pferdesattel oder in Wanderstiefeln. Hier begegnet man auch den Moordammkulturen, mit denen der einstige Rittergutsbesitzer Theodor Hermann Rimpau (→ S. 25) etwas weltweit Einzigartiges schuf. Ein Gedenkstein für ihn findet sich unweit der Kolonie Kunrau.

Mit dem Projekt der **Themendörfer** – indessen sind es 13 – machen die »Drömlinger« auf Spezielles aufmerksam: **Zobbenitz** ist das Reiterdorf und **Velsdorf** (Hufeisen) und **Berenbrock** (Rundling) sind Beispiele für historische Dorfformen. **Rätzlingen** ist das Dorf der Linden und **Buchhorst** jenes der Störche. Überhaupt hat fast jedes Drömlingsdorf »seine« Sehenswürdigkeit: **Kunrau** das im Neo-Renaissancestil erbaute Schloss mit Aussichtsturm und Park, in dem es

Die Flachwasserzone bei Piplockenburg

seit kurzem auch eine Attraktion für Kinder gibt, den magischen Drömlingspfad (→ S. 160), **Dannefeld**, **Jeggau**, **Miesterhorst**, **Peckfitz**, **Röwitz**, **Trippigleben**, **Wenze** und **Wernitz** die häufig sehr schön weiß leuchtenden Fachwerkkirchen. Im Dannefelder Gotteshaus findet sich ein Flügelaltar aus dem 16. Jahrhundert, von 1735 ist das Portal, durch das man in den Kirchenhof tritt. Speziell sind die vielen kleinen Siedlungen, die hier Kolonien oder Horste heißen. Im regionstypischen Fachwerkstil oder aus roten Ziegelsteinen erbaute alte Gehöfte aus der Zeit der Drömlingskultivierung sind dort zu finden.

Zentrale Infostelle ist das **Informationshaus** in **Kämkerhorst**. Um das 1791 als Grabenmeisterei erbaute Haus herum ist der Drömling im Kleinen nachgestaltet. Hier schlägt das Herz eines ganz besonderen Projekts für Kinder und Jugendliche. Für die ab Vierjährigen gibt es die Gruppe der »Moorwichtel«, wer älter ist, kann den Status eines »Junior-Rangers« erwerben. In Kämkerhorst startet auch der sieben Kilometer lange **Naturlehrpfad** mit Sehenswertem in Fülle: Schleiereulen-

Die Mündung des Friedrichskanals in die Ohre, genannt auch das »Deutsche Eck«

und Fledermausquartiere, Biberburgen, Moordammkulturen und natürlich, mit etwas Glück, der Fischotter, das Wappentier des Bisosphärenreservats. Auch Seeadler und Wachtelkönig kann man beobachten.

Unser Tipp ▸ Adlerblick auf die Flachwasserzone

Wer in Kämkerhorst ohreabwärts zu einer gemütlichen Zwei-Stunden-Wanderung startet, kommt alsbald zum »Deutschen Eck«: Wie in Koblenz die Mosel in den Rhein, mündet hier der Friedrichskanal in die Ohre, die Landspitze natürlich mit einer Eiche gekrönt. Über den Allerkanal führt der Trip in Richtung Mannhausen. Von dort westwärts nach Piplockenburg beginnt dann das große Schauspiel: links der Mittellandkanal mit den großen Schubschiffen, rechts, viel interessanter, die sogenannte Flachwasserzone. Von zwei Aussichtspunkten aus kann man das Treiben auf den weiten Wasserflächen besonders gut beobachten. Exakt tun das die Ranger und Wissenschaftler des Biosphärenreservats professionell und was sie 2019 beobachteten, war etwas ganz Besonders: Seeadler kreisten über dem Revier, drei Brutpaare wurden gezählt. Dazu, im gesamten Drömling, 3400 Kraniche, 10000 Saat-, Bläss- und Graugänse, 640 Sing- und Höckerschwäne, 32 Weißstorchenhorste, 35 Brutpaare des Roten und Schwarzen Milans; die 91 Biberreviere und 14 Fledermausarten nicht zu vergessen...

Naturpark Drömling

Informationshaus Kämkerhorst, Tel. 039002/85011; Apr.–Mitte Okt. Mo–Fr 10–16, Sa/So u. Fei 10–18 Uhr, Mitte Okt.–Apr. Mo–Do 10–16, Fr 10–14 Uhr u. nach Vereinbarung.

Sitz der Naturparkverwaltung, Bahnhofstr. 32, 39646 Oebisfelde. www.naturpark-droemling.de

▸ Karte S. 92

Haus Altmark Hotel und Restaurant, Thälmannstraße 1, 39649 Gardelegen/OT Mieste, Tel. 039089/481; DZ ab 60 Euro (o. F.). Guter Ausgangspunkt für Drömling-Erkundung, im Restaurant Balkan-Spezialitäten. www.haus-altmark.de

Gaststätte und Pension Drömlingsklause, Piplockenburg 3, 39359 Mannhausen, Tel.

039059/4284. Steaks von Büffel und Rind aus eigener Zucht, auch Übernachtung, DZ ab 50 Euro. Dazu gehört ein Gästehaus: **Das Rothe Haus**, Piplockenburg 2, 39359 Mannhausen, Tel. 039059/4284. Komplett mietbares Gästehaus auch für Events bis 20 Pers., DZ ab 50 Euro (o. F.). Möglichkeiten zum Campen, Wohnmobilstellplätze.
www.droemlingsklause-piplockenburg.de
Zahlreiche **Privatangebote** für FeWo, Wohnwagen, Individual-Camping über Touristinfo Hansestadt Gardelegen findet man hier: www.gardelegen.de
www.biosphaerenreservat-droemling.de

Gaststätte Zur Schmiede, Brandstr. 3, 39649 Gardelegen/OT Miesterhorst, Tel. 039006/221.

Breiteicher Wiesencafé, Breiteiche 1, 39649 Gardelegen/OT Mieste, Tel. 039082/8598. Mitten im Drömling in der kleinen Kolonie Breiteiche, die aus 15 historischen Vierseitenhöfen besteht: Selbstgebackener Kuchen im Wohnzimmer oder Garten und auf der Terrasse. Sa u. So. geöffnet. Mit dem Auto nur von Mieste aus zu erreichen, per Fahrrad auch von Kämkerhorst oder Mannhausen.
www.breiteicher-wiesencafe.com

Ehrenfriedhof Buchhorst, gedacht wird hier der mindestens 53 Häftlinge des nationalsozialistischen Konzentrationslagers Neuengamme, die hier 1945 starben, als ihr Transport drei Tage lang auf dem Buchhorster Abstellgleis stand und sie den Zug nicht verlassen durften.
Burg Oebisfelde, eine der ältesten noch erhaltenen Sumpfburgen in Europa. Sie wurde vermutlich im 10. Jahrhundert zum Schutz des Aller-Übergangs auf einer Sandbank im Sumpfgebiet des Drömlings erbaut. Heute ist sie Standort eines Heimatmuseums und Ort für Mittelalterfeste. Der Bergfried kann bestiegen werden.
www.stadt-oebisfelde-weferlingen.de

Kleines Gestüt im Drömling, Krügerhorst 1, 39649 Hansestadt Gardelegen/OT Mieste, Tel. 039082/959385. Hier stehen Kinder im Mittelpunkt, von der ersten Begegnung mit Pferden bis zum Pony-Führerschein. Auch Wanderreiter sind gern gesehen.
Ein umfangreiches Reitwegenetz wurde im gesamten Drömling seit 2015 installiert, ausgewiesen und ständig weiter entwickelt. Die Wege sind Rundwege von Reitstationen aus, verbinden aber auch als Zieltouren den Süd- mit dem Nord- und Nordostrand des Drömlings.
www.biosphaerenreservat-droemling.de/de/reiten.html

132 km lang ist der große **Drömlingsrundweg**. Man kann ihn auch in fünf Rundkursen befahren, einer davon im niedersächsischen Teil des Drömlings. Die Touren sind ausgeschildert (z.B. Miester Kolonien-Tour/57 km oder Oebisfelder Sumpfburg und Ländchen-Tour/43 km), die Wege werden kontinuierlich weiter ausgebaut.
www.biosphaerenreservat-droemling.de/de/aktivitaeten.html
Sehr schön ist die **Bibertour** über 30 km mit Startort Miesterhorst. An den drei Schleusen am Friedrichskanal findet zu Christi Himmelfahrt ein großer Freiluft-Gottesdienst statt. Gaststätten gibt es in Köckte, Peckfitz und Mieste, empfehlenswert ist dennoch ein Picknickkorb zur Rast an einer der vielen zauberhaften Stellen auf der Tour. www.fvv-mieste.de

Vielfältige **thematische Wandertouren** vom Informationshaus Kämkerhorst aus, u.a. »Rund um die Flachwasserzone« (8 km), die »Wiesentour« (11 km) und »Von der Eiszeit bis heute« (15 km), alles einfach und für Familien geeignet.

Die Elbe-Flusslandschaft, geadelt als UNESCO-Biosphärenreservat, zauberhafte Hansestädte, unter ihnen die kleinste und eine sogar mit Trojanischem Pferd, Geschichten über Zaren, Könige und Kanzler, weite, stille Landschaft um sagenumwobene Hünengräber und vibrierendes Studentenleben in einer modernen Kunst- und Kulturstadt – der altmärkische Osten ist nicht nur Geschichte und Gegenwart, hier lebt beides in vielen Facetten.

Aussichtsplattform an der Elbe bei Arneburg

DIE ÖSTLICHE ALTMARK

Auf altmärkischem Urgrund

Sedimentartig liegen hier Hunderte Jahre Geschichte übereinander, die man zwischen Bismark im Westen und der Elbe im Osten entdecken kann. Der Landkreis Stendal geht sogar noch über den Fluss und schließt einen Streifen der Prignitz ein, den Elb-Havel-Winkel (→ S. 133). Große und deutsche Geschichte in vielfacher Weise prägende Geschlechter haben hier ihre Wurzeln: die Bismarcks, denen man in und um Stendal und natürlich in (nomen est omen) Bismark allenthalben begegnet, die Arnims, die Vinzelbergs, die Alvenslebens, die Kattes... Doch was sich hier findet, ist nicht verstaubt, die Altmärker haben es für sich und ihre Gäste perfekt aufbereitet: interaktive Museen, restaurierte Klöster und Kirchen, perfekte Rad- und Wanderwege, Delikatessen vom Hofladen oder auf den Tellern der urigen oder modernen Restaurants. 55 Minuten von der deutschen Hauptstadt entfernt (per ICE) ist man in einer anderen, nicht minder spannenden Welt.

Hansestadt Stendal

Die Kreisstadt (40 000 Einwohner) der östlichen Altmark verdankt Albrecht dem Bären das frühe Stadtrecht, als der Markgraf hier um 1165 einen Markt nach

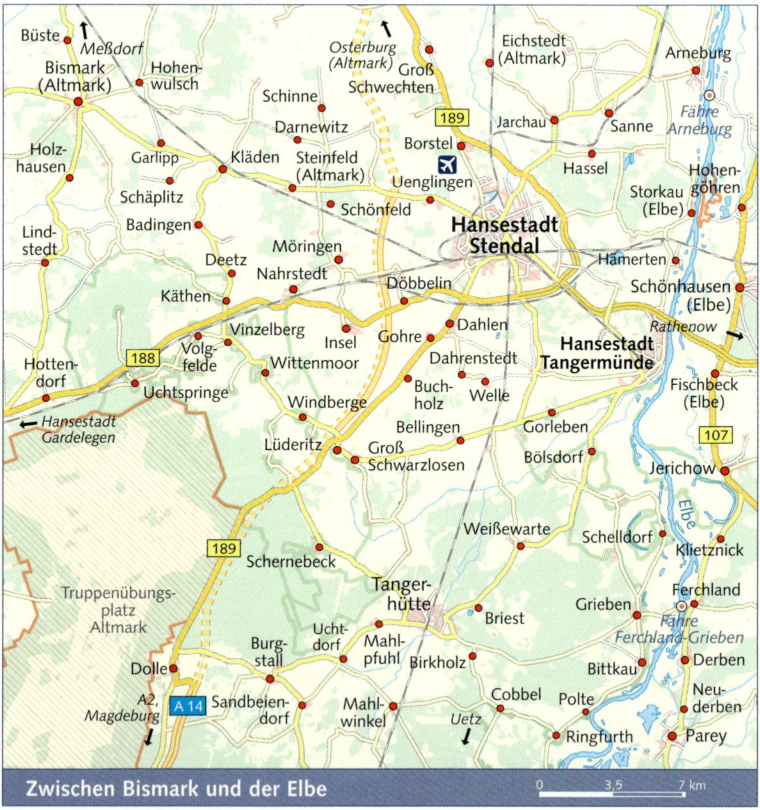

Zwischen Bismark und der Elbe

Panorama der Hansestadt Stendal

Magdeburger Recht gründete. Zwischen 1359 und 1518 erblühte die Stadt als Mitglied der Hanse und zählte zu den 25 deutschen Großstädten des Mittelalters. Der berühmte Altertumsforscher Johann Joachim Winckelmann stammt von hier, Marie-Henri Bayle, der französische Schriftsteller, nannte sich aus Verehrung für das Werk Winckelmanns nach dieser Stadt in der Altmark »Stendhal«, der umstrittene Afrikaforscher und Diplomat Gustav Nachtigal wurde unweit von Stendal geboren und natürlich begegnet man hier den Bismarcks. Herebord von Bismarck, Gildemeister der Gewandschneider und Bürgermeister, wurde als erster 1270 erwähnt und die Sippe hinterließ Spuren. So ist das Gertraudenstift eine Stiftung Claus von Bismarcks um 1370. Das überaus prächtige 28 Meter hohe Uenglinger Tor von 1450/1460, neben dem Tangermünder eines der beiden noch erhaltenen Tore, gilt als eines der schönsten Stadttore im norddeutschen Raum. Die Stadttore und andere Bauten der norddeutschen Backsteingotik – zwölf von ihnen sind so bedeutsam, dass sie zur »Europäischen Route der Backsteingotik« gehören – erinnern noch heute an die Blütezeit der Hanse und Stendals.

Heute ist Stendal nicht nur Hochschul-, sondern auch Theaterstadt. Als Buchhalter des heutigen Theaters der Altmark begann Horst Tappert, den manch Älterer noch als Inspektor Derrick kennen wird, hier seine Schauspielerkarriere. Im Ortsteil Borstel liegt ein kleiner Flugplatz, der von privaten Sport- und Geschäftsfliegern, aber auch von Bundespolizei und Bundeswehr genutzt wird. Vom 01. bis zum 03. Juli 2022 ist Stendal zum zweiten Mal Gastgeber des Sachsen-Anhalt-Tags. Dafür haben die cleveren Altmärker einen Festtagsbutton kreiert, den es so bislang noch nicht gab: Er gilt seit 2021 bis Ende 2022 und bietet Vorteile bei zahlreichen Veranstaltungen und auch beim Einkauf in vielen Läden.

Die Stendaler Gastgeber haben einen schönen Stadtrundgang konzipiert, von Karte oder App begleitet und im Uhrzeigersinn geplant, der natürlich auf dem Marktplatz beginnt.

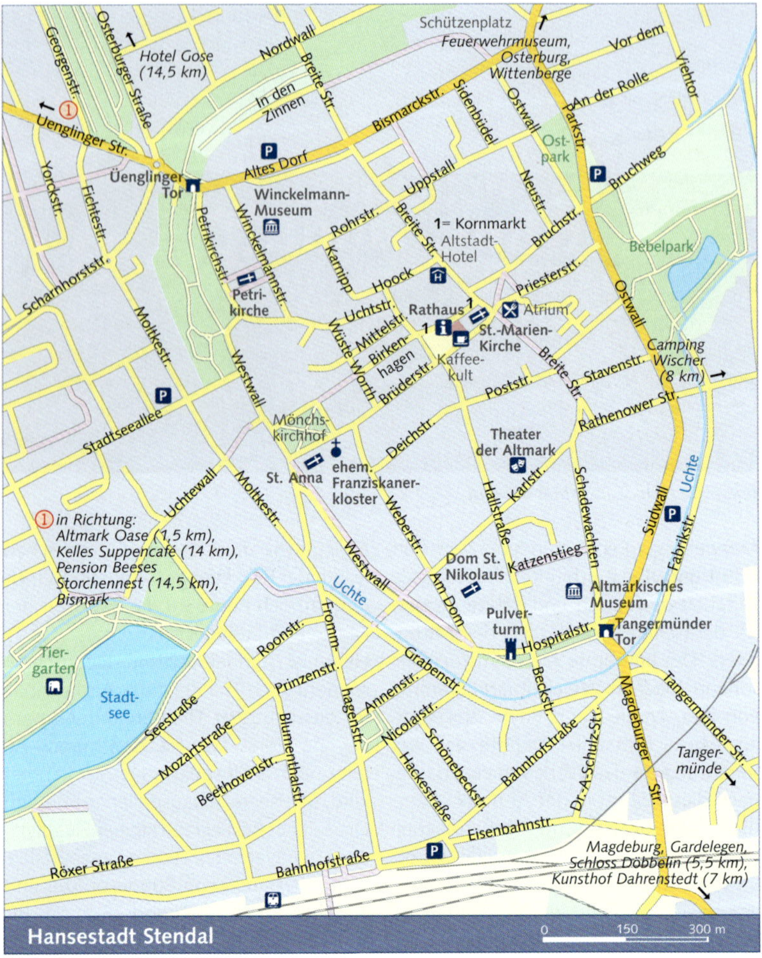

■ Marktplatz

Der Marktplatz mit dem historischen Rathaus, dem Roland und der dahinter aufragenden Marienkirche ist ein ansehnliches Beispiel für ein harmonisches Städtebauensemble.

Ältester Teil des **Rathauses** ist die Gerichtslaube aus dem 15. Jahrhundert. Der eingewölbte Keller ist heute ein ansprechendes, modernes Café. Die älteste profane Schnitzwand Deutschlands mit reichem Figurenschmuck findet sich im kleinen Ratssaal des Rathauses. Sie stammt aus der Zeit um 1462.

Der Stendaler steinerne **Roland** – den sogar eine eigene Hymne besingt – ist mit 7,80 Metern Höhe die drittgrößte Rolandfigur in Deutschland. Er steht vor der Gerichtslaube und stammt aus dem Jahr 1525. Der heutige Roland ist eine originalgetreue Kopie aus dem Jahre 1974.

▸ Karte S. 98

1447 wurde die Ratskirche, die **Marienkirche**, geweiht. Die Türme ragen 82 Meter über die Stadt und prägen deren prächtige Silhouette schon von weitem. Der kostbare, doppelflüglige Schnitzaltar, ein Marienaltar, wurde 1471 gefertigt. Das Triumphkreuz und die dazugehörigen Figuren stammen aus der Zeit um 1380/90 und sind - wie der Lettner - von ausgezeichneter Qualität. Eine Rarität stellt die astronomische Uhr unter der Orgelempore dar. Sie stammt aus dem 16. Jahrhundert und ist eine der wenigen funktionierenden Uhren dieser Art.

Zum Alten Dorf

Vom angrenzenden **Winckelmannplatz**, auf dem man das Denkmal des Begründers der modernen Archäologie findet, das der Berliner Bildhauer Ludwig Wichmann 1859 schuf, empfehlen wir den Gang aus guten Gründen entgegen dem Uhrzeigersinn zu wählen, anders, als die Gastgeber in einem Rundgangsflyer vorschlagen. Wir folgen so der Historie der Stadt und sind zugleich noch »frisch« für die bevorstehenden Kirchen- und Museumsbesuche.

Erster Anlaufpunkt ist rechts der nördlichen Breiten Straße mit der **Jacobikirche** das vermutlich älteste Gotteshaus der Stadt. Sie wurde 1285 erstmals erwähnt, 1311 neu erbaut und war wahrscheinlich die Dorfkirche des kleinen Örtchens Steinedal, aus dem Stendal hervorging. Die Buntglasfenster sind Originale aus dem 14. und 15. Jahrhundert von immer noch bestechender intensiver Farbigkeit. Wer die **Breite Straße** aufmerksam entlanggeht, wird einen kleinen Teil eines Schienenstrangs entdecken - ein Mini-Poller weist darauf hin -, was insofern interessant ist, als dort seit 1892 eine Pferdebahn fuhr, die als letzte in Deutschland 1926 ihren Betrieb einstellte.

Links biegen wir in die breite Straße **Altes Dorf** ein, von der ein kurzer Abstecher durch die Wendstraße zur **Stadtmauer** mit einem sehr schönen **Wiekhaus** führt.

Uenglinger Tor und Winckelmann-Museum

Das **Uenglinger Tor** am Ende des Alten Dorfs wurde ab 1450 errichtet und gilt als der schönste mittelalterliche Eintor-

Rathaus-Giebel und Türme der Marienkirche

turm im Backsteinbaugebiet, vergleichbar, so meinen Kenner, nur mit dem Lübecker Holstentor. Man sieht ihm an, dass es nicht nur der Verteidigung, sondern auch der Präsentation der reichen Stadt dienen sollte, im Sommer ist es begehbar. Übrigens ist die Fassade wohl im Mittelteil der Lohnhalle einer Zeche in Mengede nachgebaut worden.

Von dort führt die **Winckelmannstraße** zum Museum für den berühmtesten Sohn der Stadt. Es gibt einen Überblick über Leben und Werk des Forschers, der, aus einem Schusterhaushalt kommend, durch seinen ungewöhnlichen Bildungsdrang beseelt, bis nach Rom kam und als »Präsident aller Altertümer« sein bereits damals hochgelobtes und bis heute anerkanntes Lebenswerk schuf. Aus Anlass des 250. Todestages des Gelehrten wurde aufwändig umgebaut und so präsentiert sich nun ein praktisch völlig neues Museum. Besucher machen sich auf interaktive und spannende Weise auf den Weg in die Antike, und zwar weit über Winckelmann hinaus. Geblieben ist auf dem Hof das größte begehbare hölzerne Trojanische Pferd der Welt (2020 auch restauriert), in das Kinder ebenso klettern können wie auf einen Vulkan, wobei sie dessen Ausbruch und die Entstehung eines dann folgenden Tsunamis beobachten können. Man sollte sich wirklich Zeit nehmen für dieses sehenswerte Haus, die oben erwähnte Frische ist für das Verarbeiten der vielfältigsten Eindrücke garantiert von Vorteil.

Das Denkmal für Johann Joachim Winckelmann

▲ Karte S. 100

Westwall, Dom St. Nikolaus und Tangermünder Tor

Über den baumbestandenen und von Grünanlagen flankierten Westwall folgt dann ein erholsamer Spaziergang, den man nach Belieben für Besichtigungen unterbrechen kann: an der **Petrikirche**, in der Winckelmann getauft wurde, am ehemaligen **Refektorium des Franziskanerklosters**, in dem heute die Stendaler Stadtbibliothek untergebracht ist, am **Mönchskirchhof** mit der kleinen katholischen St. Anna-Kapelle (15. Jh.) und natürlich am **Dom St. Nikolaus**, dem wichtigsten und größten sakralen Bauwerk der Stadt.

Die spätgotische Backsteinkirche ging aus dem Kollegiatsstift St. Nikolaus hervor, dem einst wichtigsten geistlichen Zentrum der Altmark. 1188 war das Domstift direkt dem Papst unterstellt. Aus dieser Zeit stammt die dreischiffige Basilika, in der Bauweise ähnlich der Klosterkirche von Jerichow. Von diesem ursprünglichen Bau ist noch die Westfassade mit ihren beiden Türmen erhalten. Mit dem Bau der Nachfolgekirche, die wir heute vor uns haben, wurde 1423 begonnen. Die 22 mittelalterlichen Glasmalereifenster aus der Zeit zwischen 1425 und 1480, bedeutsam, weil einmalig im norddeutschen Backsteingebiet, wurden vor ei-

Das Uenglinger Tor

niger Zeit restauriert. Sehenswert sind auch das geschnitzte Chorgestühl und der gemauerte Lettner.

Zurück auf dem Westwall geht es vorbei am Pulverturm, der als Wehrturm Mitte des 15. Jahrhunderts errichtet wurde und, nach einem kurzen Blick in die Hallstraße, wo das Fachwerkhaus Nr. 28 das älteste noch bewohnte Haus der Stadt ist (17.Jh.), zum **Tangermünder Tor**. Dies ist ein ähnlich prächtiger Bau wie sein Pendant, das Uenglinger Tor. Das Tor zeigt noch den Baukörper des 13. Jahrhunderts, während die gotischen Aufbauten zweifelsohne der Repräsentation des bürgerlichen Stolzes des 15. Jahrhunderts dienten. Um die Räume des Torturmes gut zu erreichen, wurde in den achtziger Jahren des vorigen Jahrhunderts eine Wendeltreppe angebaut.

■ Schadewachten und Breite Straße

Am Eingang der Straße Schadewachten findet sich das **Kloster der Augustiner-Chorfrauen** aus der zweiten Hälfte des 15. Jahrhunderts, das heute das **Altmärkische Museum** beherbergt. Der Kreuzgang ist noch erhalten. Über den sogenannten **Sperlingsberg** mit Brunnen und der Säule der Vögel fütternden »Sperlingsida« (gewidmet vor allem dem Armenarzt Dr. Friedrich Haacke), erreichen wir dann die Breite Straße von Süden her. Hier endet unser »modifizierter« Stadtrundgang direkt in der Stendaler Einkaufsmeile. Nach der Fülle von Kunst und Historie mag die Shoppingtour den Stendal-Besuch abrunden. Wer seine Prioritäten anders setzt, kann – siehe den »standardisierten« Stadtrundgang – natürlich auch mit dem Shoppen beginnen.

Rund um Stendal

Die unmittelbare Umgebung von Stendal lädt vor allem jene ein, die sich als Entdecker jenseits tradierter Tourismusrouten sehen. Westlich in Richtung Gardelegen, im Ortsteil Döbbelin, befindet sich das **Bismarck-Schloss Döbbelin** mit angrenzendem kleinem Park. Das Anwesen ist zu besichtigen. Der Besitzer hat im Keller ein Café und einen ganzjährig geöffneten Weihnachtsladen installiert. Die romanische **Dorfkirche von Döbbelin**, erbaut um 1240, enthält einen aus einer Bohle geschnitzten Taufengel. Im

Dahlener Ortsteil **Welle** steht ein weiteres **Bismarcksches Landgut**. Die dazu gehörende romanische Gutskirche ist die kleinste ihrer Art in der östlichen Altmark.

Überhaupt ist diese Gegend eine Fundgrube für genealogisch Interessierte zur Geschichte deutscher Adelsgeschlechter: von Arnim, von Gohre, von Vinzelberg, von Alvensleben, von Osterburg – sie alle residierten einst hier...

In **Dahrenstedt** findet sich mit dem **Kunsthof** ein kultureller Kristallisationspunkt der Region. Neben Stipendiaten des Landes Sachsen-Anhalt präsentieren (und verkaufen) hier international renommierte Künstler eigene Werke. Vernissagen laden regelmäßig ein. Muße und Muse sind hier eine schöne Symbiose eingegangen.

Uchtspringe verdankt seinen Namen dem gleichnamigen Flüsschen, das hier aus einem Labyrinth von über 70 Quellen entspringt. Interessantes zur regionalen Geschichte findet sich im Heimatmuseum **Insel**, im Ortsteil **Tornau** ist die noch voll funktionsfähige (natürlich restaurierte) Bockwindmühle von 1238 ein sehenswertes technisches Denkmal. In der **Möringer Dorfstraße** – einst sollen auf der »Alten Heer-Straße« Napoleons Truppen hier entlang marschiert sein – beeindrucken typisch altmärkische Vierseitenhöfe.

Unser Tipp ▸ Die Altmark von oben

Wer vor, während oder nach dem Altmark-Besuch den totalen Überblick sucht, der bekommt ihn bei Flügen vom Flugplatz Stendal-Borstel aus. Für 30 Minuten nur zur Elbe und zurück in die Hansestadt, in einer Stunde über die ganze Altmark oder nach Lust und Laune ganz individuell eine eigene Strecke: Alles ist im modernen Zweisitzer (natürlich plus Pilot) möglich. Und wer dann Lust bekommen (und etwas mehr Zeit und Geld investiert) hat, der kann hier auch den Komplett-Lehrgang zur Pilotenausbildung buchen. www.rundflug-stendal.de

▲ Karte S. 98

Das Bismarck-Schloss in Döbbelin

Stendal und Umgebung

Vorwahl: 03931
Postleitzahl: 39576
Tourist-Information Stendal, Markt 1, Tel. 651190; Mo–Fr 9–12 u. 13–16 Uhr, Sa 9–14 Uhr. www.stendal.de

Altstadt-Hotel, Breite Str. 60, Tel. 69890; 29 Zi., DZ ab 89 Euro. Privat geführt, angenehmer Service. www.ah-stendal.de
Hotel Am Uenglinger Tor, Moltkestr. 17, Tel. 68480; 19 Zi., DZ ab 85 Euro. Familiäres Haus im Villenviertel der Stadt. www.hotelstendal.de
Pension Am Nordwall, Wendstr. 9, Tel. 794066; 8 Zi., DZ 56 Euro (o. F.). Radlerfreundlich, Nähe Stadtmauer. www.pension-am-nordwall.de
Pension Kunsthof Dahrenstedt, Dahrenstedter Dorfstr. 6, Tel. 419760 o. 0179/4772571; 5 Zi., DZ ab 77 Euro. Privates Ambiente, großer Garten, 12 km südlich von Stendal. www.kunsthof-dahrenstedt.de

Auf dem **Schützenplatz** stehen 20 kostenfreie Caravan-Stellplätze zur Verfügung. Bei Veranstaltungen auf dem Platz kann man auf den kostenlosen Parkplatz am Nordwall ausweichen.

Restaurant Atrium, Breite Str. 17, Tel. 6570486. Lob im Gault-Millau und Vielfachlob der Gäste. www.atrium-stendal.de
Le Petit, Hallstr. 64, Tel. 01523/8548736. Frische mediterrane Küche – empfehlenswert. www.lepetitstendal.de

Kaffeehaus Stendal, Markt 1, Tel. 410056. Kaffee genießen und bei Seminaren in die Röstgeheimnisse eintauchen. Im Rathaus. www.kaffeekult-frank.de
Lavanderia, Hohe Bude 12, Tel. 4924688. Engagierte Inhaber bieten ein feines Angebot mit dem Ehrgeiz, vor allem Regionales zu verwenden. www.lavanderia-stendal.de

Winckelmann-Museum, Winckelmannstr. 36–38, Tel. 215226; Di–So 10–17 Uhr. www.winckelmann-gesellschaft.com
Altmärkisches Museum, Schadewachten 48, Tel. 651700; Di–Fr 10–13 u. 14–16 (Mai–Sept. 14–17) Uhr, So u. Fei 13–17 Uhr u. nach Vereinbarung. www.museum.stendal.de
Landesfeuerwehrmuseum Sachsen-Anhalt, Arneburger Str. 146a, Tel. 212575; Öffnungszeiten wechseln saisonbedingt. www.feuerwehrmuseum-stendal.de
Schloss Döbbelin, Döbbeliner Dorfstr. 18, OT Döbbelin, Tel. 039329/284; tgl. 13–18 Uhr. Weihnachtswelt und Café. www.bismarck-doebbelin.de

Theater der Altmark, Karlstr. 6, Tel. 635777. www.tda-stendal.de.
Kunsthof Dahrenstedt, Dahrenstedter Dorfstr. 6, OT Dahrenstedt, Tel. 419760. Attraktives Ensemble: Galerie, Konzerte, Pension, auch Teil der Gartenlandschaft Altmark.
www.kunsthof-dahrenstedt.de
www.gartenlandschaft-altmark.de

Altmark Oase Sport und Freizeitbad, Schillerstr. 2, Tel. 41880. Badelandschaft, Kinderland, Saunawelt. www.altoa.de

Viele Radrouten berühren die Stadt bzw. durchziehen ihre Umgebung. Für Touren direkt von der Stadt aus, haben die Touristiker eine gesonderte Broschüre »Radfahrer-Karten – Region Hansestadt Stendal« herausgegeben.
www.stendal-tourist.de/radfahren

Flugplatz Stendal, Aero Club e.V. Osterburger Straße, Tel. 713279 oder 0177/6431950. Rundflüge, Segelflugausbildung, historischer Riesenhangar, auch Gaststätte »Zum Fliegerhorst«.

Hochseilgarten, Wahrburger Str. 130, Tel. 313792 für Anmeldung; Apr.-Okt. Mi, Fr., 1. So im Monat. Klettern mit ausgebildeten Trainern.
www.stendal.de/de/hochseilgarten

Stendaler Scheunenladen, Osterburger Str. 63, Tel. 212789. Obst und Gemüse direkt von Feldern und Plantagen der Familie Stallbaum, dazu Wildbret, Käse, Joghurt und anderes aus der Altmark. Der Juniorchef trägt den Titel »Bester Junglandwirt Deutschlands«.
www.scheunenladen-stendal.de

Bauernmarkt, Alte Feuerwache, Bruchstr. 4; Di–Fr kleiner, Sa großer Markt 8–12 Uhr.

Bismark und Umgebung

Sicher verwundert es nicht, wenn Bismarks (8500 Einwohner) einziger Ehrenbürger Otto von Bismarck heißt, obwohl die Beziehung zwischen der Stadt und dem Geschlecht der Bismarcks bis heute nicht gänzlich geklärt ist. Verwunderlicher ist es schon, dass eine »Goldene Laus« das Wahrzeichen der Stadt sein soll. Die so benannte **romanische Turmruine** aus Feldstein ist der Rest einer Wallfahrtskirche. Der Sage nach ist sie dort errichtet worden, wo eines Nachts ein leuchtendes Kreuz vom Himmel gefallen sei. Im Turm habe man eine riesige Laus, gefesselt an einer goldenen Kette, gefangen gehalten, die täglich ein Pfund Fleisch fraß und reichlich Wein soff. Doch erhielt der indessen sanierte Turm wahrscheinlich seinen Namen, weil einst an der Ruine in goldenen Buchstaben »Laus Deo« (Ruhm sei Gott) stand. Im Inneren findet man die Sage bildhauerisch hintersinnig dargestellt.

Die »Goldene Laus«

▲ Karte S. 98

Auf die große Anziehungskraft Bismarks als mittelalterlicher Wallfahrtsort nimmt die lebensgroße bronzene Pilgerstatue Bezug, die seit 2002 auf dem Marktplatz der Stadt steht, den man von der »Goldenen Laus« aus auf einem kleinen Spaziergang durch die Alte Straße an der Stadtkirche vorbei erreicht. Geschaffen hat die Plastik die Angermünder Künstlerin Cornelia Lorenz. Indessen gibt es Überlegungen, ein Pendant zu dieser Statue am Ende eines kleinen Pilgerwegs an der »Goldenen Laus« zu errichten.

Bismark ist, geografisch betrachtet, so etwas wie der Mittelpunkt der Altmark und wenn die Einheitsgemeinde mit dem Slogan wirbt »Auch flaches Land ist schön«, dann hat das, wenn man in die 39 Ortschaften und deren Umgebung schaut, durchaus seine Berechtigung. Neben kleineren Gräbern in **Kläden**, **Grassau**, **Bülitz**, **Steinfeld** und **Beesewege** findet

Im Findlingspark Darnewitz

sich mit 50 Metern Länge in **Steinfeld** das größte Hünengrab der Altmark. 77 Steine umfasst die gesamte Anlage, an ihrem Nordende bilden 16 Wand- und sieben Deckensteine eine Grabkammer. An jedem letzten Samstag im September steigt auf dem Gelände nebenan der größte Bauernmarkt der Altmark.

Im Kommunikations- und Kreativzentrum »Alter Schafstall« auf dem Gelände des Gutshofes **Kläden** sind Kreativkurse, Buchlesungen, Kaffeekränzchen und Workshops zu erleben. Das zwischen 1873 und 1875 erbaute Schloss der Familie von Rundstedt in **Schönfeld** mit seiner Parkanlage im englischen Stil und die aus dem (altmärkischen) Rahmen fallende neogotische Backsteinkirche bieten Hochzeitspaaren einen schönen Rahmen für Trauung und Feier.

Hohenwulsch geht auf eine wendische Gründung um 800 zurück. Die dortige Dorfkirche stammt aus der Mitte des 13. Jahrhunderts. Vom Infozentrum aus kann man einen Naturlehrweg erwandern.

Die Mitte des 13. Jahrhunderts erbaute **Findlingskirche Schäplitz** verfügt über reizvolle Buntglasfenster. Sie wurde 1866 umgebaut. Am Dorfgemeinschaftshaus wurde auf 800 Quadratmetern ein Bauerngarten im altmärkischen Stil angelegt. Überhaupt sind die Dörfer um Bismark eine Fundgrube für den Liebhaber von romanischen Feldsteinkirchen. Genannt sei hier nur noch die besonders imposante in **Meßdorf**, auch, weil hier seit über zwei Jahrzehnten die anspruchsvollen Internationalen Meßdorfer Musikfesttage stattfinden.

Unser Tipp ▸ Findlingspark Darnewitz

Wirklich lohnend, auch, weil in dem abseits liegenden Ort absolut überraschend, ist ein Besuch im Findlingspark Darnewitz. Mit den aufgestellten Schautafeln und anhand der 60 aufgereihten Findlinge gewinnt man einen faszinierenden Einblick in die landschaftsgestaltenden Vorgänge der Eiszeit. Im Kneipp-Becken können müde Wanderer oder Radler ihren Kreislauf wieder auf Vordermann bringen. Von den zahlreichen Sitzecken schweift der Blick über die Streuobstwiesen auf dem Gelände – zur Erntezeit kann man diverse Apfel- oder Birnensorten kosten. Der Park ist ganzjährig geöffnet. Unweit davon lädt in **Dobberkau/Möllenbeck** ein modernes Waldschwimmbad zum Erholen ein.

Stadt Bismark und Umgebung

Einheitsgemeinde Stadt Bismark, Breite Straße 10, 39629 Bismark, Tel. 039089/97610. www.stadt-bismark.de

Gasthof Zum Birnengarten, Döllnitzer Dorfstr. 3a,39629 Bismark/OT Döllnitz, Tel. 039089/985461; DZ 50 Euro (o. F.)

Pension Beeses Storchennest, Dorfstr. 47, 39579 Kläden, Tel. 039324/85436; DZ ab 55 Euro (o. F.).
www.pension-kläden.de

Eventschloss Schönfeld, Schönfelder Str. 1, 39628 Bismark, Tel. 039324/574018; 14 komfortable Gästezimmer ab 99 Euro, Trauungen und andere exklusive Events.
www.eventschloss-schoenfeld.de

Caravanstellplatz Am Kolk, Döllnitzer Str. 24, 39629 Bismark, Tel. 039089/97610.

Gasthaus Weißer Schwan, Stendaler Str. 38, 39629 Bismark, Tel. 039089/41055. Gutbürgerliche Küche.

Kelles Suppencafé, Stendaler Str. 1/2 39579 Kläden, Tel. 039324/91563 o. 316. Beinahe schon Kult und indes deutschlandweit und international bekannte Suppenproduktion. Vor Ort essen u./o. online bestellen.
www.kelles-suppenmanufaktur.de

Ziehers Eiscafé, Breite Str. 15/16, 39629 Bismark, Tel. 039089/2214. Eis und Kuchen aus eigener Fertigung.

Café Melange, in der Villa Piel, Schulstr. 2, 39629 Bismark/OT Meßdorf, Tel. 039083/909991. Torten und Kuchen von der Gutsbäckerei Primern.

Findlingspark Darnewitz, Darnewitz 21, 39628 Bismark/OT Darnewitz, Tel. 03920/328
www.stadt-bismark.de

Internationale Meßdorfer Musikfesttage, jährlich Aug.–Okt. Bürgerbüro Meßdorf, Meßdorfer Hauptstr. 27, 39629 Bismark/OT Meßdorf, Tel. 039083/304. Seit 1999 gastieren international bekannte Solisten und Klangkörper von Klassik bis Postmoderne.
www.messdorfer-musikfesttage.de

Kommunikations- und Kreativzentrum Kläden, Dorfstr. 21, 39579 Kläden, Tel. 039324/98881. Theater, Kabarett, Lesungen.
www.stadt-bismark.de

Freibad Kolk, Döllnitzer Str. 22, 39629 Bismark, Tel. 039089/2045 o. 039089/97611. Auch drei Caravan-Stellplätze.

Schwimmbad Dobberkau/Möllenbeck, Am Mühlenberg 42, 39606 Dobberkau, Tel. 039089/983919 oder 039089/97611.

Die Einheitsgemeinde hat von Bismark und Kläden aus **sechs Radtouren** zu interessanten Zielen (16–21 km) zum Beispiel zu den Hünengräbern oder ins Mildetal ausgewiesen.

Ein spezielles Angebot ist der **Schäferweg** rund um Kläden: 17 km, Start und Ziel am »Alten Schafstall« im Ort. Feldsteinkirchen, Hünengräber, sechs kleine Dörfer, Infos, Kaffee und Kuchen auch im »Altmarkhof« Schäplitz.

Bauernmarkt Steinfeld, am letzten Sa im Sept. Der größte und schönste Bauernmarkt im Norden Sachsen-Anhalts. Im Sommer gibt es in Steinfeld jeden Monat einen Backtag.
www.stadt-bismark.de

▸ Karte S. 98

Entlang der Elbe nach Norden – Hansestädte und Altmärkische Wische

Zwischen Elbe im Osten und dem nördlichsten Teil des Drei-Namen-Flüsschens Milde-Biese-Aland liegt die Altmärkische Wische. Die von vielen Gräben durchzogene Landschaft lebt seit Jahrtausenden auch mit dem Hochwasser der Elbe und ihrer Nebenflüsse. Hier finden sich Marschhufendörfer wie im Nordsee-Hinterland und Städte mit viel eigenem Reiz. Nach den Flamen, die die Gegend schon im 10. Jahrhundert kultivierten, wurden in einem »sozialistischen Großprojekt« durch die FDJ (Freie Deutsche Jugend) zu Beginn der 1960er Jahre über 900 Kilometer Meliorationsgräben gezogen, um dem immer wiederkehrenden Elbhochwasser Paroli zu bieten. Wo der Aland, der der nördlichsten Gemeinde der Altmark und damit Sachsen-Anhalts ihren Namen gab, in die Elbe mündet, liegt das niedersächsische Schnackenburg, einst ein ganz spezielles Tor zwischen Ost und West.

Arneburg

Eine wirkliche Entdeckung mag für fast jeden Besucher Arneburg sein. Das Städtchen, auf einer Hochfläche am Westufer der Elbe liegend, wurde in der Vergangenheit vor allem dadurch bekannt, dass die DDR ab 1982 begann, abseits des Ortes ein Kernkraftwerk zu errichten. Der ohnehin stark umstrittene Bau wurde weit vor der Inbetriebnahme 1991 endgültig eingestellt, heute befindet sich auf dem Gelände eine der größten deutschen Zellstofffabriken. Was den Arneburgern selbst nicht minder wichtig ist: Seit 2013 ist ihre Stadt »Staatlich anerkannter Erholungsort«. Schon immer und heute erst recht, ist die Gegend um Arneburg, Hohenberg-Krusemark und Goldbeck ein Zentrum des Reittourismus. So wurde beispielsweise die Gemeinde Hohenberg-Krusemark von der Deutschen Reiterlichen Vereinigung als »Pferdefreundliche Gemeinde« geehrt. Deutsche und internationale Meisterschaften im Vielseitigkeitsreiten und hochkarätig besetzte Reitturniere finden hier statt. Wer den Reiz des Ortes und seiner Lage kennenlernen will, der sollte sich Zeit nehmen für einen wirklich lohnenden Stadtrundgang. Über die abschüssige **Breite Straße**, hier kann man auch bequem parken, fällt der Blick auf die vermutlich älteste Kirche der Altmark, die romanische **Stadtkirche St. Georg** (12. Jh.). Auffällig ist der Westturm, der breiter als das Langhaus ist. Nach dem großen Stadtbrand von 1767 wurde die Kirche zum großen Teil mit Steinen der ehemaligen Burg wieder aufgebaut, was wiederum dazu führt, dass von der Burg heute nur noch die Mauer zu finden ist. An die vormals bedeutende Elbfischerei erinnert der **Fischerbrunnen** auf dem Alten Markt. Von dort schlendert man durch die **Burgstraße**, mit ihren kleinen, pastellfarbigen Häuschen fast schon mediterran anmutend, hoch zum **Burgpark**. Dort wartet seit wenigen Jahren eine Arneburger Touristenattraktion, die 30 Meter hohe, 24 Meter in Richtung Elbe ragende **Aussichtsplattform**. Vom gläsernen Pavillon aus schweift der Blick wie nirgends sonst am Fluss in die Elbauen, bei klarer Sicht bis zu den Hansestädten Havelberg und Tangermünde im Norden und Süden (Abbildung → S. 96). Zu Füßen des Burgbergs stellt eine **Gierseilfähre** die kurze Verbindung zum rechtselbischen Neuermark-Lübars und damit in den Elb-Havel-Winkel her.

■ Altenzaun

Zu Hohenberg-Krusemark gehört der kleine Ort **Altenzaun**, eines der ältes-

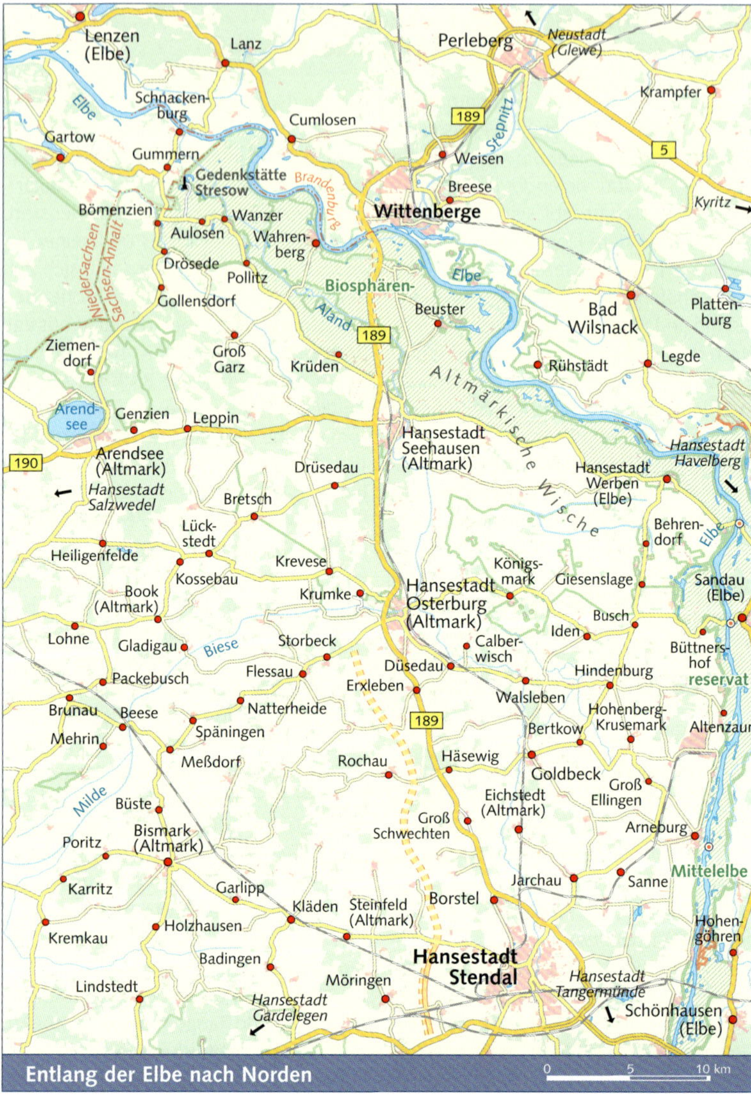

ten Haufendörfer in der Altmark, das man sogar im fernen Frankreich kennt. Nördlich davon fand nämlich 1806 das Gefecht von Altenzaun zwischen den Truppen des Oberst Yorck von Wartenburg und denen Napoleons statt, das erste nach der Niederlage bei Jena und Auerstedt, das für die Preußen siegreich ausging. Der Yorck-Stein, nahe **Osterholz** unmittelbar am Altmark-Radrundkurs gelegen, erinnert daran ebenso wie der historische Wegweiser beim nahen

Blick von Lübars auf Arneburg

Kirchpolkritz. Die Kilometerangaben nach Moskau und Paris sollten, wohl eher spöttisch gemeint, den Franzosen den Heimweg zeigen.

■ Iden

Die Anfänge des nördlich von Arneburg gelegenen Dörfchens Iden reichen zurück in das 8. Jahrhundert. Im Idener Gutspark befindet sich das **Buchsbaumkompetenzzentrum** mit angeschlossenem Buxarium, in dem mehr als 160 Sorten freilandtauglicher Buchsbaumarten präsentiert werden. Die Landesanstalt für Landwirtschaft, Forsten und Gartenbau im Gut ist wohl nur den Fachleuten bekannt. Umso mehr ist seit einigen Jahren vom dortigen sachsen-anhaltischen **Wolfskompetenzzentrum** die Rede, wenn die Öffentlichkeit über die zunehmende Ausbreitung des grauen Beutegreifers im Land debattiert.

■ Büttnershof

Im Ortsteil Büttnershof lädt das unter Denkmalschutz stehende **Gutshaus Büttnershof** ein, ein Fachwerkbau aus dem 18. Jahrhundert, umgeben von einer 3,5 ha großen Parkanlage, in der sich ein Dorf aus Mini-Fachwerkhäuschen, Volièren, Streichelzoo und die originalgetreue Nachbildung des Gutshauses im Maßstab 1:20 befinden, samt Spielhaus für Kinder. Von Büttnershof führt die Straße direkt zur **Elbfähre**, die via Sandau die Verbindung in die Hansestadt Havelberg herstellt.

Hansestadt Werben

Von Friedrich Schorlemmer, der hier aufwuchs und auch seinen Zweitwohnsitz in der Stadt hat, gibt es den Satz: »Wo ich zu Hause bin, trifft sich große Sandsteingotik mit großer Backsteingotik. Das ist die Altmark«. Das Biedermeierstädtchen an der Elbe (ohne Eingemeindungen rund 650 Einwohner) ist die kleinste Hansestadt der Welt. Bereits in der Chronik Thietmars von Merseburg wird der Ort erwähnt. König Heinrich II. habe sich hier mehrfach mit Slawenfürsten getroffen. Der Wanderprediger Gustav Nagel (1874–1952) wurde in Werben geboren, am Haus Marktstraße 1 erinnert eine Tafel daran.

In der Stadt trifft man auf die älteste Gründung des Johanniterordens auf norddeutschem Boden. Nach einer Pilgerreise nach Jerusalem übertrug Albrecht der Bär um 1160 dem Orden die **Kirche St. Johannis** mit etlichem Land, dessen alljährlichen Ertrag die Johanniter dem Spital zu Jerusalem schicken sollten. Das älteste Zeugnis der Bautätigkeit der Johanniter in Werben ist das Romanische Haus der **Johanniter-Komturei**, früher Lamberti-Kapelle genannt, zugleich der älteste erhaltene Bau des Ordens in Deutschland, an dessen Restaurierung kontinuierlich gearbeitet wird.

Die **Salzkirche** zwischen Nordwall und Promenade, 1313 vom Johanniter-Orden erbaut, ist heute Ort von Ausstellungen und Konzerten.

Von der mittelalterlichen **Stadtmauer** mit einst fünf Toren kann man sich noch am restaurierten **Elbtor** ein Bild machen. Die **Aussichtsplattform** bietet einen wunderbaren Blick über Stadt und Wische. Die Pfarrkirche St. Johannis, eine um 1150 entstandene spätromanische Basilika, ist die »Glucke der Stadt« Mit ihrem prächtigen, weit ins Land leuchtenden roten Satteldach überragt sie deren Dächer.

Auch Werben ist in jedem Jahr **Storchenstadt**, doch stolz sind die Werbener vor allem auf ihren Ruf als **Biedermeierstadt**: Alljährlich seit 2004 finden hier der Biedermeier-Sommer und der Biedermeier-Christmarkt statt. Dann stehen die Verkäufer und Verkäuferinnen in Biedermeierkleidung an ihren Ständen und das Ganze wirkt passend auch vom Stadtbild her. Eine der schönsten Werbener Straßen ist die **Seehäuser Straße**, die ganz dem biedermeierlichen Eindruck entspricht.

Das **Denkmal für Gustav II. Adolf** am Markt erinnert daran, dass der Schwedenkönig während des Dreißigjährigen Krieges in der Stadt Quartier genom-

Elbtor mit Aussichtsplattform und Johanniskirche in der Hansestadt Werben

▶ Karte S. 110

Das jährliche Biedermeierfest in Werben ist eine Attraktion

men hatte – wohl auch des strategisch wichtigen Elbübergangs beim nahen Ortsteil Räbel wegen, wo noch heute eine kombinierte **Motor-Gierfähre** die Verbindung von und nach der Hansestadt Havelberg herstellt.

Arneburg, Hansestadt Werben

Tourismusinformation Arneburg, Breite Straße 15, 39596 Arneburg, Tel. 039321/51817. www.stadt-arneburg.de

Touristinformation der Hansestadt Werben, Marktplatz 1, 39615 Hansestadt Werben (Elbe), Tel. 039393/92755. www.werben-elbe.de

Elbfähren: In Arneburg und Werben (OT Räbel) queren Fähren die Elbe. Fährzeiten mit Blick auf Hoch-/Niedrigwasser bei Touristinfos erfragen.

Pension Gutshaus Krusemark, Ellinger Str. 16, 39596 Hohenberg-Krusemark, Tel. 039394/91680; 8 Zi., 4 FeWo, DZ ab 74 Euro. Idyllisch im Grünen auch für ein paar Tage mehr, Planung für Reittouren u.a. www.gutshaus-krusemark.de

Restaurant und Hotel Büttnershof, Dorfstr. 38, 39606 Sandauerholz, Tel. 039390/81046 o. 81840; DZ ab 70 Euro (o. F.). Alter Adelssitz, Institution für Ausflügler aller Art unweit der Elbfähre nach Sandau. Im Restaurant Lamm aus der Elbtalaue und Karpfenkotelett aus der hauseigenen Räucherei. www.gutshaus-buettnershof.de

Hotel Gasthof Gose, Am Eichengrund 1, 39579 Ziegenhagen, Tel. 039328/51418 o. 51320; 16 Zi., DZ ab 92 Euro. Gute Lage für alle Ausflüge in die gesamte Altmark, großer Freizeitbereich. www.hotel-freizeit-gose.de

Hotel/Restaurant Deutsches Haus, Seehäuser Str. 10, 39615 Hansestadt Werben, Tel. 039393/92939; 5 Zi., DZ ab 90 Euro. www.deutsches-haus-werben.de

Naherholung Wischer, Am Campingplatz 1, 39596 Hassel, Tel. 039321/2249. Mitten im Wald an großem Baggersee. Baden und Angeln, guter Standort für Altmark-Touren. www.camping-wischer.de

Campingplatz Werben, Am Freibad, 39615 Hansestadt Werben (Elbe), Tel. 039393/225; Saison Mai–Sept.

Burg-Gaststätte Arneburg, Burgstraße 14, 39596 Arneburg, Tel. 039321/2305. Schöne Panoramaterrasse. www.burg-arneburg.de

Elbstübchen, Seehäuser Str. 18, 39615 Hansestadt Werben (Elbe), Tel. 039393/341. Nur abends geöffnet, gute Küche, gemütlich im Hof sitzen.

Café-Mühle, Dorfstr. 48, 39596 Sanne, Tel. 039321/2255. Idyllische Lage am Altmark-Radrundkurs.

Café Lämpel, in der »Alten Schule«. Am Kirchplatz 2, 39615 Hansestadt Werben (Elbe). Im ländlichen Biedermeier-Stil vom engagierten Arbeitskreis Werbener Altstadt betriebenes Café. Alle Einnahmen fließen in die Restaurierung des historischen Gebäudes.

Heimatmuseum Arneburg, Breite Straße 16, 39596 Arneburg, Tel. 039321/51817; tgl. 10–18 Uhr.

Reiterhof und Pension Uwe Trumpf, Friedensstr. 7, 39596 Hohenberg-Krusemark, Tel. 039394/81454. Reitausbildung, Pferdepension, Trail- und Wanderritte. www.reiterhof-trumpf.de

Interessenverein Sternreiten in der Altmark, Hauptstr. 46, 39596 Hohenberg-Krusemark, Tel. 039394/81339. Über den Verein vielfältige Angebote für Reiter und Reiten aller Art, inkl. Unterkünften. www.sternreiten-altmark.de

Schimmel-Scheckenhof Tannhäuser, im Rudolphital. 39596 Sanne, Tel. 039321/2362 o. 0178/2589064. Reitunterricht, Kremserfahrten, Reiterferien. www.hof-tannhaeuser.de

Sportboothafen Arneburg, An der Elbe 1, 39596 Arneburg. Kontakt über Tourismusbüro Arneburg oder Hafenmeister Tel. 0162/1931930. 40 Liegeplätze, Tanken, Ent- und Versorgung. Camping möglich.

elbe kanu, Lange Str. 52, 39615 Hansestadt Werben, Tel. 0163/1956939. Bootsverleih, Kanutouren, Übernachten am Flussufer. www.elbe-kanu.de

Die Region liegt am Elbe-Radweg und am Altmark-Radrundkurs. Regional interessant ist der Elbe-Uchte-Radweg.

Royal-Spargel Gut Plätz, Plätz 12, 39596 Goldbeck/OT Plätz, Tel. 039388/9730. Eine der besten Adressen zur Spargelsaison. Kaufen, Essen, Kaffeetafel, Kremserfahrten zu den Spargelfeldern. www.spargelhof-heinl.de

Historische Bäckerei Annette Obara, Lindenstr. 7, 39615 Werben/OT Berge, Tel. 039393/5252. Schon lange kein Geheimtipp mehr: Im winzigen Örtchen Berge kaufen Kenner Brot und Kuchen. Geöffnet nur Do–Sa.

Hansestadt Osterburg

▸ Karte S. 110

1993 war ein besonderes Jahr für die alte Hansestadt Osterburg (10 000 Einwohner): Sie wurde, sozusagen urplötzlich, um gut 200 Jahre älter. Im Hof der Bibliothek nämlich hatte man eine Burg ausgegraben, deren Holzreste auf das Jahr 960 datiert werden konnten. Bis dahin hatte man sich auf die urkundliche Erwähnung der ersten steinernen Burg aus dem Jahr 1157 bezogen. Ob auf diese »Älterwerdung« beim festlichen Spargelessen im Ratskeller angestoßen wurde, ist nicht überliefert. In jedem Fall: Osterburg ist auch Spargelstadt. Europas Spargelzüchter Nr. 1, August

Huchel, begann hier 1926 damit, das weiße Edelgemüse nicht nur im großen Stil anzubauen, sondern es auch erstmals wissenschaftlich zu untersuchen (→ S. 40). Dass das Stadttor im Wappen Osterburgs weit hochgezogen ist, darf man getrost wörtlich nehmen – man wird nicht nur überall freundlich empfangen, es lohnt sich auch, hierher zu kommen. Für einen Spaziergang durch die Stadt, den die Touristinformation mit einem Flyer sehr schön aufbereitet hat, lohnt es, an der **Stadtkirche St. Nikolai** zu beginnen. Die kreuzförmige romanische Feldsteinkirche wurde 1188 errichtet und während der Blütezeit der Hanse zur gotischen Kirche umgebaut. An der Nordseite des mächtigen Backsteinbaus befindet sich der **Neptunbrunnen**. Er war ursprünglich für das Ensemble des Rönnebecker Schlosses aus Italien hergeschafft, aber nach Abbruch des Schlosses an diesen Ort gesetzt worden. Es ist übrigens nicht verwunderlich, dass in der Altmark ziemlich viele Kirchen Nikolaikirchen heißen. Nikolaus gilt als der Heilige der Kaufleute, der Flussschiffer, der Seeleute sowieso und so bat man in Elbnähe vielerorts um seinen Segen. Nach einem Blick auf das **Rathaus** findet man in der **Kirchstraße** und am **Kleinen Markt** sehr schöne Fachwerkhäuser, von denen viele die Stadt prägen. Wählt man den Gang durch die **Jüdenstraße** und entlang der **Nordpromenade** kommt man zum ehemaligen **Seehäuser Tor**, heute haushoch als Gemälde auf einem Hausgiebel »reproduziert«.

Via Burg- und Werbener Straße geht es zur **östlichen Promenade** auf der ehemaligen Stadtbefestigung. In schönem Bogen kann man hier die Altstadt umrunden, am ehemaligen Wohnhaus des »Spargelprofessors« Huchel und der katholischen St. Josefs-Kirche vorbei zum belebten **Hilliges-Platz**, dessen Name an einen ehemaligen Bürgermeister erinnert, der die Stadt von 1888 bis 1920 regierte. Heute beginnt hier die belebte Einkaufsmeile durch die **Breite Straße**.

Dass sich Osterburg zu den anderen Attributen noch den Beinamen »sportlichste Hansestadt« zugelegt hat, hat weniger mit der vor ihren Toren liegenden Landessportschule zu tun als vielmehr mit den wirklich zahlreichen, vor allem unterschiedlichsten sportlichen Offerten für jedermann.

Krumke, Calberwisch, Krevese

Zu spannenden Entdeckungen ganz unterschiedlicher Art lädt die Umgebung von Osterburg ein. Im Ortsteil **Krumke** ist ein »Gartenträume«-Park zu finden, der zu den schönsten der Altmark gehört. Im barocken Teil findet sich eine 400 Jahre alte Buchsbaumhecke, die wohl die älteste Europas sein dürfte. Jahrhunderte später entstand der Landschaftspark im englischen Stil, dessen Wiederherstellung abgeschlossen und perfekt gelungen ist. In **Calberwisch** begegnet man dem Bauhaus-Großmeister Walter Gropius in völlig unerwarteter Weise: Gemeinsam mit

Schloss Krumke

Heino Schmieden erbaute er 1875 das Schloss im Stil der Neorenaissance, das heute unter Denkmalschutz steht. Das Schloss ist im Privatbesitz, steht aber für Hochzeitsfeiern und Übernachtungen offen (www.schloss-calberwisch.de). Wunderschöne **Feldsteinkirchen**, zum Teil mit der Backsteinbauweise kombiniert, die die Flamen mit nach hier gebracht hatten, finden sich in **Erxleben**, **Königsmark** und **Krevese**. In die dortige Kirche ließ Christoph Georg von Bismarck 1721 eine Gansen-Orgel einbauen. Diese gehört zu den bedeutendsten Dorforgeln Europas, ist noch im Originalzustand erhalten und der Mittelpunkt des jährlichen Kreveser Orgelsommers. Überhaupt ist auch Krevese eng mit dem Namen Bismarck verbunden. 1562 erhielten die Brüder Heinrich und Friedrich von Bismarck das Kloster Krevese mit der Maßgabe, dass sie die noch lebenden Nonnen mit Naturalien und Wohnraum zu versorgen hätten. In Krevese ist auch Friedrich von Bismarck begraben, der Stammvater der Familie, von dem auch der spätere Reichskanzler Otto von Bismarck abstammte. Die aktuellen Eigentümer des Schlosses wirken engagiert an der Wiederherstellung des zauberhaften Schlossparks.

Unser Tipp »Wir leben Land«-Tour

Eine pfiffige Idee ist die von den Osterburgern aufgelegte »Wir-leben-Land«-Tour – für Motorisierte oder Radler je nach Lust und Zeitvorrat. Die jeweils ca. 45 km langen (Ost- oder West-) Runden bieten eine wirklich überraschende Vielzahl von Landschafts- und Naturräumen aber auch Siedlungsformen und Bauten. Gutshäuser in **Wollenrade**, **Königsmark** und **Wolterslage**, der Torhaus-Sondertyp in **Schmersau**, Fachwerk wie am Taubenturm in **Blankensee** und am großen Vierseitenhof in **Schliecksdorf** oder – ganz anders – der 184,5 Meter hohe Fernsehturm in **Dequede** (1956–58 als zweiter Fernsehturm der Welt erbaut) und der Skulpturengarten des Künstlers Matthias Faul in **Klein Ballerstedt:** alles Unikate, die Geschichte und Geschichten erzählen.

Hansestadt Osterburg und Umgebung

Postleitzahl: 39606
Vorwahl: 03937
Stadtinformation Hansestadt Osterburg, Großer Markt 10, Tel. 895012; Mo, Di 10–17, Do 10–18, Fr 10–16 Uhr. Empfehlung: Die Stadtinformation legt eine instruktive Flyerfamilie zu Touren per pedes und mit dem Rad auf.
www.osterburg.de

Gasthaus und Pension Zum Kanzler, Stendaler Str. 10, Tel. 82082; 14 Zi., DZ 66 Euro (o. F.). Zentral gelegen, auch gutes Restaurant.
www.pension-zum-kanzler.de
LandesSportSchule, Arendseer Str. 4, Tel. 25060; 92 Zi., DZ 120 Euro. Perfekt für Gruppen aller Art: Restaurant »Fuchsbau«, Schwimmbad, Fitness, Sportanlagen.
www.landessportschule-osterburg.com
Kavaliershaus Krumke, Parkstr. 4 OT Krumke, Tel. 2239405 o. 01520/5703272; 3 Zi, DZ 69 Euro (o. F.). Sehr schön im Schlosspark gelegen, warme Küche zu den Öffnungszeiten des Kavaliershaus-Cafés.
www.kavaliershauskrumke.de

Gasthof und Pension Hauke, Am Mühlenberg 90, Tel. 82171; auch Übernachtung.
Ratskeller Osterburg, Wasserstr. 13, Tel. 83349.
Altmärkische Kaffeestube, Bismarker Str. 6, Tel. 82343; auch Übernachtung.

Konditorei und Café Behrends, Breite Str. 52 und 24, Tel. 22140 o. 292824.
Café Grube, Breite Str. 36, Tel. 81600.

▸Karte S. 110

Kreismuseum, Breite Straße 46, Tel. 83730. www.osterburg.de
Schlosspark Krumke, Parkstraße, OT Krumke. Ganzjährig zugänglich (außer Schloss). Parkführungen n. V. Tel. 895309. www.gartentraeume-sachsen-anhalt.de

Die alljährlichen **Osterburger Literaturtage** mit Lesungen, Workshops und Konzerten haben die kleine Altmarkstadt zu einem Anziehungspunkt für Schreibende und Literaturinteressierte gemacht. Außerdem gilt die Stadt als Hochburg des **Karnevals** in der Altmark.
Am 2. Wochenende im Mai gibt es zu Ehren des Osterburger »Spargelprofessors« August Huchel ein **Spargelfest** mit Krönung der Spargelkönigin.

Biesebad Osterburg, Nordpromenade 2. Tel. 0174/9365143; Saison 12–19 Uhr. Eines der wenigen Flussbäder Deutschlands inmitten einer geschützten Flusslandschaft. www.osterburg.de

Bootsstation Rossau, Alte Dorfstr. 27, OT Klein Rossau, Tel. 039392/81674. Kanuverleih, Bademöglichkeit, auch Ferienhäuser.
Bootsverleih im Biesebad, Nordpromenade 2, Tel. 0174/9365142.
www.osterburg.de/sport-freizeit/biesebad

Four-Side-Ranch, Westernreiten und Ferienhaus. Dorfstr. 35, OT Gladigau. 0177/3504508 o. 039392/7729. Western-Reitunterricht und Trailritte, auch Gästeboxen und FeWo.
www.four-side-ranch.de
Pferdesportzentrum Krumke, OT Krumke. Gasthof, Pferdepension, Reitverein.
www.reitverein-krumke.jimdo.com
www.krumker-voltis.com
Reiterstation Gut Dobbrun, Dorfstr. 7, OT Dobbrun, Tel. 85172. Gastboxen, Reitplatz, Pension.
Angebote für **Kremserfahrten** in Osterburg und Umgebung unter: www.osterburg.de

Schlittenhundetouren und Kanuverleih, Dorfstr. 26, OT Dobbrun, Tel. 85003. Mit Huskys oder im Kanu unterwegs, auch Hundepension und Übernachtung.
www.hunde-katz.de

Der **Altmarkrundkurs** führt durch Osterburg und Umgebung, ebenso die **Milde-Biese-Aland-Tour**. Darüber hinaus gibt es mit Start an der LandesSportSchule eine 15 km lange Mountain-Bike-Strecke bis nach Seehausen.

Hansestadt Seehausen

Die nördlichste Stadt Sachsen-Anhalts (5100 Einwohner) wurde zur Zeit Albrechts des Bären mit flämischen Kolonisten besiedelt. Deren Wirken ist vielerorts in der Gegend noch zu spüren, durch die sich Aland und Elbe in weiten Auen ziehen.
Die Seehäuser **Kirche St. Petri** – Station der »Straße der Romanik« – hat eines der schönsten Portale im norddeutschen Raum, architektonisch interessant durch die Kombination von Sand- und Backstein. In 45 Meter Höhe bietet die restaurierte und zu besichtigende ehemalige Türmerwohnung einen schönen Panoramablick. Das **Beuster Tor**, letztes der ehemals fünf Stadttore, gehört zu den eindrucksvollen Zeugnissen mittelalterlicher Stadtbefestigungen. Unmittelbar daneben geben sich heute Paare das Jawort in der ehemaligen Kapelle des Hospitals Sankt Spiritus, die heute jeder als **Salzkirche** kennt, weil nach der

Das mittelalterliche Beustertor in Seehausen

Reformation im Gotteshaus Salz gelagert wurde. Durchaus stolz sind die Seehäuser auf den berühmten Altmärker Johann Joachim Winckelmann, auf dessen Wirken in der Stadt an verschiedenen Stellen verwiesen wird.

Eine Spezialität der Stadt ist das **Turmuhrenmuseum** in der Halle einer ehemaligen Brauerei, das eine Sammlung von 85 Turmuhren präsentiert, Stück für Stück ergänzt auch durch Hausuhren mit regionalem Bezug. Grundlage war die Sammlung des Seehäuser Uhrmachermeisters Günther Haut.

Von Seehausen nach Schnackenburg

▸ Karte S. 110

Das ideale Gefährt für die Erkundung des Nordzipfels der Altmark (und damit Sachsen-Anhalts) wäre das Fahrrad. Der Elberadweg, der Altmark-Radrundkurs oder auch die Milde-Biese-Aland-Tour, teilweise ist deren Streckenführung identisch, böten sich dafür an. Motorisierte sollten sich die Schönheiten der Region, fast durchweg zum UNESCO-Biosphärenreservat Mittelelbe gehörend, jedoch auch nicht entgehen lassen – kleine und kleinste Straßen laden dazu ein.

■ Beuster

Nördlich von Seehausen liegt Beuster an einem Altarm der Elbe. Anziehungspunkt ist die **Kirche St. Nikolaus**, eine Stiftskirche der Augustiner-Chorherren, die zwischen 1172 und 1337 erbaut wurde und bis heute ihren romanischen Charakter erhalten hat. Sie ist auch Station auf der »Straße der Romanik«. Ungewöhnlich für die Bauzeit: Der gesamte Bau einschließlich der Fundamente besteht ausschließlich aus Backsteinen, womit die Stiftskirche zu den ältesten Backsteinbauten nördlich der Alpen gehört. Außerdem gibt es in Beuster das **Blaulichtmuseum** mit vielen historischen Fahrzeugen der Feuerwehr, der Polizei und Rettungsfahrzeugen. Hier kann man auch in einem DDR-Konsum einkaufen gehen, bevor der Weg unbedingt zur Pause in die Schäferei Schuster direkt am Elbdeich führen sollte.

■ Aland

Die Gemeinde aus mehreren Dörfern trägt ihren Namen vom gleichnamigen Flüsschen, das hier in die Elbe mündet. Die Höfe des **Storchendorfes Wahrenberg** wurden zum Schutz vor dem immer wiederkehrenden Elbhochwasser auf Warften, also auf künstlichen Hügeln, gebaut. Bekannt ist die Gegend durch ihren Storchenreichtum mit dem zweithöchsten Storchenaufkommen bundesweit. 2020 zählte man in Wahrenberg mehr als 20 Horste und im Spätsommer um die 80 Störche, Legitimation für den Titel »Storchenhauptstadt der Altmark«.

Wer zwischen Mai und Oktober an Sonntagen nach **Wanzer** kommt, kann mit Glück Kuchen oder Brot aus dem Dorfbackofen genießen. Dieser wurde vom umtriebigen Mühlen- und Heimatverein aufgebaut, nachdem die dorfbildprägende Bockwindmühle zwischen 2002 und 2007 wieder errichtet worden war. Nach der Mühlenführung kann man auf dem idyllischen Rastplatz zu Füßen des »Vierflüglers« auf Sitzgruppen aus Mühlsteinen und alten Mühlenbalken pausieren. Von dort ist es nicht weit bis zur **Gedenkstätte Stresow**. Das 1310 erstmals erwähnte Dorf fiel, weil direkt an der Grenze zum bundesdeutschen Wendland gelegen, zu DDR-Zeiten der so genannten »Aktion Ungeziefer« zum Opfer: Die Bewohner wurden zwangsausgesiedelt. 1974 wurde es bis auf zwei Höfe geschleift. Heute erinnert die Gedenk- und Begegnungsstätte Stresow als Teil des Grenzlandmuseums Schnackenburg an das Dorf und seine Geschichte. Vom nahe gelegenen Aussichtsturm hat man einen wundervollen Blick in die Auen von Aland und Elbe.

Schnackenburg

In Niedersachsens kleinster und zugleich östlichster Stadt mündet der Aland in die Elbe. Während der deutschen Teilung herrschte im **kleinen Hafen** reger Güterumschlagverkehr zwischen Ost und West. Heute liegen hier Sportboote und in Abständen tuckert die **Fähre** hinüber ins Brandenburgische. Das **Grenzlandmuseum** erzählt Geschichte und Geschichten um die deutsche Teilung. Vom elf Meter hohen **Aussichtsturm** bietet sich ein schöner Panorama-Blick auf das Dreiländereck.

Die Wanzer Mühle wurde wieder aufgebaut

Grenzlandmuseum im niedersächsischen Schnackenburg

Unser Tipp ▸ Auentour per App

Mit der von verschiedenen Partnern entwickelten Auentour-App hat der Radler einen perfekten Reiseführer für die Elbe-Aland-Niederung.

An 17 Stationen des 26 Kilometer langen Rundkurses wird man über Audio-Aufnahmen, Videos und Fotos mit Sehenswertem aus diesem Teil des UNESCO-Biosphärenreservats Flusslandschaft Elbe vertraut gemacht. Starten kann man an der Gedenkstätte Stresow, aber auch in Wahrenberg oder Wanzer. Für Kinder gibt es spezielle Aufgaben zum Mitmachen und Entdecken.

i Hansestadt Seehausen und Umgebung

Touristinformation Seehausen, Arendseer Straße 6, 39615 Hansestadt Seehausen, Tel. 039386/54783; Mo–Mi 9–16, Do 9–17, Fr 9–12 Uhr.
www.seehausen-altmark.de

Pension Henkel, Große Brüderstr. 12, 39615 Hansestadt Seehausen. Tel. 039386 52279. 7 Zimmer, DZ ab 45 Euro (o.F.). Im Restaurant kann man auch gut essen.

Fahrradfahrer und Wandererhotel am Waldbad, Im Schillerhain 1, 39615 Hansestadt Seehausen (Altmark), Tel. 039386/7547; FeWo und 4 Zi. Auch 7 Zeltstellplätze.
www.waldbadseehausen.de

In der gesamten Region gibt es über die Touristinformation zahlreiche **Privatangebote** für FeWo und Zimmer.

▸Karte S. 110

Caravan-Stellplatz Seehausen, Arendseer Str. 6, 39615 Hansestadt Seehausen (Altmark), Tel. 039386/54783; 15 großzügige Stellplätze fußläufig zum Stadtkern. An- und Abreise rund um die Uhr. www.seehausen-altmark.de

Gaststätte Tannenkrug, Tannenkrug 1, 39606 Altmärkische Höhe/OT Losse, Tel. 039386/52400; Mi–So ab 11 Uhr. Spezialität: »Tannenkrugs Sommerburger« mit Angus-Rind, Spitzkohl und Quittenmarmelade. www.gaststaette-tannenkrug.de

Forsthaus Barsberge, Barsberge 1, 39615 Hansestadt Seehausen. Tel. 039386 /798879. Mo–Mi Ruhetage. Idyllisch im Grünen gelegen mit großem Kinderspielplatz, gute Küche.

Elbehof-Café, Am Elbdeich 68, 39615 Wahrenberg. Tel. 039397/41552. Café mit vielseitigem Angebot, auch an Veranstaltungen.www.elbehof.de

Café, Pension und Hofladen Neuland-Schäferei Schuster, Ostorfer Str. 2, 39615 Beuster, Tel. 039397/365. Alles vom Lamm, exzellente selbstgebackene Torten im Café, direkt am Elberadweg. Ladesäule für E-Bikes. www.schaeferei-schuster.de

Bockwindmühle Wanzer, Dorfstr. 24, 39615 Wanzer, Führungen jederzeit: Tel. 039396/81280. www.wanzer.de

Turmuhrenmuseum Seehausen, Mühlenstr. 48, 39615 Seehausen, Tel. 039386/ 79980; Mo–Fr 9–12, Sa 10–12 und 14–16, So 14–16 Uhr u. nach Vereinbarung. www.turmuhrenmuseum-seehausen.de

Blaulichtmuseum Beuster, Am Burggraben 1, 39615 Beuster, Tel. 039397/97444. www.blaulichtmuseum-beuster.de

Grenzlandmuseum Schnackenburg, Tel. 05840/210; Mai–Okt tgl. 10–17 Uhr. www.museum-schnackenburg.de

Waldbad Schillerhain, Im Schillerhain 1, 39615 Hansestadt Seehausen (Altmark). Tel, 039386/75076. www.waldbadseehausen.de

Reiterhof Neulingen, Losse Nr. 11, 39606 Altmärkische Höhe/OT Losse, Tel. 039386/79507. Pension für Reiter und Fahrer. Spezielles Angebot: mehrtägige Kutschenreisen. www.reiterhof-neulingen.de; www.kutschen-reisen.de

Lautlos durchs Biber-Revier – Naturkundlich geführte Kanutour auf der Alten Elbe. Elements GbR, Kirchweg 14, 39615 Aland-Vielbaum, Tel. 039386/993277. www.elements-nature.com

Angeln an der Elbe Neukirchen, OT Neukirchen, Tel. 0173/2361715. Gebühren für Nicht-DAV-Mitglieder 20 Euro (Tag), 40 Euro (Woche).

Ein örtliches Angebot ist der **Seehäuser Försterweg** durch den Seehäuser Forst zu Natur-Sehenswürdigkeiten aber auch – zum Beispiel – zur Käserei im Bauernhof Kintra in Drüsedau. Start in Seehausen am STUV-Gelände, Länge ca. 13,5 km. www.stadt-seehausen.de

Fleischerei und Party-Service Wohlfahrt, Beusterstr. 41, 39615 Hansestadt Seehausen, Tel. 039386/52121. Preisgekrönte Produkte regionaler Herkunft und aus eigener Produktion, z.B. Seehäuser St.-Petri-Schinken, gereift in Stendaler Rotspon. www.fleischer-wohlfahrt.de

Taubenhaus Lindenberg, Am Holzweg 4, 39615 Zehrental Tel.0178/6948411. Do–Sa Biohof-Laden, So auch Gesundheits-Café.

EXTRA

An wilden Ufern – das Biosphärenreservat Mittelelbe

Wo der Castor Fiber albicus (vulgo: Elbebiber) mit seiner langen Kelle fast lautlos durch tote Flussarme gleitet, der Heldbock sich auf Eichen sonnt, Barbe und Döbel am Strom ihre Kinderstube haben oder die Wassernuss idealen Lebensraum findet: dort ist das UNESCO-Biosphärenreservat Mittelelbe. Auf 303 Kilometern, rund einem Drittel ihrer Gesamtlänge, durchfließt die Elbe zwischen Pretzsch und dem Storchendorf Wahrenberg Sachsen-Anhalt, davon ein gutes Drittel durch die Altmark. Das an ihren wilden Ufern gelegene Biosphärenreservat ist eine der letzten naturnahen Flusslandschaften Europas. 125 510 Hektar spezifische Auenlandschaft mit den größten zusammenhängenden Hartholzauenwäldern Mitteleuropas, mit Stillgewässern, Flutrinnen, Binnendünen, Feuchtwiesen und einer beeindruckenden Flora und Fauna bilden hier eine Modellregion für das Miteinander von Mensch und Natur. Neben einer Kernzone – etwa drei Prozent der Fläche, auf der die Natur sich komplett selbst überlassen bleibt – gibt es eine Pflege- und eine Entwicklungszone. In diesen haben die Wissenschaftler und Ranger 19 sogenannte Auenpfade angelegt, sechs davon allein im altmärkischen Teil des Reservats: In Ringfurth-Polte, Arneburg, Tangermünde, Warnau, Havelberg und im Storchendorf Wahrenberg kann man auf Rundwegen zwischen 700 Metern und 12 Kilometern Länge, bestückt mit Informationstafeln, ebenso typische wie repräsentative Eigenheiten der Elb- und Havellandschaft kennenlernen.

Was im Reservat geschieht, kann man komprimiert auf unterhaltsame und interaktive Weise in den Besucherzentren erleben. Neben dem Auenhaus unweit des anhaltischen Oranienbaums liegt das schönste viel weiter elbabwärts in der Hansestadt Havelberg. Das mit der BUGA 2015 neu entstandene attraktive »Haus der Flüsse – Natura 2000 Informationszentrum« (→ S. 136) bietet auf modernste Weise Einblicke in alles Wissenswerte um die Tier- und Pflanzenwelt an Elbe und Havel. Weitere altmärkische Informationsstellen finden sich in Arneburg (→ S. 109) und im kleinen Örtchen Ferchels (→ S. 142). Dorthin führt von Schollene aus der »Natura-2000-Trail zwischen Havel und Schollener Land« ein schöner 16,5 km-Rundweg mit Infotafeln und Natur-Klassenzimmer.

Weißstorch bei Wahrenberg

Übrigens: Der eingangs erwähnte Castor Fiber albicus, eine eigene Unterart des europäischen Bibers, war jahrelang ein Exportschlager aus der Region: Bis sich eigene Bestände in anderen deutschen Bundesländern, aber auch in Dänemark und den Niederlanden wieder aufbauen konnten, gingen regelmäßig Biber auf die Reise, insgesamt über 500 an der Zahl.

Der altmärkische Südosten

Im frühen Mittelalter kamen die Mönche nach Jerichow, um ihren Glauben in den Osten zu tragen. Zudem brannten die Prämonstratenser im heute berühmten Kloster an der altmärkischen Grenze Ziegel aus dem reichlich vorhandenen Lehm. Und die so entstehende Backstein-Baukunst ließ Architektur wachsen, die noch heute den deutschen Norden prägt (→ S. 53). Kaiser Karl IV. schipperte aus Prag elbabwärts, um eine Burg zu bauen, wo der Tanger in die Elbe mündet. Jahrhunderte später entdeckte ein vormaliger Apotheker, der diesen Landstrich durchwanderte, die Geschichten, die seither Generationen fesselten: Theodor Fontane. Er spürte der Wahrheit nach und formte sie zu Dichtung. Von Grete Minde schrieb er und von Elisabeth von Plotho, einer anderen starken Frau, die die Welt als Effi Briest kennenlernte. Mehr von ihr und ihrem Schloss Zerben, das schon im Jerichower Land liegt, erfahren Sie auf → S. 153. Von den Elbdeichen um Jerichow schaut man westwärts über das Naturschutzgebiet Bucher Brack-Bölsdorfer Haken auf die Silhouette der Hansestadt Tangermünde. Könnten die Millionen gefiederten Besucher sprechen, würden sie es Paradies nennen.

Hansestadt Tangermünde

Wer sich Ärger mit den Einheimischen einhandeln will, der spricht von Tangermünde als dem »Rothenburg des Nordens«. Die stolze Hansestadt sieht sich als und ist tatsächlich ein Unikat, ein Städteensemble, gebildet aus Hunderten von restaurierten Fachwerkbauten zusammen mit faszinierender Backsteingotik. Zwischen dem prächtigen Neustädter Tor im Osten und der Burg hoch über Tangerhafen und Elbe im Westen stößt man unweigerlich auf das Rathaus, die 24 Meter hohe gotische Schauwand gilt als Paradestück spätgotischen Backsteinbaus. Rechter Hand der Gerichtslaube am Rathaus steht eine Bronzeskulptur in Ketten: Grete Minde, die auf dem Scheiterhaufen endete, weil man ihr die Schuld an dem verheerenden Stadtbrand von 1617 andichtete. Theodor Fontane machte sie zur Titelfigur einer Novelle und sie (und auch Tangermünde) damit weltberühmt. In den urigen Kneipen der Stadt gibt es darüber bei hausgebrautem Kuhschwanzbier und »Pferdeäppeln« viel zu erzählen.

Die Stadt (10 500 Einwohner), erstmals von Thietmar von Merseburg als »civitas Tangeremuthi« 1009 erwähnt, hätte deutsche Hauptstadt werden können. Der Hohenzollern-Kurfürst Johann Cicero (1455–1499) hatte seinen Sitz auf der Burg über dem Zusammenfluss von Tanger und Elbe und verließ sie im Zorn über die sturen Altmärker, die ihm den Bierzins nicht zahlen wollten. Da erst,

Das Neustädter Tor in Tangermünde

1488, verlegte er seine Residenz in das unbedeutende Cölln, das mit dem damals ebenso unbedeutenden Berlin zusammenwuchs. Im 14. Jahrhundert war Tangermünde neben Prag der Zweitsitz Kaiser Karls IV. Aus der alten Burg wurde eine Kaiserpfalz, was den von den Tangermündern gern genutzten Begriff Kaiserstadt durchaus legitimiert.

Eine Blütezeit erlebte die Stadt während der Hanse-Zeit im 15. Jahrhundert. Damals entstanden die Bauten, die heute noch die Stadt prägen, das Rathaus in norddeutscher Backsteingotik sowie die Stadttore. Die Stadtmauer ist rings um die Altstadt vollständig erhalten, samt zweier Putinnen, wie die Stadtmauertürme genannt werden. Auch die Stadtkirche St. Stephanus erhielt in dieser Zeit ihre gotische Ausformung.

1617 brannte Tangermünde fast vollständig nieder. Eine Schuldige musste her. Man sieht sie am Rathaus in Ketten, Grete Minde, eine Skulptur des Uchtspringer Bildhauers und Grafikers Lutz Gaede. In der Altstadt sind die vielen prächtigen Fachwerkhäuser zu sehen, die nach dem Brand entstanden.

Auch in der DDR-Zeit wurden die wichtigsten Denkmale der Stadt gesichert, so dass diese nach 1990 restauriert werden konnten.

Das Rathaus von Tangermünde

▲ Karte: hintere Umschlagkarte

Ein Stadtrundgang

Die, man kann es nicht anders sagen, »Perle der Altmark« (dass die Arendseer ihren See im Nordwesten der Altmark ob seiner kreisrunden Form und des klaren Wassers ebenso nennen, sei ihnen zugestanden) verdient einen ausgiebigen Stadtrundgang. Mit diesem sollte man am **Neustädter Tor**, dem prächtigsten der drei noch erhaltenen Stadttore beginnen. Der rechteckige Turm wurde um 1300 errichtet, Rundturm und Mittelbau 1450. Gleich das nächste Gebäude ist die um 1200 errichtete **Kirche St. Nikolai**, heute die »Zecherei St. Nikolai«, in der man mittelalterlich speisen kann, wenn gewünscht, auch im Badzuber.

Das historische spätgotische **Rathaus**, erbaut ab 1430 von Heinrich Brunsberg, der vor allem in Brandenburg und Pommern wirkte, gehört zu den schönsten Bauwerken der norddeutschen Backsteingotik, inklusive der Schauwand ein Paradestück dieser Epoche. In Erdgeschoss und Keller des Rathauses befindet sich das **Heimatmuseum**, das sich auch mit Grete Mindes Geschichte befasst.

In Richtung Elbe sticht auf der Lindenstraße ein Fachwerkhaus aus dem 17. Jahrhundert durch seine Form besonders hervor, das wie der **Buhnenkopf** einer Uferbefestigung in die Straße hineinragt und eben deshalb auch so heißt.

Unmittelbar unter der gotischen **Stadtkirche St. Stephanus** steht die **Alte Schule**, heute die »Exempel-Gaststuben«, in denen die Karte so exotische Dinge wie Kuhschwanzbier, Kreidestaub, Ambrosia und Pferdeäpfel aufführt – und die leckeren Schweinsohren mit Erbsbrei oder anderen Zutaten, wie sie als Gericht in Tangermünde zu Kaiser Karls IV. Zeiten erfunden worden sein sollen. Die Kirche weist den höchsten der zwölf Türme der Stadt auf. Geplant war diese älteste der altmärkischen Missionskirchen als Dom für ein Bistum. Der Bau der dreischiffigen Hallenkirche wurde 1316 begonnen und um 1500 vollendet. Eindrucksvoll ist der Innenraum ob seiner Großzügigkeit. Die Innenausstattung der Kirche stammt aus der Zeit nach dem Stadtbrand. Bemerkenswert ist die Orgel des Hamburger Orgelbaumeisters Hans Scherer d. J. von 1624.

Der **Eulenturm** am Ende der Langen Straße gehört ebenfalls zur historischen Stadtbefestigung. Er ist ein Relikt der ehemaligen Doppeltoranlage Hünerdorfer Tor, in dessen Unterbau sich ein Verlies befand. Unmittelbar daneben haben in den letzten Jahren die Brüder Christian und Armin Schulz einen speziellen touristischen Anziehungspunkt geschaffen: Auf dem Gelände neben historischem Hotel und Schaubrauerei, mit der die Tangermünder Brautradition wiederbelebt wurde, bietet die **Museumsscheune** einen sehenswerten Blick in die Vergangenheit, vom **Elbgarten** aus hat man gen Süden eine der schönsten Aussichten über den Hafen in die weite Elblandschaft.

Durch den Zollensteig stößt man auf die **Elisabethkapelle**, die zum gleichnamigen Hospital gehörte, das allerdings dem Stadtbrand zum Opfer fiel. Die Kapelle diente in der Folge bis ins 19. Jahrhundert als Salzlager und firmiert darum heute unter dem Namen »Salzkirche« als Ausstellungs- und Konzerthalle.

Zur Elbe hinunter kommt man durch die **Rossfurth**, einen 100 Meter langen Hohlweg, und durch das **Elbtor**, das im 15. Jahrhundert errichtet worden ist. Der **Schrotturm** ist ein ehemaliger Wehrturm der Stadtbefestigung, der erst 1825 auf die stattliche Höhe von 47 Metern gebaut wurde, weil man hier bis Mitte des 19. Jahrhunderts Schrotkugeln herstellte.

Hafen und Burgberg von Tangermünde

Der Tangermünder **Hafen** hatte für Handel und Wandel an der Elbe und natürlich für den Wohlstand der Stadt jahrhundertelang große Bedeutung, 1818 legte hier das erste Dampfschiff an. Heute ankern hier gelegentlich die Flusskreuzfahrer auf der Route zwischen Hamburg und Prag, Jachten vertäuen für Landgang und Übernachtung der Skipper.

Die Tangermünder Burg

Mit einer Ausdehnung von 150 mal 115 Metern gehört die Burg, der älteste Teil Tangermündes, zu den großen Höhenburgen Norddeutschlands. Aus der Burganlage ragt der Gefängnisturm mit seinem schönen Kegeldach hervor, der als Bergfried im 14. Jahrhundert errichtet wurde. Das unter Kaiser Karl IV. erbaute Schloss – das dieser übrigens »domicilium principale«, seinen Hauptwohnsitz also, nannte – wurde 1640 zerstört. Das heute vorhandene – jetzt ein komfortables Schlosshotel – ließ 1700 der

Die Rossfurth mit der Kirche St. Stephanus im Hintergrund

preußische König Friedrich I. errichten. Das älteste Gebäude auf dem Schlossgelände ist die Kanzlei, das Tanzhaus der Burg aus dem 14. Jahrhundert. Im kleinen Park steht die überlebensgroße Bronze-Skulptur Karls IV. des Berliner Bildhauers Ludwig Cauer. Unweit davon posiert in Form einer nicht minder großen Bronzeplastik, die der Berliner Bildhauer Ludwig Manzel schuf, der erwähnte Preußenkönig Friedrich I.

Auf der Schlossfreiheit befindet sich das **Burgmuseum** im ältesten Wohnhaus der Stadt, dem ehemaligen Wohnhaus des Schlosshauptmanns, dessen Untergeschoss noch aus dem Jahre 1543 stammt. Das höchste Bauwerk der Burganlage ist der **Kapitelturm**, zunächst ein romanischer Wehrturm und später Sitz des kurbrandenburgischen Amtes. Hier wurde auch das Getreide gelagert, das an das Berliner Domkapitel zu entrichten war – daher auch der heute gebräuchliche Name. Bei Führungen kann man den Turm besteigen, beste Aussichten sind garantiert.

Wer Stadt und Landschaft vom Wasser aus betrachten möchte, kann das auf einem der **Fahrgastschiffe** der Tangermünder Reederei Kaiser tun, auf denen man elbauf- wie elbabwärts schippern kann.

Unser Tipp ▸ Die Big Five der Elbe-Wildnis erleben

Dieser Tipp führt uns aus den Städten hinaus in die »Wildnis«. Biber, Otter, Storch, Kranich und Adler sind die »Big Five« der Elbe, und wer diese großen Pflanzenfresser bei ihrer »Arbeit« beobachten will, dem sei eine individuelle Führung per pedes, im Kremser, auf dem Rad, oder im Schlauchboot bzw. Fischerkahn empfohlen. Los geht's am Elbezentrum in Buch, unweit von Tangermünde. Nach der Tour werden auf Wunsch unter dem Motto »Wilde Landschaft – KOSTbar« kulinarische Bio-Spezialitäten von den Galloways des NABU-Zentrums angeboten.

Tangermünde

Vorwahl: 039322

Postleitzahl: 39590

Tangermünder Tourismusbüro, Markt 2, Tel. 22393; Mo–Fr 10–17, Sa/So 10–16 Uhr. www.tourismus-tangermuende.de

Reederei Kaiser, Goethestr. 21, Tel. 3654. Anleger am Tangermünder Hafen, Elbe- und Havelfahrten. www.reederei-kaiser.de

Hotel Schloss Tangermünde, Auf der Burg, Amt 1, Tel. 737451; 34 Zi., DZ ab 108 Euro. Komfortabel, traumhafte Aussicht über Tangermündung, Hafen, Elbe. www.schloss-tangermuende.de

Hotel Exempel Schlafstuben, Lange Str. 24, Tel. 7354000; 20 Zi., DZ ab 89 Euro. Übernachten in historischen Themenzimmern. www.exempel.de

Schulzens Brauerei und Hotel, Lange Str. 34, Tel. 44145; 33 Zi., DZ ab 89 Euro. Direkt »vor der Zimmertür«: Gläserne Brauerei, Museumsscheune, Elbgarten. www.schulzens.info

Pension Am Buhnenkopf, Lange Fischerstr. 16, Tel. 719095; 4 Zi., DZ ab 65 Euro.

Pension Hof Albrecht, Bucher Kirchstr. 15, OT Buch, Tel. 039362/81536; 5 Zi., DZ ab 50 Euro (o. F.). Schöner Hof mit Reitanlage, auch Reiterferien.

Heuherberge und Elbezentrum Buch, Bucher Querstr. 22, 39590 Tangermünde/OT Buch, Tel. 039362/81673. Zimmer und Schlafen im Heu, Bootstouren und Naturerlebnisse am Fluss, Hofladen. www.wildnis.info,www.elbetourist.de

Caravan-Stellplätze, Klosterberg/Stendaler Straße. Tel. 22393. 30 Stellplätze auf Parkplatz am Ortsrand mit Ver- und Entsorgung.

www.tourismus-tangermuende.de
Privater Wohnmobil und Wohnwagenstellplatz, Storchenweg 7. Tel. 42329 o. 0171/7394865; 4 Plätze.

Gasthaus Zecherei St. Nikolai, Lange Str. 1, Tel. 7354040. Erlebnisgastronomie im 800 Jahre alten Kirchgemäuer. Essen auch im Badezuber in geselliger Runde (im leinenen Leibchen!). www.exempel.de
Gaststuben Exempel, Kirchstr. 40, Tel. 7354010. Kuhschwanzbier, Ambrosia und »Pferdeäpfel« in einer alten Schule, bei schönem Wetter zu Füßen des höchsten Kirchturms der Altmark.
www.exempel.de
Gaststätte Zum Neustädter Platz, Stendaler Str. 60, Tel. 3726. Das Haus für den Fischliebhaber.
www.tangermuende-elbe.de
Restaurantschiff Störtebeker, Am Hafen, Tel. 2398. An Bord griechische Küche.
https://tourismus-tangermuende.de/restaurantschiff-stoertebeker

Tangermünder Kaffeerösterei, Lange Str. 33, Tel. 732106. Kaffees aus aller Welt, vom Kaffeesommelier zubereitet und serviert.
www.tangermuender-kaffeeroesterei.de

Stadtgeschichtliches Museum, Historisches Rathaus, Tel. 42153; Di–So 13–17 Uhr.
Burgmuseum, Schlossfreiheit Nr. 5, Tel. 92844; Apr.–Okt. Di–So 13–17 Uhr.
Kapitelturm (Aussichtsturm auf der Burg). 30-minütige Turmführungen nach Anmeldung, Tel. 22393.
Salzkirche (Ausstellungs- und Konzerthalle), Zollensteig, Tel. 45494; Di–So 13–17 Uhr.

Tangermünder Händler, Hoteliers und Gastronomen haben unter dem Begriff **Tangermünder Flaniermeile** über 60 Angebote in einem Flyer zusammengefasst. Als Insider-Tipp gilt das Hausrat- und Eisenwarengeschäft von Franz Ahl in der Kirchstraße 46/47, in dem man noch »wie früher« einkaufen kann, Tel. 2406.
Konditorei Stehwien, Meyerstr. 25, Tel. 73093. Geburts- und Produktionsort der berühmten »Tangermünder Nährstange«. Darüber hinaus allerlei Confiserie-Angebote, nur Verkauf, kein Café.
www.naehrstange.de

Freibad Tangermünde, Friedensstr. 24, Tel. 73084. Mit Rutsche. Strömungskanal und Baby-Becken.

Tangermünde wird natürlich von **Elbe-Radweg** und **Altmarkrundkurs** tangiert. Um die Stadt hat das Tourismusbüro verschiedene interessante Rundtouren zwischen 18 und 50 km entwickelt, z.B. Reichskanzler-Tour, Fähr-Tour usw, Tel. 22393.
www.tangermuende-tourismus.de
Das **Elbezentrum Buch** (auch NABU-Stützpunkt und ZÖNU- Zentrum für Ökologie, Natur und Umweltschutz) hat eine spezielle Elbelandtour für Radler (und Wanderer) aufgelegt, die auf 10 km Länge zu zehn Stationen durch die Naturschutzgebiete Elsholzwiesen und Bucher Brack-Bölsdorfer Haken führt. www.elbetourist.de
www.stromtalwiesen.info
www.zoenu.de

Tangerhütte

▶ Karte S. 98

Vaethen hieß das Dörfchen, erstmals 1375 erwähnt, aus dem die heutige Stadt an der Tanger (11 000 Einwohner) wurde. Ihren heutigen Namen erhielt sie, nachdem in der Umgebung Raseneisenstein gefunden, ab 1844 verhüttet wurde und die Eisenwerke Tangerhütte entstanden. 1928 erfolgte die Namensänderung und erst 1935 erhielt der Ort Stadtrecht.

Der Hüttenbesitzer Franz Wagenführ ließ sich 1872 einen heute 12 Hektar großen **Schlosspark** mit Wasserfall im Stil eines englischen Landschaftsparks anlegen und 1873/74 ein **Schloss**, heute das »Alte«, errichten. Hinzu kam 1883 im Park ein heute unter Denkmalschutz stehendes Mausoleum der Familie. 1889 übernahm Ferdinand Rudolf Curt von Arnim die Leitung der Tangerhütte, nachdem er Wagenführs Witwe Marie geheiratet hatte und führte die Firma bald zu Weltruf. 1900 beschäftigte das Werk bereits 1535 Arbeiter. Zur Weltausstellung 1900 in Paris hatte Arnim einen gusseisernen **Pavillon** anfertigen lassen, der dort viel Aufsehen erregte und eine Goldmedaille erhielt. Der Pavillon, heute im Park zu besichtigen, gehört zu den wichtigsten Werken der Kunstgussarchitektur.

1909 bis 1911 erfolgte, als Hochzeitsgeschenk für den Wagenführ-Sohn, der Bau des **Neuen Schlosses** nach italienischem Vorbild. Die prächtig geschnitzte Holzverkleidung des Kamins im Kaminzimmer, die über vier Meter hoch bis zur Decke reicht, ist ein Werk des Tangerhütter Bildhauers Otto Funke, der seine Karriere als Schreinerlehrling der Tangerhütte begann. Auch die beiden Sphinxen am Eingang wurden nach Entwürfen Funkes aus Beton gegossen. Heute wird das Neue Schloss innerhalb des »Gartenträume«-Ensembles als Galerie und Konzertort genutzt.

Die großen Zeiten der Tangerhütter Industrie sind seit geraumer Zeit vorbei, aus der Firma Technoguss gehen dennoch auch heute Gusserzeugnisse in alle Welt. An der **Industriestraße** finden Interessierte noch heute einige Gebäude mit zeittypischen Schaufassaden aus der Gründerzeit, der Verein »Aus einem Guss« ist engagiert dabei, die Industriehistorie wieder ins öffentliche Bewusstsein zu rücken.

Das einzige **Buddelschiffmuseum** Ostdeutschlands ist heute Teil des **Heimatmuseums** in der Breiten Straße. Der frühere Seemann Hans Euler steuerte dazu eine Auswahl seiner mehr als 16 000 gefertigten Buddelschiffe bei, darunter eine Seeschlacht in einem Weinballon, Hansekoggen in Parfümflaschen und anderes. Jedenfalls ist Euler mit seiner Lebensleistung im Guiness-Buch der Rekorde gelandet.

Blick über den Schwanenteich zum Kunstgusspavillon im Schlosspark Tangerhütte

Das Gutshaus Briest

Rund um Tangerhütte

Park und Herrenhaus Briest vor den Toren Tangerhüttes sind Teil der sachsen-anhaltischen »Gartenträume«. Zum Ensemble gehören das Gutshaus, das Brauhaus, der Wirtschaftshof, die kleine 400-jährige Kapelle und der Gutspark. Briest, heute wieder in deren Besitz, ist der älteste Stammsitz der Familie von Bismarck und verkörpert 600 Jahre Familiengeschichte. Das Herrenhaus ist ein Eichenfachwerkhaus im Stil der Spätrenaissance. 1849 schuf der Gartenbaudirektor Schaumburg, der auch Teile der Herrenhäuser Gärten in Hannover entwarf, den malerischen Gutspark. Hier sind Elemente des englischen und des französischen Landschaftsparks miteinander verbunden. Die Restaurierung wurde vor Jahren mit dem Denkmalpreis des Landes Sachsen-Anhalt gewürdigt. Ein paar Kilometer weiter nördlich wurden unweit des Jercheler Sees im 16. Jahrhundert ein weißer und ein roter Wartturm gebaut. Die Türme sind zwar verschwunden, der Ort **Weißewarte** aber entwickelte sich mit seinem **Wildpark** zu einem beliebten Ausflugsziel der Gegend. Auf 15 Hektar leben hier 400 Tiere in 50 Arten in großzügig angelegten Naturgehegen mit urwüchsigem Baumbestand.

In **Birkholz**, einem schönen Runddorf östlich von Tangerhütte, ist das Gutshaus sehenswert, auch dies ein ehemals Bismarckscher Besitz. Hier kann man auch übernachten. Richtung Osten folgt das **Elbdorf Grieben**. Dort setzt die Elbfähre ins rechtselbische Ferchland über. Sie verkürzt den Weg von oder nach Genthin, Potsdam und Berlin und macht zugleich eine Alternativroute für den Elbe-Radweg möglich. Sehenswert in Grieben ist die alte Bockwindmühle. **Schelldorf** und **Cobbel** sind, dank der Böden ringsum, echte Spargeldörfer, verkauft wird ab Hof.

Von da geht es nach **Ringfurth** und **Polte**, in eine Ecke, die zwar jeder Elbschiffer aber kaum ein Tourist kennt. Die Elbe bildet hier in einem sechs Kilometer großen Bogen die »Ringfurther Schleife« und »küsst« dann den Böschungsfuß des Poltenbergs. Als »Düsterloch« kennen Skipper diese Stelle, weil ohne GPS und Radar über Jahrhunderte so manches Schiff bei schlechter Sicht hier strandete oder gar versank. Am Abend sollte man oberhalb der Schleife sitzen und auf den Fluss schauen – wenn Ruhe

▸ Karte S. 98

ein Ort wäre, dann fände man ihn hier. In **Uetz**, mit dem Nachbarn **Kehnert** so ziemlich die südlichsten Dörfchen der Alten Mark, hat der schiefe Kirchturm einen Neigungswinkel von 3 Grad. Zum Vergleich: Der des »Schiefen Turms von Pisa« beträgt 3,97 Grad ...

Nordwestlich von Tangerhütte, auf dem Weg in die Hansestadt Stendal, beeindrucken in der Kirche von **Lüderitz** die 1989 gefertigten Buntglasfenster des lehrenden Christus. In **Groß Schwarzlosen** nebenan läutet in der romanischen Feldsteinkirche die älteste Bronzeglocke der Altmark.

Tangerhütte

Vorwahl: 03935
Postleitzahl: 39517
Bürgerinformation Stadt Tangerhütte, Bismarckstr. 5, Tel. 93170.
www.tangerhuette.de

Hotel und Restaurant Am Rathaus, Bismarckstr. 12, Tel. 955466; 7 Zi., DZ ab 50 Euro (o. F.). Solides Haus, deftige Speisen, Biergarten.
www.hotelamrathaus.net

Gutshaus Birkholz, Birkholzer Schulstr. 5. OT Birkholz, Tel. 9228500; stilvolle FeWo für 6 Pers., Saunahäuschen im Park.
www.gutshaus-birkholz.de

Ferienhof Duwe, Am Bahnhof 1, OT Demker, Tel. 212073; 5 FeWo auf Vierseitenhof. Ab 30 Euro p.P. (o. F.).
www.ferienhof-duwe.de

Griebener Hof, Breite Str. 28, OT Grieben, Tel. 039362/96090; DZ ab 66 Euro. Zimmer, FeWo und Häuschen auf dem Spargelhof am Elberadweg.
www.griebener-hof.de

Family-Camp Kellerwiehl, Kellerwiehl 1, 39517 Tangerhütte/OT Bittkau, Tel. 039362/81610; Bungalow ab 50 Euro. Zeltmöglichkeiten, Bungalows, Zimmer und FeWo, speziell für Radwanderer: Pippowagen (kleine Zirkuswagen), Sanitäranlagen separat. Badesee, Sport- und Spielmöglichkeiten.
www.kellerwiehl.de

Heimat- und Buddelschiffmuseum Tangerhütte, Otto-Nuschke-Str. 47, Tel. 03935/29398; Do/Fr 14–16 Uhr, sonst nach tel. Anmeldung.

Förderverein für Industriegeschichte und Gartenkunst Tangerhütte e.V., Tel. 03935/213757.
www.industriekultur-tangerhuette.de

Wildpark Weißewarte, Weißewarter Lindenstr. 8, OT Weißewarte, Tel. 214007.
www.wildpark-weissewarte.de

Panzer-Fahrschule Panzer Power, Heerstr. 1, OT Mahlwinkel, Tel. 955774. Vom Humvee über schwere LKW und Schützenpanzer bis zum Kettenpanzer BMP 1 oder T-72 auf ehemaligem sowjetischen Militärgelände; alles selber fahren oder mitfahren (ab 6 Jahre).
www.panzer-power.de

Spargelhof Kalkofen, Cobbeler Mühlenstr. 4, OT Cobbel. Tel. 923189. Vieles vom Feld, Spargel in der Saison.
www.spargelhof-kalkofen.de

Spargelhof Tim & Arne Garlipp GbR, Dorfstr. 43, 39517 Tangerhütte/OT Schelldorf. Die Selbstwerbung des Unternehmens sei hier ausnahmsweise zitiert: »Unsere große Familie ist der sprichwörtliche Beweis für die aphrodisische Wirkung des Garlipp-Spargels!«
www.garlipp-spargel.de

Biohof 7, Landwirtschaftsbetrieb, Fleischmanufaktur und Hofladen, Schernebecker Dorfstr. 38, Tel. 039361/179938. Bio-Fleischprodukte, nachvollziehbar von der Aufzucht bis zur Vermarktung.
www.biohof7.de

EXTRA

An Deutschlands preußischer Wiege

Historiker sagen ihm nach, dass er bei allen kühnen politischen Entscheidungen immer den Blick auf das politisch Machbare behalten hätte. Diesen Blick ins Weite, hat er ihn aus seiner Heimat mitgebracht? Aus der Altmark? Den Blick für das Wesentliche? Den Sinn für die Feinheiten der Sprache, den man ihm nachsagt? Einmal, so wird erzählt, habe Otto von Bismarck neben der Frau des ungarischen Gesandten gesessen, die sich bei ihm über die vielen Wörter beschwerte, die im Deutschen von ähnlicher oder gleicher Bedeutung seien. Als Beispiel nannte sie »schlagen« und »hauen«. Oh, da hatte sie aber einen begeisterten Erklärer gefunden: »Sehen Sie, diese prachtvolle Standuhr schlägt die Stunden, aber sie haut sie nicht!«, so der »Eiserne Kanzler«. Die Dame führt ein weiteres Beispiel an: »Gesandt und geschickt!« Bismarck kontert, auch hier könne er nicht zustimmen, denn ihr Mann sei ja Gesandter, freilich kein geschickter.

Seit vielen Generationen sitzt die weitverzweigte Familie Bismarck in der Altmark, der Wiege Preußens. Mit Blick auf seine Herkunft bezeichnete sich Otto von Bismarck gern als »Urpreuße«. Die Schlösser und Gutshäuser der Familie sind auch heute, wie seit jeher, Treffpunkte gesellschaftlichen Lebens.

Wer preußische und deutsche Geschichte hautnah am Original-Standort erleben will, begibt sich am besten auf die »Bismarck-Route«. 1270 beginnt die altmärkische Geschichte der Familie in der Hansestadt Stendal. Herebord von Bismarck, Vorsteher der Gewandschneider-Gilde und wohl auch Bürgermeister der Stadt, gilt als der Ersterwähnte seines Geschlechts. Der Dom St. Nicolai, die Marienkirche und die zwei großartigen Stadttore erinnern hier noch an Macht und Einfluss der Familie. Die Bismarck-Route führt quer durch die Altmark und lässt immer wieder staunen, wie eine Familie auf so imposante Weise einen Landstrich prägen kann. Da sind die Schlösser und Herrenhäuser zu bestaunen, das Bismarck-Museum im sanierten verbliebenen Schlossflügel in Otto von Bismarcks Geburtsort Schönhausen, der Park und das Herrenhaus von Briest, das Döbbeliner Bismarck-Schloss, das Bismarcksche Gutshaus in Welle, das Gutshaus Krevese. Der spätere Reichskanzler selbst bekleidete von 1846 bis 1851 das Amt des Deichgrafen in Schönhausen an der Elbe.

In Schönhausen wurde Otto von Bismarck geboren

Der Elb-Havel-Winkel

So müßig die Debatte ist, wird sie doch immer wieder geführt: Ist der ostelbische Teil des sachsen-anhaltischen Nordens nun Altmark oder nicht? Im Kern ist es egal, beides ist – historisch betrachtet – Preußen.

Wiewohl die Havelberger schon zu DDR-Zeiten gerne zum Bezirk Potsdam und bei der Formierung der »neuen« Bundesländer 1990 zu Brandenburg abgedriftet wären: Prignitzer zu sein, darauf sind sie allemal stolz, auch weil das Land an Elbe und unterer Havel ein wunderschönes Fleckchen Erde ist. Es nimmt daher auch nicht wunder, dass man heute bei der gemütlichen Tour durch die kleinen Haveldörfchen zwischen Nitzow im Norden und Ferchels im Süden des »Winkels« zunehmend Fahrzeugen mit dem HH- oder dem B-Kennzeichen begegnet. Hanse- und Hauptstädter haben aus so manchem alten Fachwerkhäuschen schmucke Erst- oder Wochenend-Wohnsitze gemacht.

Für die ebenfalls zunehmende Touristenschar haben sich die pfiffigen Touristiker zu »Spionen« gemacht: Als »Freizeitspione« trugen sie 14 Tipps zum Entdecken zusammen. Als »Küchenspione« waren sie quer durch den Elb-Havel-Winkel regionalen Geschmacks- und Genusserlebnissen auf der Spur. Beides zusammengetragen in informativem Flyer und lesenswerter Broschüre, inklusive detaillierter Rezepturen. 2020/21 folgte eine Radtour als »Pedalenspione« (Infos unter https://elbhavelwinkel.com).

Hansestadt Havelberg

Die Dom- und Inselstadt (6700 Einwohner) am Zusammenfluss von Havel und Elbe bezaubert die Besucher immer aufs Neue, die havelländische Bundesgartenschau 2015 ließ die Stadt wortwörtlich noch weiter erblühen. 948 im Zuge der Ostkolonisation unter Kaiser Otto dem Großen als Missionsbistum gegründet, erhielt Havelberg 1151 das

Der Dom in Havelberg

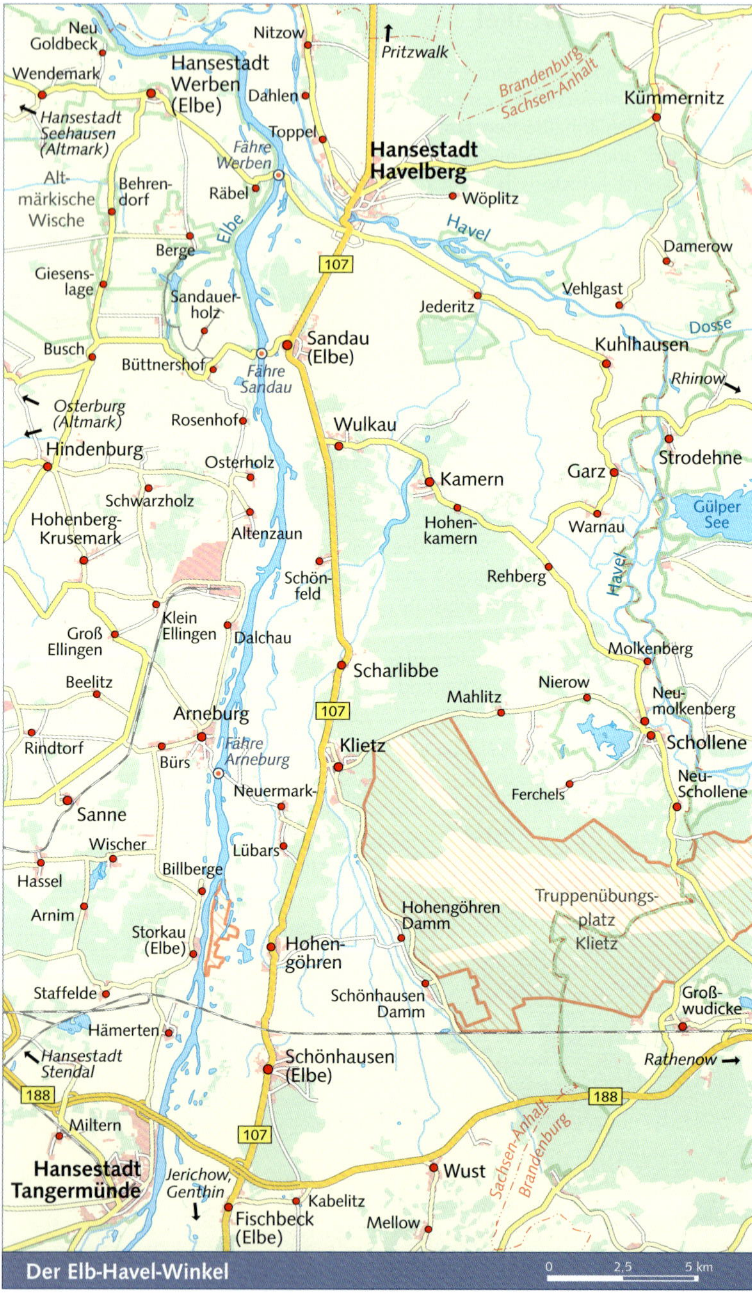

Der Elb-Havel-Winkel

0 2,5 5 km

Stadtrecht und war von 1358 bis 1559 Mitglied der Hanse – den offiziellen Beinamen Hansestadt trägt sie wieder seit 2008. Mit der Stadtinsel, auf der die Altstadt liegt, dem Dom und allem rund um Jachthafen und Spülinsel verfügt Havelberg über wirkliche touristische Glanzlichter.

Dom und Umgebung

Der Dom St. Marien, wichtige Station an der »Straße der Romanik« und der » Europäischen Route der Backsteingotik«, wurde 1150 bis 1170 von Prämonstratensern erbaut (der Orden feierte 2021, nicht zuletzt auch in Havelberg, sein 900-jähriges Jubiläum) und bis 1330 gotisch umgebaut, wobei die Grundzüge der mächtigen romanischen Basilika erhalten blieben. Kunstgeschichtlich besonders interessant sind die wertvollen Grisaille-Ornamentfenster von 1330. In Kornspeicher, Bischofssaal und Schlafsaal des ehemaligen Prämonstratenserklosters südlich des Doms befindet sich das **Prignitz-Museum**. Der Komplex gilt als eine der wenigen vollständig erhaltenen Klosteranlagen des Mittelalters in Norddeutschland. Gegenüber dem Dom liegt die klassizistische **Havelberger Domschule**, 1804 bis 1805 erbaut. Im **Dombezirk** hat die BUGA mit Kletter- und Pfingstrosenanpflanzungen, dem Klostergarten, der Ausstellung Grabgestaltung und Denkmal und Musterkleingärten durchaus länger wirkende Spuren hinterlassen. Viel weiter zurück reicht eine Spur, die mit den großen Bronzefiguren von Zar Peter dem Großen und dem Preußenkönig vor dem Dom ins Bewusstsein gerückt wird (→ S. 139).

Altstadt

Der Domkomplex oberhalb der Havel war von einer Mauer umgeben, für die Altstadt war das aufgrund der Insellage nicht nötig. Vor dem **Steintor** entstand im 15. Jahrhundert die kleine **St. Annen- und Gertraudenkapelle**, die der Heiligen Gertrud von Nevilles gewidmet ist. Der achteckige Zentralbau symbolisiert die ewige Seligkeit. Vielleicht darum fungiert die Kapelle heute als Standesamt. Am Salzmarkt steht das **Beguinenhaus**. Die 1390 erbaute ehemalige **Heiliggeistkapelle** ist neben der Stadtkirche das einzige noch erhaltene mittelalterliche Gebäude auf der Stadtinsel. Die Darstellung der Wunden Christi im Sandsteinrelief über dem Eingang verweist auf das »Heilige Blut« von Wilsnack, das im Spätmittelalter Ziel einer massenhaften Wallfahrtsbewegung war (→ S. 151). Die vormals im Beguinenhaus zu findende Informationsstelle des UNESCO-Biosphärenreservats Mittelelbe befindet sich seit 2015 im »Haus der Flüsse« im Hafenrevier. Die **Stadtkirche St. Laurentius** wurde um 1300 als dreischiffiger gotischer Backsteinbau errichtet. Sie ist das älteste Gebäude auf der Insel.

In der **Langen Straße** wohnten im Mittelalter die wohlhabendsten Bürger der Stadt, Fernhändler und Gewandschneider. Das Fachwerkhaus in der Nummer 12 ist das älteste Wohnhaus der Stadtinsel, es wurde 1666 erbaut. Ein erstes **Rathaus** gab es um 1310, das heutige Gebäude stammt von 1854. Von einem besonderen Kapitel der Geschichte Havelbergs erzählen die **Fassaden der Scabell-Straße**, benannt nach dem Geheimen Regierungsrat und Branddirektor Scabell. Auf einer Straßenseite altes Fachwerk, auf der anderen Straßenseite klassizistische Fassaden. Das geht zurück auf den großen Stadtbrand von 1870, der genau hier zum Halten gebracht wurde. Eine Straßenseite wurde danach neu bebaut. Wenn in Havelberg neben »Städtern« und »Dömern« auch von »Bergern« die Rede war und ist, dann sind damit die

Hansestadt Havelberg

Bewohner der sogenannten **Berggemeinden** gemeint, die sich entlang des hohen Ufers rechts der Havel erstrecken und erst spät eingemeindet wurden. Ein Spaziergang durch **Weinbergstraße**, **Bischofsberg** und **Havelstraße** lohnt allein wegen mancher noch erhaltenen schönen Fachwerkhäuser.

Wassersportzentrum und Pferdemarkt

Außerhalb von Dom und Stadtinsel hat praktisch alles in Havelberg mit Natur, vor allem mit Wasser zu tun. Im **Haus der Flüsse**, dem NATURA 2000 Informationszentrum des UNESCO-Biosphärenreservats Mittelelbe, gibt es eine Ausstellung zum Lebensraum der Unteren Havel. Für die spannende multimediale und interaktive In- und Outdoor-Entdeckungsreise durch die Flusslandschaften von Elbe und Havel sollte man sich Zeit nehmen. Vor allem für Kinder gibt es hier sehr viel zu entdecken.

Zwischen Spülinsel mit Kanuzentrum und Campingplatz liegt der **Jachthafen**, auch Startort für Kanu-, Hausboot- oder Radtouren. Als regelrechtes Wassertouristikzentrum ist Havelberg für Wasserwanderer auch eine der wichtigsten Anlaufstellen zwischen Hamburg und Berlin oder elbaufwärts Richtung Magdeburg, Dresden und Prag.

Südlich der Havel auf den Wiesen zur Elbe steigt immer im September mit feuchtfröhlichem Bieranstich eines der größten Volksfeste weit und breit: der **Havelberger Pferdemarkt** (und früher auch Heiratsmarkt). Hier kann jeder sein Glück finden, ob den Partner fürs

Leben oder das Pferd für die eigene Koppel, Geschäfte werden per Handschlag besiegelt. So geht das seit 1730, mit jährlich bis zu 200 000 Gästen, außer in Jahren, in denen Hochwasser die Wiesen überschwemmt wie zuletzt 2013 oder Viren das Fest unmöglich machten wie 2020 und 2021.

Die Altstadtinsel von Havelberg aus der Luft

Hansestadt Havelberg

Vorwahl: 039387

Postleitzahl: 39539

Tourist-Information Hansestadt Havelberg, Uferstr. 1, Tel. 79091; Mo–Fr 9–18, Sa/So 13–17 Uhr. www.havelberg.de

ArtHotel Kiebitzberg, Schönberger Weg 6, Tel. 595151; 34 Zi., DZ ab 130 Euro. Das vielleicht beste Haus weit und breit, individuelle Zimmer, Wellness. Im Restaurant Waguy-Rind vom Feinsten. www.arthotel-kiebitzberg.de

Hotel Am Hafen, Bahnhofstr. 39A+B, Tel. 72870; 23 Zi., DZ ab 105 Euro. Hauseigener Bootssteg am Winterhafen, schöne Terrasse. www.hotel-havelberg.de

Pension Mühlenholz, Elbstr. 7. Tel. 59454; 7 Zi., DZ ab 75 Euro. Am Ortsrand, direkt am Weg zur Fähre Richtung Räbel/ Hansestadt Werben.

www.gasthaus-muehlenholz.de

Campinginsel Havelberg, Spülinsel 6, Tel. 0174/1823100 o. 01520/2881331; Hafenmeisterei Tel. 0162/3304429. Camping, Caravaning, Zimmer, FeWos in idyllischer Lage. Jachthafen, Wassertreter, Hausboote. Ideal für Wasserwanderer auf Elbe und Havel.
www.campinginsel-havelberg.de

Restaurant Güldene Pfanne, Lehmkuhle 2, Tel. 79951. Saisonale und regionale Spezialitäten von Fisch, Lamm, Pferd und Wild.
www.gueldene-pfanne.de

Das BILDERbuchCafé, Markt 7, Tel. 592555. Perfekt für eine kreative Pause im Stadtzentrum, eigene Eismanufaktur.
www.dasbilderbuchcafe.de
CaféD8, Domherrnstr. 8, Tel. 79233. Café im Fachwerkhaus auf dem Weg zum Domberg. Obst für Kuchen aus dem eigenen Garten, auch Verkauf aus dem Regionalladen.
https://domherrn8.de/

Prignitz-Museum, Klosteranlage am Dom, Domplatz 3, Tel. 21422; Apr.-Sept. Di-So 10-12, 13-18 Uhr, Okt.-März Mi-So 10-12, 13-17 Uhr.
www.prignitz-museum.de
Haus der Flüsse, Elbstr. 2, Tel. 609976; Apr.-Okt. tgl. 9-17 Uhr, Nov.-März Mo geschl. Natura-2000-Informationszentrum des Unesco-Biosphärenreservats Mittelelbe.
www.haus-der-fluesse.de

Reederei Kaiser, Goethestr. 21, 39590 Hansestadt Tangermünde. Tel. 039322/3654 o. 0171 4218162. Vom Abfahrtsort Hansestadt Havelberg/Uferstraße 2-Stunden- und Tagesfahrten u.a. nach Rathenow und Tangermünde.
www.reederei-kaiser.de

Die Flusslandschaft Untere Havelniederung zwischen Rathenow und Havelberg ist ein traumhaftes Revier für alle Wasserwanderer mit Sportboothäfen, öffentlichen Einsatzstellen-, Liege-, Camping- und Biwakplätzen, u.a. in Havelberg, Vehlgast, Garz und Molkenberg. Bootsvermietung sowie Charter- und Rundfahrtangebote u.a. unter:
www.bootscharter-havelberg.de
www.campinginsel-havelberg.de
www.havellandurlaub.de

Erlebnisbad Havelberg, Lindenweg 6, Tel. 88033. Extra Sprung- und Kleinkinderbecken, 64-Meter-Rutsche
www.stadtwerke-havelberg.de

Vor und hinter Havelberg bietet der **Elberadweg** drei Varianten. Zugleich laufen hier viele weitere Radwege zusammen: der Havelradweg, die Tour Brandenburg, der Altmarkradrundkurs, die Bischofstour und die Naturerlebnisroute.
Ein besonderes Angebot im Elb-Havel-Winkel sind die **Storchenrouten**. Neun, mit dem Storch markierte Strecken zwischen 15,5 und 40 km erschließen Landschaft und Geschichte.
www.havelberg.de

Auenpfad Weinberg Havelberg, einer der 19 Auenpfade des UNESCO-Biosphärenreservats Mittelelbe, der auf 3,4 Kilometer Rundweg vom Havelberger Dom aus die Besonderheiten der markanten Grenze zwischen den Landschaftseinheiten Perleberger Heide und Rhin-Havel-Luch erleben lässt.
www.mittelelbe.com

▶ Karte S. 136

Das Bernsteinzimmer – Kunst gegen »Lange Kerls«

Man hat es in schlesischen Bergwerken gesucht und in Thüringer Stollen, in Schiffen auf dem Grund der Ostsee, im sächsischen Erzgebirge ebenso wie in den deutschen und österreichischen Alpen: das legendäre Bernsteinzimmer, einst apostrophiert als das »achte Weltwunder«. Legionen von Schatzsuchern, ernstzunehmende Wissenschaftler, Journalisten auf der Fährte einer großen Story, aber auch jede Menge Scharlatane begaben sich in den vergangenen Jahrzehnten auf die Suche nach jenen vermutlich 28 Kisten, in denen verpackt man den kostbaren Wandschmuck letztmals 1944/45 gesehen haben will, als die deutschen Truppen Königsberg (heute Kaliningrad) und sein Schloss fluchtartig verließen. In dieses hatten die Deutschen das Bernsteinzimmer 1941 einbauen lassen, das zuvor über 200 Jahre zuerst den Winterpalast in St. Petersburg und später das Schloss in Zarskoje Selo geschmückt hatte.

Bis heute weiß niemand, wo der Schatz abgeblieben ist, aber jeder kann sehen, symbolisch jedenfalls, wo er aus preußischem in russischen Besitz gelangte: in der Hansestadt Havelberg nämlich. Seit der BUGA 2015 stehen zu Füßen des imposanten Havelberger Doms die lebensgroßen Bronzefiguren des Preußenkönigs Friedrich Wilhelm I. und des russischen Zaren Peter I., an den »Deal« erinnernd, den die beiden hier vereinbarten.

1716 hatten sowohl Preußen als auch Russland Interesse an einer militärischen Allianz gegen Schweden im sogenannten Nordischen Krieg. Und wenn man sich einigte, so der Brauch, galt es, dies auch mit Geschenken zu bekräftigen. Schon 1712 hatte Friedrich Wilhelm bei einem Besuch des Zaren in Berlin zur Kenntnis genommen, dass der Russe das Bernsteinzimmer in höchstem Maße bewunderte. Angefertigt ab 1701 auf Geheiß Friedrich I., des Vaters von Friedrich Wilhelm, war es im Berliner Schloss eingebaut worden, wurde dort jedoch vom an Kunst wenig, am Militär aber umso mehr interessierten Sohn wenig beachtet und geschätzt. So kam es letztlich zu Friedrich Wilhelms Entschluss, und auf königliche Ordre setzte sich Mitte November 1716 eine prunkvolle Jacht mit dem damals in 18 Kisten verpackten Bernsteinzimmer via Rathenow nach Havelberg in Bewegung.

Jacht und Bernsteinzimmer – man schätzte beider Wert auf etwa 130 000 Taler (die Jacht weit mehr als das Zimmer!) – wurden zu des Preußenkönigs Geschenk an den Zaren. Dieser verpflichtete sich im Gegenzug, manche Quellen sagen über 200, andere 500, »...extraordinair lange und große Russen nach Potsdam zum Kron-Regiment zu senden.« Dazu seien, so schrieb der Zar an seine Adlaten in Russland, besonders große Bauern als Grenadiere auszuwählen, die dann, wie man weiß, tatsächlich Teil der Potsdamer »Langen Kerls« wurden. Kunst gegen Soldaten – man kann davon ausgehen, dass es heute, ob im Kreml oder in Schloss Bellevue, solcherart Geschenke wohl nicht mehr geben wird ...

Für Opernfreunde übrigens noch ein informativer Bonus aus dem Havelberger Sagenfundus: Zar Peter soll, als Lehrling verkleidet, in Havelberg das Handwerk des Schiffbaus erlernt und als Gesellenstück eine Galionsfigur geschnitzt haben. Albert Lortzings »Zar und Zimmermann« lässt grüßen...

EXTRA

Rund um Havelberg

Mitten im Naturschutzgebiet zwischen Havel, Dosse und dem Flüsschen Jäglitz lädt die **Kümmernitzer Schweiz** zum Wandern ein. Der fünf Meter hohe Wasserfall Königsfließ ist dabei ein schönes Ziel - und nur 100 Meter weiter lockt ein Café in dieser Idylle, in der Biber, Kormoran, Reiher, Eisvogel, Seeadler und Kronenkranich beheimatet sind.

Um den Havelberger Ortsteil Jederitz liegt das **Jederitzer Holz**, eine alte Auenlandschaft mit erhaltenswerten Kopfweiden. Wasserwanderer erreichen das Dorf über den zur Havel führenden Trübengraben.

Im unbedingt sehenswerten **Garz**, einem slawischen Runddorf, grenzt der an die 1688 erbaute achteckige Fachwerkkirche mit der welschen Haube liegende Friedhof an den idyllischen Dorfhafen. Diesen nutzten früher allein Fischer und heute - als Teil des Tourismusnetzwerks »Blaues Band in Sachsen-Anhalt« - auch Freizeitskipper, die die hier vorherrschende Ruhe nach kleinem oder größerem Törn schätzen. Man müsste das Dorf aus der Luft sehen, um Struktur und Idylle auf einen Blick bestaunen zu können. Strahlenförmig gruppieren sich die historischen, langgestreckten Bauernhäuser des Oberdorfes um die faszinierende Kirche über dem Hafen. Die Kirche ist eine sehenswerte Seltenheit, inklusive des Anbaus und der Innenausstattung mit einer Lütkemann-Orgel von 1871.

Frau Harke in Kamern

▲ Karte S. 134

In **Warnau**, im sogenannten »Quappenwinkel«, lockt die Fischerstube Warnau, ein Fischrestaurant mit angeschlossener eigener Fischerei der Familie Schulze, die - nach der einen oder anderen Unterbrechung - in der fünften Generation ihre Netze auswirft.

Mitten in der Ebene des Elb-Havel-Winkels erheben sich die **Kamernschen Berge** und zu ihren Füßen der namensgebende Ort **Kamern**, der das Prädikat »Staatlich anerkannter Erholungsort« mit gutem Recht trägt. Am Kamernschen See, durch den Trübengraben mit der Havel verbunden, und am Schönfelder See campt es sich hervorragend und spannend ist es allemal, dort mit der Schutz- und Naturgöttin des Elb-Havel-Winkels, der sagenumwobenen Frau Harke, informativ Bekanntschaft zu schließen. Am Ortseingang von Kamern nämlich findet man die Hedemicke. Dies ist eine alte Bezeichnung für die Flachsgabel, den Spinnrockenstock. Einer Sage zufolge wuchs eine mächtige Kiefer an der Stelle, an der jene Frau Harke zum Abschied aus dem Elb-Havel-Winkel, in dem sie, als Kirchen gebaut wurden, nicht mehr bleiben mochte, ihren Spinnrockenstock in die Erde stach und ihm Leben zusprach. Die Kiefer an der Chaussee nach Wulkau wurde über Jahrzehnte hinweg zum Symbol für Frau Harke und prägte Dorfbild und dörfliches Leben. Seit über 100 Jahren setzten sich Einwohner Kamerns für den Erhalt des Baumes ein, der auch

Die romanische Kirche von Schönhausen

als Symbol in das Wappen der Gemeinde aufgenommen wurde. Bis heute kann die Hedemicke, indessen ein Reststamm, besichtigt werden. Zugleich ist sie Ausgangspunkt für den **Frau-Harke-Sagenpfad**, der auch zum 110 Meter hohen Harkenberg führt, in dessen Nähe Frau Harke gewohnt haben soll.
Dem aufmerksamen Besucher wird im Elb-Havel-Winkel vielerorts, z.B. an Wartehäuschen, Dorfgemeinschaftshäusern, auch an der restaurierten Mühle in Kamern, die stilisierte Gestalt der Frau Harke auffallen. Die Mitglieder des KULTOUR Elb-Havel-Winkel e.V. haben hier eine sehr schöne Form gefunden, die gemeinsame Geschichte und den Zusammenhalt in der Region sichtbar zu machen.

Schönhausen (Elbe)

Weit bekannter als etwa Schollene, weil Geburtsort des ersten deutschen Reichskanzlers Otto von Bismarck, ist Schönhausen. Der Ort wurde Anfang des 13. Jahrhunderts gegründet, niederländische Kolonisten deichten damals im Auftrag des Bischofs von Havelberg die Elbe ein. Jahrhunderte später war Bismarck zu Beginn seiner Karriere dort Deichgraf. Das älteste Gebäude ist die 1212 geweihte **romanische Backsteinkirche**. Besonders interessant ist das Triumphkreuz in der Kirche. Das lebensgroße hölzerne Kruzifix (um 1212) gehört zu den berühmtesten Werken spätromanischer Plastik. Das Taufbecken stammt aus dem 13. Jahrhundert.
Zu Beginn des 18. Jahrhunderts baute die Familie von Bismarck hier zwei Schlösser. Im 1700 erbauten **Schloss I** wurde 1815 Otto von Bismarck geboren. 1729 wurde **Schloss II** errichtet. Nach der Sprengung von Schloss I 1958 blieb lediglich das Torhaus der barocken Anlage erhalten, in dem das **Bismarck-Museum** untergebracht ist. Schloss II wird heute als Sekundarschule genutzt. Die Tatsache, dass der Barockpark um das Schloss I mehr und mehr zu altem Glanz zurückgefunden hat, wurde mit der Aufnahme von Park und Museum ins Netzwerk der sachsen-anhaltischen »Gartenträume« gewürdigt.

Am Schollener See

Das Land Schollene

Südlich von Havelberg liegt zwischen Klietz und dem namensgebenden Ort das Land Schollene.

Unweit von **Schollene**, am Havelknie, wird vom Grund des 70 Hektar großen **Schollener Sees** Pelose, ein Heilschlamm, gefördert, der bei rheumatischen Erkrankungen eingesetzt wird. Wie im benachbarten **Klietz** ist auch in Schollene eine alte Bockwindmühle restauriert worden. An ihr vorbei führt eine gewundene Straße am See entlang ins idyllische Dörfchen **Ferchels**, in dem sich eine Infostelle des UNESCO-Biosphärenreservats Mittelelbe befindet. In **Nierow** kann man im alten Gutshaus übernachten.

Sandau ist mit 950 Einwohnern die zweitkleinste Stadt Sachsen-Anhalts. Um 1200 begann der Bau der spätromanischen Kirche St. Laurentius und St. Nikolaus als dreischiffige Pfeilerbasilika in Backsteinbauweise, auch eine Station der »Straße der Romanik«. Im April 1945 wurde die Kirche zerstört, wie 80 Prozent des ganzen Ortes, als hier heftige Kämpfe um den naheliegenden Elbübergang tobten. Seit 2012 ist die Außenhülle des Kirchturms wieder hergestellt. Über die **Sandauer Fähre** führt die kürzeste Verbindung zur Kreisstadt Stendal, zu der man durch die linkselbische Altmärkische Wische gelangt.

Unser Tipp ▸ Schaubrauen in Schollene

Dass Schollene nicht nur Heilschlamm, sondern auch ganz Süffiges zu bieten hat, kann man während (oder besser: am Abend nach) der Tour durch den Elb-Havel-Winkel in Schollene entdecken. Die Elbe-Havel-Brauerei lädt zur Brauereiführung und, gelegentlich, auch zum Schaubrauen ein. Von schlichtem Hellen über Pils bis zu Märzen, Maibock und Winterbier reicht – je nach Jahreszeit – die Bierpalette. Herzhaft-Deftiges steht danach auf der Speisekarte und wer mag und genug Stauraum hat, kann sein Lieblingsbier im Sixpack auch mitnehmen. www.elbe-havel-brauerei.de

▸ Karte S. 134

Der Katte-Winkel

Wust (860 Einwohner) liegt im sogenannten Kattewinkel zwischen Elbe, dem Land Schollene und dem Jerichower Land. Die um 1200 errichtete einschiffige spätromanische Dorfkirche ist eine Station an der »Straße der Romanik«. Mitte des 15. Jahrhunderts erhielt die Familie von Katte Wust als Lehen. Im Gruftanbau der Kirche befindet sich die Grabanlage des Hans Hermann von Katte. Der Freund des Kronprinzen Friedrich wurde 1730 als Mitwisser der Fluchtpläne des späteren Friedrich des Großen 1730 hingerichtet (→ S. 144). In den »Wanderungen durch die Mark Brandenburg« erzählt Theodor Fontane von seinem Besuch der Katte-Gruft. Das ehemalige Herrenhaus wurde gegen Ende des 16. Jahrhunderts erbaut und 1726/1727 unter der Leitung von Hans Heinrich Katte zu einem schlichten Barockbau mit zwei Seitenflügeln umgebaut. Das Herrenhaus beherbergt heute die Grundschule der Gemeinde Wust und im Sommer die Sommerschule Wust für englische Sprache, Literatur, Theater und Musik. Dazu kommen junge Leute aus ganz Europa zu Workshops und Konzerten.

Auf humoristische und zugleich informative Weise setzt sich das Wuster Muuuhseum als erstes deutsches Kuhmuseum mit dem Einfluss der Kuh auf Kunst, Kultur und Alltagsleben auseinander.

Fischbeck, direkt auf der östlichen Seite des Elbübergangs von Tangermünde gelegen, war, wie viele in der Gegend, eine Siedlung holländischer Kolonisten. 1562 kam der Ort in den Besitz der Familie von Bismarck. Die romanische Kirche wurde um 1220 bis 1250 unter Anleitung aus dem Kloster Jerichow erbaut. Die Gründung der ersten Rinderstammzucht-Genossenschaft Deutschlands 1876 in Fischbeck gab den Anlass für das Museum der Altmärkischen Schwarzbunte-Zucht Fischbeck, des einzigen Museums über das schwarzbunte Rind in Deutschland.

Nach der Flutkatastrophe von 2013, bei der der gesamte Ort praktisch wochenlang komplett unter Wasser stand, wurde ein neuer Elbdeich gebaut und 2018 eingeweiht – übrigens auch ein vorzüglicher Radweg zum südlich gelegenen Kloster Jerichow.

Der Wust-Fischbecker Ortsteil **Melkow** ist Station der »Straße der Romanik«. Die romanische Dorfkirche wurde um 1200 errichtet und gehörte ursprünglich zum Kloster Jerichow. 1726 gab König Friedrich Wilhelm I. das Patronatsrecht an Hans Heinrich von Katte. 1953 wurde der Kirche eine romanische Sandsteintaufe, die um 1200 gearbeitet worden war, übergeben, deren Original Plünderungen während des Dreißigjährigen Krieges zum Opfer gefallen war.

Briest, erstmals 946 urkundlich erwähnt, hat eine frühgotische Dorfkirche. Sie ist Heimstatt der Marionettenbühne »Märchenvogel«, die 1981 als Projekt der Konfirmanden des Kirchsprengels gegründet wurde. Inzwischen ist hier eine stationäre Bühne eingebaut und es finden Vorstellungen statt.

Blick über den neuen Elbdeich bei Fischbeck nach Tangermünde

EXTRA

Hans Hermann von Katte – ein preußisches Schicksal

Wust, ein winziges ostelbisches Altmark-Dörfchen, ist auf besondere Weise mit preußischer Geschichte verbunden. In der an die Kirche angebauten Gruft derer von Katte kann man ein ganz persönliches Schicksal vom Ende her denken.

Es ist das Jahr 1730: Friedrich II., später »der Große« genannt, damals freilich noch Kronprinz, will der väterlichen Erziehungswillkür entfliehen. Er weiht seinen engen Freund Hans Hermann Katte, Premierleutnant der Kürassiere Gens d'armes, in die Fluchtpläne ein. Katte erzählt seinem Cousin davon, der wiederum seinem militärischen Vorgesetzten einen Brief zukommen lässt, in dem er andeutet, was ihm sein Cousin Hans Hermann anvertraute. Der Empfänger schickt den Brief an den Oheim des Cousins weiter, an den Generalleutnant Hans Heinrich von Katte, den Vater Hans Hermanns. In seinem Pflichtgefühl leitet der Vater den Brief an den Soldatenkönig weiter – freilich in der Annahme, dass der König angesichts der Verdienste von Großvater und Vater um Preußen hier Gnade vor Recht ergehen lässt.

Friedrich Wilhelm I. allerdings, der Soldatenkönig, denkt ganz anders. Gnadenlos will er den missratenen Thronfolger hinrichten lassen. Ein Exempel, das man ihm dringlichst ausredet. Von Katte, vom Militärgericht ursprünglich »nur« zu lebenslanger Haft verurteilt, wird stattdessen das Opfer – der König fordert seine Hinrichtung. Und, so viel »pädagogische Wirkung« muss dann doch sein: Der Kronprinz soll dabei zusehen. Am 6. November 1730 wird Katte in der Festung Küstrin unter dem Fenster der kronprinzlichen Zelle enthauptet. Vermutlich muss der spätere Friedrich II. das Elend nicht mit ansehen, weil er zuvor in Ohnmacht fällt. Der Legende nach habe er von Katte durch das Zellenfenster zum Hof noch eine Kusshand zugeworfen und »mon cher Katte«, für den zuvor alle Gnadengesuche abgelehnt worden waren, um Vergebung gebeten. Der König gestattet Kattes Vater lediglich, den bereits in einem Armengrab in Küstrin beigesetzten Sohn nach Wust zu überführen, auf dass er dort in der Familiengruft beigesetzt werde. Der alte Katte erholt sich von diesem Schlag nicht mehr, und auch Friedrich II. verwindet das Geschehen wohl zeitlebens nicht. Nie hat er das Grab des Jugendfreundes besucht.

Hans Hermann von Katte, gemalt von Georg Lisiewski

Ein tragisches Schicksal auch deswegen, weil die Perspektiven des jungen Offiziers glänzend gewesen sind. Er galt als gebildet und unterhaltsam. So hatte er unter anderem 1717 bis 1721 das Pädagogium in den Franckeschen Stiftungen in Halle besucht. Von Katte sprach gern Fremdsprachen, interessierte sich für Musik, Reiten, Fechten und hatte seinerzeit sogar am Köthener Hof dem dortigen Kapellmeister Johann Sebastian Bach vorgespielt. Bereits mit 26 Jahren war er nach schneller Karriere Premierleutnant und Adjutant des Regiments. Ein begabter Mann, der zwischen den Mahlsteinen der Politik endete.

Die Klosterkirche Jerichow

Jerichow

Mit dem Blick nach Jerichow überschreitet man die südöstliche Grenze der Altmark in Richtung Jerichower Land. Die heutige Landkreisbezeichnung geht auf die ehemaligen preußischen Landkreise Jerichow I und II zurück. Heute gehört die Stadt (7100 Einwohner) samt ihren Ortsteilen zu den flächenmäßig größten Kommunen Deutschlands. Der Ort selbst wurde 1144 im Zusammenhang mit der Klostergründung durch die Prämonstratenser-Chorherren erstmals erwähnt. Das Stadtrecht erhielt Jerichow 1336.

Neben dem Kloster gehört auch die sehenswerte, immer etwas im Schatten der großen »Schwester« stehende **Stadtkirche** (12. Jahrhundert) in der Nähe des noch gut erkennbaren slawischen Burgwalls zur »Straße der Romanik«. Die einzige erhaltene **Holländer-Windmühle** im Jerichower Land mit vollständig funktionsfähiger Technik steht auf dem Mühlenberg. Auf dem Gelände des AWO-Fachkrankenhauses Jerichow, der ehemaligen Landesheilanstalt, befindet sich ein Gedenksteinensemble für die 930 Euthanasieopfer, die hier während der NS-Zeit ermordet wurden.

Kloster Jerichow

Wer von Jerichow spricht, meint vor allem das Kloster, ein absolutes touristisches Highlight. Es gilt in seiner Stilreinheit als eine der bedeutendsten romanischen Anlagen in Deutschland. Kloster und Kirche sind wichtige und strahlende Werke der Backsteinarchitektur. Insbesondere die Klarheit und Zweckmäßigkeit der Architektur der Anlage wird immer wieder bewundert. Die Stiftskirche wurde 1149 bis 1172 als dreischiffige kreuzförmige Basilika erbaut. Zwischen 1200 und 1240 wurden Kreuzgang und Sommerrefektorium errichtet. Die reich

Im Klosterhof

verzierten Kapitelle in Kirche und Klausur zeugen von der hohen mittelalterlichen Steinmetzkunst. Nach der Reformation wurde das Kloster 1552 säkularisiert.

Die Klosterkirche erfuhr 1853 bis 1857 eine umfangreiche stilgerechte Restaurierung unter der Leitung von Ferdinand von Quast.

In jüngerer Zeit wurde das Ensemble (inklusive Infozentrum, Klosterladen, Café und Restaurant) gründlich erneuert. Mit **Klostermuseum** im Dormitorium – in dem anlässlich des 900-jährigen Jubiläums des Prämonstratenserordens 2021 eine neue Daueraustellung eröffnet wurde – **Backsteinmuseum** und **Klostergarten** ist es eine der meist besuchten Stationen der »Straße der Romanik«. Im Backsteinmuseum kann man selbst einen Miniaturbackstein herstellen und so den Produktionsprozess kennenlernen. Im Klostergarten werden Pflanzen gezeigt, die bereits vor 1500 in Quellen nachweisbar sind. Wobei der Garten eine Assoziation, keine Kopie mittelalterlicher Gärten darstellt. Wer mag, kann hier an Kräuterkursen teilnehmen und in deren Rahmen auch mittelalterliche Speisen kochen und, ganz neuzeitlich, Smoothies kreieren.

i Elb-Havel-Winkel

Tourist-Info Schollene, August-Bebel-Str. 10. 14715 Schollene, Tel. 039389/232. www.schollene-land.de

Infostelle Sandau, Marktstr. 2, 39524 Sandau (Elbe), Tel. 039383/60915. www.elbe-havel-land.de

Tourist-Information Schönhausen, Kirchberg 4, 39524 Schönhausen (Elbe), Tel. 039323/38874. www.schoenhausen-elbe.de

Stadt-Information Jerichow, Karl-Liebknecht-Str. 55, 39319 Jerichow, Tel. 039343/34988. www.jerichow.de

Land-gut-Hotel Seeblick, Genthiner Str. 9, 39524 Klietz, Tel. 039327/93500; 29 Zi., DZ ab 89 Euro. Schönes Haus, angenehmer Service, barrierefrei, verkehrsgünstig für Ausflüge. www.seeblick-klietz.de

Havelhöfe Garz, Alte Kirchstr. 5/6, 39539 Havelberg/OT Garz, Tel. 039382/417588. Sehr schöne Anlage direkt am Havel-Radweg. FeWo (ab 75 Euro), Appartements (ab 40 Euro), Radlerpension in der Remise. www.havelhoefe.de

Pension Zum Veltenhaus, Wulkauer Weg 5, 39524 Sandau (Elbe), Tel. 0172/1342268. Schönes 400-qm-Ferienhaus für bis zu 12 Personen ab 250 Euro (Frühstück zubuchbar). Kaminzimmer, Bibliothek, großer Garten. www.veltenhaus.de

Havelhof Nitzow, Dorfstr. 26, OT Nitzow, Tel. 89760; 4 FeWo ab 65 Euro (o. F.). Denkmalgeschützter, aufwändig restaurierter Vierseitenhof. www.havelhof-nitzow.de

Pension Modest, Bismarckstr. 5, 39524 Schönhausen (Elbe), Tel. 039323/38324; DZ ab 70 Euro. www.pension-modest.de

▸Karte S. 134

Poeges Hotel, Johannes-Lange-Str. 1, 39319 Jerichow, Tel. 039343/444; DZ ab 50 Euro. Historisches Haus mitten im Ort, bodenständige Küche. www.poeges-hotel.de

Ferienwohnungen und **Pilgerzimmer** über www.kloster-jerichow.de.

Campingplatz Am Kamernschen See, Hohenkamern 23, 39524 Kamern, Tel. 0172/4407455.www.camping-kamern.de

Erholungsgebiet Hanauscher Werder Schönfeld, Gemeindeverwaltung Kamern, Am See 26, 39524 Kamern, Tel. 0174/1669104. www.campingplatz-schoenfeld.de

Fischerstube Warnau, Havelweg 7, 39539 Havelberg/OT Warnau, Tel. 039382/7377. Über 20 Gerichte von heimischen Fischen (Aal, Hecht, Zander, Wels, Flussbarsch), die tgl. frisch gefangen werden. www.fischerstube-warnau.de

Restaurantschiff Klapperstorch, Am Hafen Molkenberg, 14715 Schollene/OT Molkenberg, Tel. 036259/5630. Natürlich Havelfisch (und anderes) mit Ausblick vom Oberdeck genießen. www.havellandurlaub.de

Schiffsgaststätte, Am Deich 5, 39524 Kamern, Tel. 039382/31067. Gute regionale Küche. www.havelberger-catering-service.de

Wirtshaus Klostermahl und Klostergartencafé, Am Kloster 1, 39319 Jerichow, Tel. 039343/285. www.kloster-jerichow.de

Bismarck-Museum Schönhausen, Kirchberg 4, 39524 Schönhausen/Elbe, Tel. 039323/38874; Di–So 10–16 Uhr. www.bismarck-stiftung.de

Muuuhseum der Altmark Wust, Am Park 2a, 39524 Wust-Fischbeck, Tel. 039323/61014; Mai–Sept. Fr–So 11–17 Uhr. Alles zum Thema Kuh, Kitsch und Kunst. www.muuuhseum.de

Kloster Jerichow, Am Kloster 1, 39319 Jerichow, Tel. 039343/285; Mi–So 11–17 Uhr. Klosterkirche, -anlage und -garten, Museum und Brennerei. Konzerte und andere Veranstaltungen. www.kloster-jerichow.de

Eine schöne Tour ist die **Quappenwinkelroute**, die über 36-km-Tour durch die Havelniederungen mit den typischen Kopfweiden und den Haveldörfern Jederitz, Kuhlhausen, Garz und Warnau, vorbei an Badeseen in Schönfeld und Kamern führt. Der Tourname kommt von der Quappe, einem schmackhaften aalähnlichen Edelfisch, der früher häufig entlang der Havel in diesem Winkel gefischt wurde. Starten kann man überall, leicht ist die Orientierung durch das »Radeln nach Zahlen«, zu finden in einem entsprechenden Flyer für die östliche Altmark. www.elbhavelwinkel.com

Touren rund um Schollene für Radler (oder Wanderer) zwischen 6 und 12 km hat die Touristinfo vorbereitet. www.schollene-land.de/radwandern

Natura-2000-Trail, zwischen Havel und Schollener Land. Schöner 16,5 km-Rundweg von Schollene aus, mit Infotafeln und Natur-Klassenzimmer. www.naturatrails-sachsen-anhalt.de

Frau Harkes Sagenpfad mit Start und Ziel in Kamern. www.westhavelland.de (Suchbegriff: Frau-Harke-Sagenpfad)

Auenpfad Havelaltarm Warnau, 19 Auenpfade sind im UNESCO-Biosphärenreservat Mittelelbe ausgewiesen, auf denen man jeweils eine Besonderheit des Reservats kennenlernen kann. Am Havelaltarm lernt man hier auf nur 700 Meter Länge, Start und Ziel an der Fischerstube in Warnau, die naturgeschaffenen Ergebnisse der Flussverzweigung in der Unteren Havelniederung kennen. www.mittelelbe.com

Wo auch immer man sich in der Altmark befindet, Gelegenheiten zu interessanten Besuchen beim »Nachbarn« finden sich zuhauf. Manches kann man auch bei An- oder Abreise »erledigen« – entscheidend ist die Zeit, die man für die Abstecher aufbringen mag.

ZU BESUCH BEI NACHBARN

An der Elbe zwischen Lenzen und Dömitz

Der Osten: Wasser und Sternenblick

Nahtlos an den altmärkischen Elb-Havel-Winkel schließt sich im Brandenburgischen der **Naturpark Westhavelland** an. Die Havel, zahllose Seen, Fließe und Kanäle mit Verbindungen in praktisch alle Himmelsrichtungen, machen die Region zu einem Eldorado für Erlebnisse jeder Art auf, am, über oder unter Wasser.

Mag dies vielen schon bekannt sein, so ist, was die Region des Nachts bietet, für manchen noch überraschend: Schon 2014 anerkannte die International Dark Sky Association (IDA) den Naturpark Westhavelland als ersten **Sternenpark** in Deutschland. Grundlage dafür ist der einzigartige dunkle Nachthimmel infolge der dünnen Besiedlung und damit geringer künstlicher Beleuchtung. In Parey, auf dem Gelände der Naturparkverwaltung, gibt es die technisch gut ausgestattete Beobachtungsstation »Sternenblick«. Weitere Beobachtungsplätze, die meisten im Norden der Region und natürlich an abgelegenen Stellen, sind auf der Naturparkkarte ausgewiesen. In klaren, am besten auch mondlosen Nächten, vorzugsweise im Frühjahr, Spätsommer und Herbst sind tausende Sterne zu sehen, die Milchstraße aber auch schwache Himmelsobjekte, die der von Lichtverschmutzung geplagte Städter nie zu Gesicht bekommt. Kenner sind bei ihren Beobachtungstouren warm angezogen und mit Heißgetränk und Mückenschutz ausgerüstet.

Und wenn schon von Sternen und Optik ganz allgemein die Rede ist, dann sei auch auf **Rathenow** verwiesen, die Kreisstadt des Havellandes. Mit der Erfindung einer Vielschleifmaschine zur industriellen Brillengläserproduktion durch den Pfarrer Johann Heinrich Duncker (1767–1843) begann der Aufstieg Ra-thenows zur »Stadt der Optik«. Die optische Industrie war und ist seit Jahrhunderten hier zu Hause. Auf besonders erlebenswerte Weise reflektiert sich das im Optikpark auf der Schwedendamm-insel inmitten der Stadt. Bei den als Gartenstrahlen erkennbaren Freiflächen haben die Gestalter das Phänomen der Brechung von weißem Licht durch ein Prisma aufgenommen. Besonderer Anziehungspunkt ist das 10 Meter lange und 13 Tonnen schwere Rathenower Brachymedial-Fernrohr und der – im Binnenland sehr selten – 12 Meter hohe Leuchtturm. 90 Prozent der Stadt wurden bei alliierten Luftangriffen 1944 zerstört, historische Sehenswürdigkeiten sind in der Stadt

Schwedendamm und Leuchtturm in Rathenow

▶ Karte: vordere Umschlagklappe

rar – von einigen Fachwerkhäusern am Kirchplatz abgesehen.
www.westhavelland-naturpark.de
www.rathenow.de
www.optikpark-rathenow.de

Der Norden: Wunderblut und Vier-Länder-Eck

Wer nach umfangreichem Altmark-Besuch die nördliche Anrainerregion erkunden will, der sollte dies, angesichts der Schönheit des Landstrichs und des Sehenswertem, am besten per Drahtesel oder, zumindest, ganz langsam tun. Von der Hansestadt Havelberg aus geht es rechtselbisch durch den **Naturpark Elbetal**, die **Untere Löcknitzniederung** und das **Vogelschutzgebiet Unteres Elbtal**, entlang der **Lenzerwische** – der romantischen Landschaft zwischen Elbe und Eldemündung am Dömitzer Hafen –, bis hin in die **Niedersächsische Elbtalaue**.

Technikinteressierte stoßen in **Gnevsdorf** und **Quitzöbel** zunächst auf spannende Wasserbauten am Zusammenfluss von Elbe und Havel.

Dem als Storchendorf bekannten **Rühstädt** mit seinem Schloss folgt **Bad Wilsnack**, ein im Mittelalter europaweit bekannter Wallfahrtsort. Die mächtige Wunderblutkirche war Ziel zahlreicher Pilger, die vor dem »Wunder« der blutenden Hostien ehrfurchtsvoll verharrten und Heilung und Vergebung ihrer Sünden suchten. Noch heute bestaunen Besucher in der Kirche den Wunderblutschrein aus dem 15. Jahrhundert. Die »wundertätigen« Hostien wurden während der Reformation zerstört. Seit 1900 ist Bad Wilsnack Kurort. Eisenoxidhaltige Moorerde wird hier seit Jahrzehnten zu Heilzwecken genutzt. Seit 2000 wird aus 1070 Meter Tiefe 34–36 Grad warme Thermalsole gefördert, deren angenehme Wirkung man auch beim Spaziergang entlang des Gradierwerks, übrigens das einzige im Land Brandenburg, genießen kann.

Unweit von Bad Wilsnack liegt mit der **Plattenburg** Norddeutschlands älteste erhaltene Wasserburg, die man samt Museum besichtigen kann. Hoch her geht es dort nicht nur zum Mittelalterspektakel am Sommerbeginn, sondern gelegentlich auch vor dem in der Burg angesiedelten Standesamt, wenn man die Brautleute hochleben lässt.

Wittenberge ist die größte Stadt der Prignitz. Architekturinteressierte können hier eine kleine »Tour d'horizon« vom beeindruckenden Bahnhof aus der Gründerzeit über das Jugendstil-Viertel, das Gropius-Viertel bis zu einer der höchsten Turmuhren Europas machen. Diese findet sich am Wahrzeichen Wittenberges, dem »Singer«-Uhrenturm«. In der Stadt nämlich wurden seit 1903 die berühmten gleichnamigen Nähmaschinen gebaut und auch die in der DDR-Zeit unter dem Namen »Veritas« gefertigten Maschinen erfreuten sich weltweit großer Beliebtheit. Besonders während des jährlichen Dixieland-Festivals und der Elblandfestspiele lohnt ein Besuch der Stadt.

Der Singer-Uhrenturm in Wittenberge

Der Fährmann westlich von Lenzen bei Mödlich

Auf **Schnackenburg**, die niedersächsische Ministadt an der Aland-Mündung, (→ S. 119) folgt die Prignitzstadt **Lenzen** mit ihrer Burg aus dem 13. Jahrhundert und der imposanten Skulptur eines mystischen Fährmanns des einheimischen Künstlers Bernd Streiter am Elbdeich bei **Mödlich**. Später kann man im grünen Hinterland Wischedörfer wie **Wootz** und **Eldenburg** mit ihren typischen norddeutschen Hallenhäusern besuchen, bevor unweit von **Dömitz** Niedersachsen, Mecklenburg-Vorpommern, Brandenburg und Sachsen-Anhalt zusammentreffen. Vier Länder »auf einen Blick« – wo hat man das sonst noch in Deutschland?

www.besucherzentrum-ruehstaedt.de
www.bad-wilsnack.de
www.wittenberge.de
www.vierlaendergrenzradweg.de

Der Westen: Autostadt und Otter-Zentrum

Nach Westen bewegt sich aus der Gegend um Salzwedel, Gardelegen und Klötze ohnehin jeden Tag eine Autokarawane über die indessen gut ausgebauten Bundesstraßen nach **Wolfsburg**. Was auch die vielen Altmärker im dortigen VW-Werk bauen, kann man beim Abstecher in der Autostadt am Mittellandkanal »en gros und en detail« bestaunen. Alles, was Automobilisten entzückt, findet sich hier. Dazu kommt die Vielzahl an Veranstaltungen, die das ganze Jahr über Groß und Klein in die Autostadt locken. Ein spezieller Tipp für anspruchsvolle Kulturliebhaber sind die jährlichen Movimentos-Festwochen: High-End-Kultur in Wolfsburg genießen, danach in der gemütlichen (und deutlich preiswerteren) Altmark relaxen.

Wer auf Hin- oder Rückfahrt einen Schlenker in die südöstliche Lüneburger Heide nicht scheut, sollte **Hankensbüttel** ansteuern. Das **Kloster Isenhagen** birgt sehenswerte mittelalterliche Schätze, das einzigartige Otter-Zentrum macht mit allem Wissenswertem um die possierlichen Tiere bekannt.

www.autostadt.de
www.movimentos.de
www.otterzentrum.de
www.kloster-isenhagen.de

▲ Karte: vordere Umschlagklappe

Der Süden: Effis Schloss und Kalimandscharo

Natürlich liegt in der südlichen Altmark die sachsen-anhaltische Landeshauptstadt **Magdeburg** quasi vor der Tür. Diese lohnt ohnehin einen Extra-Kurzurlaub. Ziele für einen kurzen Abstecher aber finden sich zwischen Altmark und Magdeburg zuhauf.

Eines ist das kleine Örtchen **Zerben** in der Havelschen Mark, südlich von Jerichow gelegen. Zweigt man vor Güsen rechts nach Zerben ab (vom Elbe-Radweg kommt man vorbei an einer aus großen Steinen bestehenden Sonnenuhr), trifft man unweigerlich auf den Stolz des Ortes: das Schloss Zerben, Vorbild für Fontanes Gut Hohen-Cremmen in seinem Roman »Effi Briest«. Es war das Elternhaus der Elisabeth von Plotho, die im Roman zur Hauptfigur wird. Ursprünglich ein schlichtes Fachwerkhaus, erfolgte bis 1879 der Umbau zur neobarocken Dreiflügelanlage (nach 1996 restauriert). In der Dorfkirche wurde Elisabeth von Plotho konfirmiert. Links und rechts des Altars stehen die Renaissance-Grabsteine mit farbigen Bildnissen von Otto und Catarina von Plotho. Auf einer »Effi-Tour« verraten kundige Führer vieles aus dem Leben der wirklichen Effi. Die nämlich nahm sich nicht das Leben, stand vielmehr mitten in ihm: als Krankenschwester, als verheiratete Baronin von Ardenne, und wurde fast 100 Jahre alt.

Ganz heutig und aus allen Himmelsrichtungen unübersehbar steht zwischen der Colbitz-Letzlinger Heide und Magdeburg ein gewaltiger weißer Berg in der Landschaft. **Kalimandscharo**, nennen ihn die Einheimischen, es ist die riesige Abraumhalde des Kaliwerkes Zielitz. Mit 200 Metern Höhe gilt der künstliche Berg als höchste Erhebung zwischen Magdeburg und der Ostsee und kann bei geführten Wanderungen bestiegen werden. Mit 16 Prozent Steigung ist das eine durchaus sportliche Herausforderung mit wunderbarer Fernsicht als Lohn, im Sommer wird auf dem Gipfel Theater gespielt.

www.elbe-parey.de
www.effis-zerben.de
www.kalimandscharo.com

Schloss Zerben in der Havelschen Mark

Aktiv in der Altmark

Wäre es nicht zu abgegriffen, müsste man es so sagen: Die Altmark ist ein regelrechtes Paradies für alle, die sich in der Natur aktiv erholen und entspannen wollen. Man muss schon lange suchen, um – zwischen schlichtem Wandern und anspruchsvollem Fallschirmspringen – etwas zu finden, was sich hier nicht wunderbar betreiben lässt. Das hat nicht nur mit den unendlichen Weiten, der beeindruckenden Natur und der sprichwörtlichen Gastfreundschaft zu tun, sondern auch mit der vorzüglichen Infrastruktur und damit, wie die Altmärker ihre Angebote aufbereitet haben. Als Stichworte seien hier nur das »Radeln nach Zahlen«, die »Altmärkischen Wandernester«, das Wassersportnetzwerk »Blaues Band« oder das »Sternreiten« genannt. Die »Altmark-Aktiv-App« offeriert alle Informationen, die der Aktivtourist braucht – einfach im Google Play Store oder Apple App Store unter dem Suchbegriff »Altmark« kostenfrei herunterladen und ausprobieren.
Im folgenden Kapitel wird auf einige spezielle Angebote aufmerksam gemacht, detaillierte Informationen finden sich in allen Regionalkapiteln und bei den jeweiligen Orten.

Wanderwegweiser bei Letzlingen

Wandern

Für die Aktiven in Wanderstiefeln haben die Altmärker Gastgeber eine besondere Idee umgesetzt: An den über 700 Kilometer Wanderwegen durch die »Alte Mark« erwarten über ein Dutzend »Wandernester« die Gäste. Dort ist, von der Unterkunft über Kartenmaterial bis hin zum kundigen Wanderführer, alles für Spaziergang, Tageswanderung oder Kurzurlaub vorbereitet. Kenner wählen für ihren Aufenthalt in der Altmark den späten Frühling mit Obst- und Rapsblüte oder den Herbst, wenn Millionen von Zugvögeln – majestätisch vor allem die Kraniche und Wildgänse – auf ihrem Weg in den Süden am Arendsee, in den Elbauen, in der Milde-Niederung oder im Naturpark Drömling Rast machen. Fast jeder Ort bietet spezielle, vor allem thematische Touren. Beispiele für den Facettenreichtum sind der Bienenpfad und die Wildschweintour in Klötze, die »Kunst-Pleinair-Route« in Arneburg oder der Rohrkolbenweg um Kunrau.
www.altmark.de/urlauber/erleben-entdecken. www.naturfreude-erleben.de

■ Entlang der Elbe

Ein Angebot, das Bewegung in der Natur mit Wissenszuwachs gleichsam automatisch verbindet, hat das UNESCO-Biosphärenreservat Mittelelbe mit seinen Auenpfaden geschaffen. Allein sechs der 19 Pfade befinden sich am Elblauf in der Altmark: Überall laden die meist drei bis vier Kilometer langen Wege zu überraschenden Entdeckungen ein, gesäumt von Schautafeln, die auf die Eigenheiten des fragilen Lebensraums vieler Tier- und Pflanzenarten aufmerksam machen. www.mittelelbe.com

■ Auf spirituellen Wegen

Zunehmend wird auch die Altmark, wo das Pilgern infolge der protestantischen Prägung keine besondere Tradition hatte, zu Ziel oder Durchgangsregion von Menschen, die nicht einfach nur wandern, son-

dern sich »auf den Weg begeben«. Der St.-Jakobus-Pilgerweg beispielsweise tangiert auf dem Weg ins ferne Santiago de Compostela das Kloster Jerichow. Neben den internationalen Pilgerwegen gibt es auch regionale Angebote, die das weithin reiche geistliche und kulturhistorische Erbe der Altmark erlebbar machen. Dazu gehört z.B. die Wanderroute im Havelland »Von Dom zu Dom«, die allein im altmärkischen Elb-Havel-Winkel mehr als ein Dutzend besonders sehenswerter Gotteshäuser verbindet. Ein Tipp am Rande: Wer sich mit echten Jakobusweg-Pilgern unterhalten möchte, der ist beim Besitzerpaar der Gaststätte Kutscherhaus in Kalbe (Milde) genau richtig. Die Beiden haben sich beim Pilgern auf Jakobus' Pfaden kennengelernt...
www.jakobusweg-sachsen-anhalt.de
www.altmark.de
www.kirchenwege-havelland.de

Unterwegs mit dem Fahrrad

Wiewohl die Zahl der elektrisch »gedopten« Radler jüngst extrem zugenommen hat, ist die Altmark ob des fast durchweg flachen Profils auch für jene, die ihr Bike stolz allein per Muskelkraft bewegen, ein ideales Revier. Über 1500 Kilometer Radwege sind speziell ausgewiesen, aber auch auf den (von Bundesstraßen abgesehen) fast durchweg wenig befahrenen Straßen ist man gut unterwegs. Wo immer man hinkommt, gibt es radlerfreundliche Unterkünfte, die Zahl der »E-Tankstellen« nimmt dynamisch zu. Zunehmend nutzerfreundlicher werden die Radtouren durch das »Radeln nach Zahlen«. Schon jetzt ist die gesamte östliche Altmark mit der entsprechenden Beschilderung und den dazu gehörenden Knotenpunkten ausgestattet. Die überregionalen Radwege binden die Altmark an das D-Netz der 11 700 Kilometer langen deutschlandweiten Premium-Radrouten und/oder EuroVelo-Routen an oder sind streckenweise mit ihnen identisch. So ist der Elberadweg als D 10 über weite Strecken identisch mit der Sun-Route 7 Nordkap–Malta.

Streuobstwiese bei Buch

Elberadweg

Der bekannteste der überregionalen Wege ist der Elberadweg, der im vergangenen Jahrzehnt fast ohne Ausnahme zum beliebtesten deutschen Fernradweg gewählt wurde. Die gesamte altmärkische Strecke von rund 105 Kilometern führt durch das UNESCO-Biosphärenreservat Mittelelbe. Er berührt touristische Ziele, die jedes für sich einen Besuch lohnen wie die Hansestädte Tangermünde (→ S. 123) und Havelberg (→ S. 133), bevor er unweit der Storchendörfer Rühstädt und Wahrenberg (→ S. 118) die Region verlässt. Der Radweg verläuft fast immer in Flussnähe und ist überwiegend flach; hier und dort lohnt es sich, auch die Alternativroute zu wählen. Dazu bietet es sich an, mit der Fähre den Fluss zu queren, z.B. bei Grieben/Ferchland (→ S. 130), Arneburg (→ S. 109), Sandau (→ S. 111) oder auch in Werben/Räbel (→ S. 113) an, mit der Fähre den Fluss zu queren. Dies ist zugleich ein Erlebnis der besonderen Art, denn manche der Fähren sind traditionelle Gierfähren,

Die Fähre zwischen Ferchland und Grieben

die allein die Kraft der Strömung für ihre Fahrt von Ufer zu Ufer nutzen. Wirklich lohnenswerte Tipps für kleinere Touren rechts und links des Elberadwegs auch im altmärkischen Bereich enthält eine von der Koordinierungsstelle Mitte des Elberadwegs aufgelegte Broschüre mit dem Titel »RADtour – Von Wittenberge nach Lutherstadt Wittenberg«.
www.elberadweg.de

Altmark-Rundkurs

Der Trail ist eigentlich einen eigenen Urlaub wert, doch auch in kleinen Etappen ein Genuss: Auf knapp 500 Kilometern Länge führt der Rundkurs durch die Altmark – starten kann man überall und zu überwinden sind nur 326 Höhenmeter. Ein Klassiker als Start ist die Kaiser- und Hansestadt Tangermünde, von wo es über das Kloster Jerichow und Genthin mit dem Persilmuseum dannn in Richtung Norden in die Hansestadt Havelberg mit romanischem Dom und schöner Altstadt geht. Der Kurs führt weiter über Werben und Osterburg zum Storchendorf Wahrenberg. Von hier geht es nach Arendsee. Das nächste Ziel ist Salzwedel mit seiner prächtigen Fachwerkarchitektur und der roten Backsteingotik. Von dort aus berührt die Route das Biosphärenreservat Drömling, führt durch die Altmärkische Schweiz und den Klötzer Forst hin zur, Achtung, »Mitte der Welt« (→ S. 70). Es folgen die Hansestadt Gardelegen, die Colbitz-Letzlinger Heide, Tangerhütte und später Stendal, die größte Hansestadt der Altmark, von wo aus es über Arneburg zum Ausgangspunkt nach Tangermünde zurückgeht. Proviantmitnahme empfiehlt sich in der dünn besiedelten Landschaft, auch »Katzenköpfe« – authentisches historisches Pflaster – und manche Feldwegstrecke verlangen Bereifung und Federung einiges ab. Dafür gibt es Schönheit und Erlebnisse in oft gesuchter Einsamkeit: Feldsteinkirchen wie Perlen an einer Schnur, Norddeutsche Backsteingotik, romanische Klöster und Dome, den Findlingspark von Darnewitz, Störche, Graureiher und Rotmilane über den weiten Auen...
www.altmark-rundkurs.de

Milde-Biese-Aland-Tour

Mitten durch die Altmark von Süd nach Nord zieht sich die 95 Kilometer lange Tour, für die es eine Vier-Etappen-Empfehlung gibt. Immer geht es am gleichen Flüsschen entlang, das von der Quelle am Heidedorf Letzlingen bis nach Beese Milde, danach Biese und hinter Seehausen Aland heißt, und als solcher am niedersächsischen Grenzort Schnackenburg (→ S. 119) in die Elbe mündet. Nur 161 Höhenmeter sind zu überwinden und quasi fast alles, was die Altmark ausmacht, bietet die Tour: weite Wiesen und Felder, Vogelschutzgebiete und Wälder, Museen und Kirchen, historische Hansestädte und Kurorte, Cafés und Kneipen, gemütliche Pensionen und Wellnesshotels. An praktisch allen Stationen gibt es Busverbindungen, z.T. auch mit Fahrradmitnahme. Infos: www.altmark.de

Thematische und regionale Radwege

Vielfältig und immer weiter zunehmend ist die Zahl der Themen-Radwege auch in der Altmark. Insbesondere für jene, die ih-

Gut ausgeschildert: der Altmark-Rundkurs

re Touren mit konkretem Bildungszuwachs verbinden wollen, gibt es zahlreiche Routen, die auch ganz spezielle Wünsche erfüllen. Verwiesen sei hier nur auf den »Vier-Länder-Grenzradweg« und auf die Tour »Grenz-Land-Geschichte«. Die eine Tour berührt entlang des »Grünen Bandes«, der ehemaligen innerdeutschen Grenze, Orte in Mecklenburg-Vorpommern, Brandenburg, Niedersachsen und der sachsen-anhaltischen Altmark. Der andere Trail führt über 103 Kilometer sozusagen horizontal durch die Altmark, von der Hansestadt Seehausen im Osten bis ins niedersächsische Wendland im Westen – oder auch umgekehrt. Zugleich überziehen Dutzende weiterer regionaler und örtlicher Radwege wie ein Spinnennetz die Alte Mark, die »Himmel-und-Erde-Tour« führt zu Feldsteinkirchen, die »Aus-Holz-und-Lehm-Tour« zu Fachwerkkirchen der Region. Im Osten heißt es »Von der Uchte an den Tanger«, im Norden lockt die »Lenzerwische-Tour« und im Westen, im Altmarkkreis Salzwedel – die Region verfügt über eine europaweit einzigartige Dichte von Großsteingräbern –, arbeitet man an einer »Megalith«-Route. Über rund 40 Kilometer wird sie für Radfahrer (und auch Wanderer) diese archäologischen Kulturdenkmäler touristisch erschließen.

www.erlebnisgruenesband.de
www.altmark.de
www.region-wendland.de/grenzlandgeschichte
www.altmarkkreis-salzwedel.de

Hoch zu Ross

Für Reiter, die gerne eigene Wege suchen, ist das Land ein Glücksfall: Im Gegensatz zu den meisten anderen Bundesländern ist es in Sachsen-Anhalt, und damit auch in der Altmark, praktisch überall erlaubt zu reiten, mit Ausnahme ausdrücklich gesperrten Terrains. Anderswo ist es genau umgekehrt, dort muss man sich mit den festgelegten Wegen begnügen. Die gesamte Altmark ist mit einem Netz von Reiterhöfen überzogen, die Ross und Reiter Quartier und Service in jeder Weise bieten. Manche nennen Hohenberg-Krusemark mit dem Sternreiterverein die Hauptstadt der Reiterei.

Zahlreich sind die Touren, die perfekt vorbereitet angeboten werden. Der Elb-Havel-Trail (3 Tage) führt durch die Flusslandschaften, mehrere Tage braucht es für den Grenzland-Trail an der ehemaligen innerdeutschen Grenze entlang, fünf Tage sogar für einen Ritt durch die ganze Altmark. Eine feine Sache haben sich die Altmärker

Logo des »Blauen Bandes«

Reiter mit dem Projekt »Alte Sagen auf neuen Pfaden« ausgedacht. An 18 Standorten in der gesamten Region werden auf Tafeln, zu denen Reit-, aber natürlich auch Wander- und Radwege führen, Geschichten aus der Sagenwelt der Altmark erzählt. Allein das dazu gehörende Gastgeberverzeichnis führt 15 Reiter- und Ferienhöfe, Hotels und Landpensionen mit Gastboxen und vielerlei Angeboten rund um Ross und Reiter auf.
Routenempfehlungen mit detaillierten Informationen zu Länge, Streckenführung, Schwierigkeitsgrad usw. gibt es u.a. unter
www.naturfreude-erleben.de/Touren
www.sternreiten-altmark.de
www.altmark.de

Aktiv auf dem Wasser

Im Grunde kann man – von Hochseespezifischem einmal abgesehen – alle Freizeitaktivitäten, die mit Wasser zu tun haben, in der Altmark betreiben. Das hat auch damit zu tun, dass das Bundesland und viele Akteure auch in der Altmark alles damit Zusammenhängende sehr engagiert gefördert und in einer touristischen Markensäule »Blaues Band in Sachsen-Anhalt« vereint haben. Das entsprechende Logo mit informativen Piktogrammen findet sich auf einem wasser- und auf einem landseitigen Informationssystem überall an Flüssen und Kanälen.
www.blauesband.de

Flüsse und Kanäle

Die Elbe, von ihr abgehend der Elbe-Havel-Kanal und der Mittellandkanal sind natürlich sowohl mit Motorbooten als auch mit größeren Segeljachten befahrbar. Die Untere Havel und die kleineren Flüsse sind überwiegend den nicht-motorisierten Wasserfahrzeugen vorbehalten. Bestens ausgerüstete Marinas, aber auch einfachere Liegeplätze stehen für die Skipper teils für Kurzaufenthalte (z.B. 72 Stunden) aber auch für längere Liegezeiten zur Verfügung. Auf dem Mittellandkanal betrifft dies u.a. Calvörde und Haldensleben. Die Hansestadt Havelberg ist ein viel angesteuerter, weil bestens ausgestatteter wassertouristischer Knotenpunkt zwischen Hamburg und Berlin oder, elbaufwärts, Magdeburg, Dresden und Prag. An der Elbe kann man u.a. in Arneburg vertäuen, an der Unteren Havel z.B. in Molkenberg. Kleinere Gaststege finden sich auch anderenorts.
Eine echte Empfehlung sind die Altmark-Reviere für »muskel- und luftbetriebene« Fahrzeuge aller Art. Das hat mit der sehr guten Befahrbarkeit, mit wenig »Motorbetrieb«, vor allem aber mit den zauberhaften Landschaften zu tun, durch die die Flüsse ziehen. Überall gibt es Anbieter, die vom einfachen Kanu-, Schlauchboot oder Floßverleih bis zur kompletten Tour-Vorbereitung und Durchführung einschließlich Übernachtung in Tipi, Bungalow, Zelt oder Hausboot alles offerieren, einschließlich des Verleihs von Motorbooten, für die der Freizeitkapitän keinen Führerschein braucht.

Seen

Mit einem Übermaß an Seen ist die Altmark nicht gesegnet. Manche von ihnen, wie der Kamernsche und der Schönfelder See sind Altarme der Elbe. Idyllische Stille herrscht ganzjährig weit im Norden auf dem größten altmärkischen, dem Arendsee, der wie kreisrund geschliffen in der Landschaft liegt und immer wieder unter die »Top Ten« der beliebtesten deutschen Seen gewählt wird (→ S. 78). Die Maräne, ein Lachsfisch, der nur in besonders sauberen und kühlen Gewässern lebt, mag den See wohl besonders, sie ist eine Spezialität in den Restaurants des gleichnamigen Luftkurorts.

Baden, Angeln, Ausflugsschifffahrt

Neben den vielen natürlichen Badestellen an Seen und Flüssen – seit einigen Jahren gibt es dank zunehmender Sauberkeit des Stroms immer im Juni auch wieder einen Elbe-Badetag – laden 20, über die gesamte Region verstreute Frei- und Spaßbäder vor allem auch Familien ins Nass. Viele von ihnen sind ausgesprochen idyllisch, weil wunderschön in Wäldern gelegen.

Angelreviere gibt es in der Altmark in großer Zahl, sowohl an den Flussläufen von Elbe, Havel, Milde-Biese-Aland, Jeetze, Uchte und Tanger, als auch an Seen. Allerdings gibt es keine »Touristen-Angelscheine«, wie teilweise in anderen Ländern. Es gibt für Gäste bei den Clubs und/oder Vereinen Gastkarten, für die man seine Grundkenntnisse in einem kurzen Gespräch nachweisen muss. Ohne »Prüfung« besteigen kann man dagegen die Fahrgastschiffe, die an der Elbe in den Hansestädten Havelberg und Tangermünde, ablegen. Auf dem Arendsee kreuzt die »Queen Arendsee«, ein Schaufelraddampfer im Stil der Mississippi-Steamboats.

Nicht alltäglich: In Husky-Gespann oder Panzer

Aktiv sein kann man in der Altmark auch auf mehr oder minder exotische Weise: In Stendal wartet der Hochseilgarten auf Mutige, Spezialanbieter laden zu Touren mit dem Husky-Schlitten ein oder bieten Schnupper- und Geländetouren in Militärfahrzeugen vom Humvee bis zum Panzer T-72 an. Vom Flughafen Borstel vor den Toren der Hansestadt Stendal geht es zum Rundflug oder zum Tandemsprung in die Luft.

www.stendal.de
www.hunde-katz.de
www.panzer-power.de
www.fliegerklub-gardelegen.de

Unterwegs mit Kindern

Vorweg gesagt: Sachsen-Anhalt und damit auch die Altmark ist ein außerordentlich kinderfreundliches Land. Nicht nur, dass es in Deutschland Spitze bei der Versorgung mit Plätzen und beim Betreuungsschlüssel in den Kindertagesstätten ist. Kinder und Jugendliche, ob in Familie oder als Schulklassen und Gruppen, sind überall sehr gerne gesehen und finden nicht nur schöne Unterkünfte – auch für den schmaleren Geldbeutel – sondern ein vielfältiges Angebot für die Urlaubs- und Feriengestaltung. Vielfach gibt es für Kinder freien Eintritt und kostengünstige Familientickets (auch mit Oma und Opa). Mit Blick auf die natürlichen Gegebenheiten sind vor allem Aktivangebote in besonders vielen Facetten zu finden.

Übernachten

Selbstverständlich sind praktisch alle Hotels auf Reisende mit Kindern eingestellt, Kinderermäßigungen werden angeboten bzw. auf Nachfrage gerne gewährt.

Paddler auf der Elbe

Auch für einen längeren Aufenthalt perfekt geeignet sind verschiedene größere Ferienanlagen. Dazu zählen auch viele Land- und Reiterhöfe. Einen Rundum-Einstieg in die Natur bietet das **NABU-Zentrum** für Ökologie, Natur und Umweltschutz mit seinem Heuhotel in Buch an der Elbe.
www.elbetourist.de
Eine durchaus interessante Alternative zu Hotels für Gruppen aber auch für Familien sind die **Kinder- und Jugenderholungszentren**. Ein sehr schönes liegt in Arendsee.
www.kiez-arendsee.de

■ Aktiv in der Natur

Vom **NABU-Zentrum Buch** war eben schon die Rede – was hier angeboten wird, von Wander- Rad- und Schlauchboottouren über Geocaching in der Elbaue bis hin zur Erprobung alter Handwerkstechniken und dem Backen im alten Backhaus reicht für einen ganzen Urlaub.
www.wildnis.info
www.zoenu.de
Hier werden Pakete für Familien ebenso geschnürt wie beispielsweise im **Biosphärenreservat Drömling** (→ S. 92). So können Familien mit einem Entdeckerheft die mystische Moorlandschaft eigenständig erkunden. Hat man die Qualifizierungsrätsel gelöst, kann man den Entdeckercode knacken. Dann wird man »Junior-Ranger auf Entdeckertour«, ausgewiesen durch den Seeadler- oder Fledermaus-Aufbügler. Ist man länger vor Ort, kann sich der Nachwuchs vom »Moorwichtel« (ab 4 Jahre) zum »echten« Junior-Ranger im Naturpark »hochdienen«...
www.naturpark-droemling.de
Familien mit Kindern können neuerdings im **Kunrauer Schlosspark** auf eine magische Reise gehen, um das Geheimnis der Bruchwaldhexe zu lüften. Auf dem »Magischen Drömlingspfad« braucht man Stift, Zettel und ein Handy, mit dem man einen QR-Code einscannen kann. Entdecken kann man die Behausung des alten Moorsumpfers und am Ende womöglich auch das Geheimnis der alten Bruchwaldhexe. Ausgedacht hat sich die Geschichte die Kinderbuchautorin Nicole Schaa aus Wolfsburg.
www.entdecke-den-zauberwald.de
Die Altmark ist **Reiterland** und das spiegelt sich auch in den Angeboten für Familien und Kinder wider. In der Altmark, als »Pferdefreundliche Region« ausgezeichnet, gibt es allein 18 Hotels, Reiterhöfe, Pensionen und Güter, die sich dafür anbieten. Die Offerten reichen vom Schnupper-Kurzurlaub für Eltern und Kinder im Hotel (z.B. www.landhotel-mehrin.de) bis zu betreuten Kinder- und Jugendreitferien – auch ohne Eltern (www.naturfreude-erleben.de). Ein Beispiel ist das »Kleine Gestüt im Drömling«, in dem Wanderreiter ebenso willkommen sind wie Familien mit Kindern oder Kinderreitgruppen. Den »Himmel auf (Pf)Erden«, kann man hier, so sagen es die Gastgeber, erleben und u.a. auch den Pony-Führerschein® erwerben. In Krumke, nahe der Hansestadt Osterburg, können Familien ebenso Reiterferien buchen wie auf dem Reiterhof Dammkrug.
Eine ungewöhnliche Variante, die Natur zu erleben, bietet Familie Kulina aus Sachau vom **Eselhof Drömling**. Bevor es auf die Wanderung ins Biosphärenreservat Drömling geht, lernen sich die kleinen Wanderer und die Vierbeiner kennen, Kuscheln und Kämmen gehören zum Programm. Die Wanderungen finden von April bis Oktober statt. Ein Ausflug mit den Grautieren dauert etwa drei Stunden, wobei individuelle Absprachen möglich sind. Ebenso individuell lassen sich Startpunkt (Sachau, Breiteiche, Kämeritz), Wanderroute und Versorgung (etwa Picknick mit Kuchen, Würstchen vom Highland Rind aus eigener Zucht) besprechen (eselhofdroemling@web.de).
Viele Anbieter gibt es auch für die aktive Betätigung auf dem und im Wasser. Selbstredend sind alle **Frei- und Strandbäder** vor allem auf Kinder eingestellt, Kinderbecken aber auch Wasserrutschen inklusive. An den Flüssen und Seen stehen **geführte Kanutouren** hoch im Kurs, von der Hansestadt Werben aus kann man Wasserwander- und Radtouren auch kombinieren. Am **Arend-**

see können kleine Segler mit Jollen kreuzen und an einem Schnupperkurs im Tauchen teilnehmen.
In die »Luft gehen« können auch mutige Kleine im **Stendaler Hochseilgarten** – natürlich entsprechend gesichert und unter Anleitung.

Lernend auf Entdeckertour

Vor allem für »Städter« interessant ist gewiss, dass Kinder bäuerlichem Leben und altem Handwerk vielerorts in der Altmark sehr anschaulich nachspüren können (www.landsichten-sachsen-anhalt.de; Stichwort »Familie und Kinder«), beispielsweise im **Freilichtmuseum in Diesdorf** (→ S. 67) oder in der **Langobardenwerkstatt in Zethlingen** (→ S. 75). In historische Gewänder gekleidet, können Kinder hier erleben, wie die langbärtigen Vorfahren lebten. Man kann alles anfassen, ausprobieren und kosten und sein Talent beim Töpfern, Schnitzen, Filzen erproben und Zielgenauigkeit, Kraft und Technik bei Bogenschießen und Steinstoßen unter Beweis stellen.
Im wirklich sehenswerten **Winckelmann-Museum in Stendal** (→ S. 101), das in die Welt der Archäologie eintaucht, können Kinder an einem Vulkan klettern, seinen Ausbruch und den entstehenden Tsunami beobachten. Im Hof des neu gestalteten, auch für die Jüngsten besonders spannenden, weil auch interaktiven Museums, steht das größte Trojanische Pferd aus Holz, in das man natürlich hineinklettern kann.
Zu den Museen, in denen die Jüngsten leuchtende Augen bekommen, gehören sicher auch das **Blaulichtmuseum in Beuster** (→ S. 118) und das **Feuerwehrmuseum in Stendal** (→ S. 105).

Einfach nur spielen

Auch wer einfach »nur« spielen will, findet reichlich Möglichkeiten. Vor den Toren der Hansestadt Salzwedel locken **Märchenpark** und **Duftgarten** auf einer Fläche so groß wie 65 Fußballfelder. Ein »Königreich der Elfen, Wichtel und Trolle« nennen es die Einheimischen. Dazu kommen Wasserwelt, Go-Kart-Strecke und natürlich das »Elfencafé«.
www.maerchenpark-duftgarten.de
In Büttnershof, weit im Osten der Altmark unweit der Fähre nach Sandau, lockt um das historische Herrenhaus im Park eines der größten **Spielhäuser** der Region. Ein Dorf in Klein mit Fachwerkhäuschen, Tiergehege, Streichelzoo, Spielplatz und Nachbau des Gutshauses lässt die Jüngsten beim Spielen schnell die Zeit vergessen.
www.gutshaus-buettnershof.de
Alle hier nicht gesondert aufgeführten Adressen bzw. Websites von Einrichtungen finden Sie in den Informationskästen der jeweiligen Orte.

Im Märchenpark Salzwedel

Reisetipps von A bis Z

Anreise mit dem Auto

Die Altmark ist mit dem Auto sehr gut erreichbar. **Von Berlin** ist das nördlich über die A 24 und die B 107 nach Havelberg und südlich auf der A 2 bis Ziesar und dann via Genthin oder, schneller, bis Magdeburg und dann auf der B 71 in die westliche Altmark Richtung Gardelegen und Salzwedel oder auf der A 14 nach Stendal möglich.

Die Stück für Stück weiter wachsende A 14 stellt südlich auch die Verbindung von Tschechien über **Dresden**, **Leipzig** und **Halle (Saale)** sowie nördlich von der Ostseeküste aus Richtung **Wismar/Schwerin** her. Aus dem **Ruhrgebiet** und **Hannover** nimmt man die A 2 und dann via Wolfsburg die sehr gut ausgebaute B 188, die im übrigen die gesamte Altmark im Süden über Gardelegen, Stendal bis hin nach Tangermünde quert.

Wer aus **Hamburg** kommt, dem sei, neben der A 24, die sehr schöne Fahrt über Lüneburg, Uelzen und dann auf der B 71 nach Salzwedel empfohlen. Hier gewinnt man schon bei der Anreise das Gefühl, in Richtung Entspannung und Erholung zu fahren. In der Region selbst gibt es weitere gut ausgebaute Straßen wie die nördliche B 190, die sich sehr schön von Salzwedel im Westen über Arendsee in die Hansestädte Osterburg und Seehausen zieht. Das Netz der vielen Verbindungen zwischen den kleinen und kleinsten Dörfern hält, ganz historisch, gelegentlich auch mal einen Abschnitt dessen bereit, was man im Volksmund »Knüppeldamm« nennt. Manche davon haben bestimmt noch altpreußische Kutschen gesehen...

Da die **Elbufer** in der gesamten Altmark nur durch **zwei Brücken** miteinander verbunden sind – bei Tangermünde und nördlich in Richtung Wittenberge – kommt den **Fähren** eine besondere Bedeutung zu. Diese finden sich, von Nord nach Süd, bei Schnackenburg, Räbel (nahe der Hansestadt Werben), Sandau, Arneburg und bei Grieben. Speziell die Gierfähren ermöglichen dabei eine besonders naturnahe, ja fast romantische Querung des Flusses.

Anreise mit der Bahn

Die schnellste Ost-West-Verbindung bietet der ICE auf der vor Jahren als eines der Verkehrsprojekte »Deutsche Einheit« ausgebauten ehemaligen Transitstrecke von und nach Hannover und Berlin. Von der Hauptstadt aus ist Stendal in einer knappen, von Hannover aus in einer guten Stunde erreicht. Intercity- und Regionalzüge verbinden Stendal und Salzwedel über Uelzen und Wit-

Die Gierseilfähre bei Sandau

tenberge mit Hamburg und der Ostseeküste und in Richtung Landeshauptstadt Magdeburg.

Anreise auf dem Wasser

Über Elbe, Havel, Mittelland- und Elbe-Havel-Kanal ist die Altmark auch für Skipper aller Art sehr gut erreichbar. An ihnen entlang bieten zahlreiche Marinas und größere und kleinere Liegeplätze auch die Gelegenheit zu interessanten Landgängen. Überall begegnet man dem touristischen Netzwerk »Blaues Band«, das auf seinen Informationstafeln und im Internet über alle Angebote informiert. www.blaues-band.de

Auskunft

Investitions- und Marketinggesellschaft Sachsen-Anhalt mbH
Am Alten Theater 6, 39104 Magdeburg
Tel. 0391/568990
welcome@img-sachsen-anhalt.de
www.sachsen-anhalt-tourismus.de
Altmärkischer Regionalmarketing und Tourismusverband
Marktstraße 13, 39590 Tangermünde
Tel. 039322/72600
tourismus@altmark.de
www.altmark.de

■ Informationsstellen in den Orten der Region

Tourist-Information Hansestadt Stendal
Markt 1, 39576 Hansestadt Stendal
Tel. 03931/651190
touristinfo@stendal.de
www.stendal-tourist.de
Tangermünder-Tourismus Büro
Markt 2, 39590 Tangermünde
Tel. 039322/22393
buero@tourismus-tangermuende.de
www.tourismus-tangermuende.de
Tourist-Information Erholungsort Kalbe (Milde)
Schulstraße 11, 39624 Kalbe (Milde)
Tel. 039080/97122
touristinfo@stadt-kalbe-milde.de
www.stadt-kalbe-milde.de
Tourist-Information Hansestadt Havelberg

Die ehemalige Windmühle in Kamern mit dem Symbol von Frau Harke

Uferstraße 1, 39539 Hansestadt Havelberg
Tel. 039387/79091
touristinformation-havelberg@t-online.de
www.havelberg.de
Stadt-Information Hansestadt Osterburg
Großer Markt 10, 39606 Hansestadt Osterburg (Altmark)
Tel. 03937/895012
stadtinfo@osterburg.de
www.osterburg.de
Infostelle im Bismarck-Museum Schönhausen
Kirchberg 4–5, 39524 Schönhausen (Elbe)
Tel. 039323/38874
aussenstelle@bismarck-stiftung.de
www.schoenhausenelbe.de
Touristinformation Seehausen
Arendseer Straße 6, 39615 Hansestadt Seehausen
Tel. 039386/54783
info(@stadt-seehausen.de
www.stadt-seehausen.de
Tourist-Information Hansestadt Werben
Am Marktplatz 1, 39615 Hansestadt Werben
Tel. 039393/92755
touristinfo-werben@t-online.de
www.werben-elbe.de

Infostelle FVV Jeetze-Ohre-Drömling
im Schloss Kunrau/OT Kunrau
Am Park 2, 38486 Klötze
Tel. 039008/87114
info@droemlingswelt.de
www.droemlingswelt.de

Infostelle Interessenverein Sternreiten in der Altmark
Hauptstraße 46, 39596 Hohenberg-Krusemark, Tel. 039394/81339
info@sternreiten-altmark.de
www.sternreiten-altmark.de

Tourist-Information der Einheitsgemeinde Stadt Bismark
Breite Straße 11, 39629 Bismark
Tel. 039089/97611
touristinfo@stadt-bismark.de
www.stadt-bismark.de

Tourist-Information Hansestadt Salzwedel
Neuperverstraße 29, 29410 Hansestadt Salzwedel, Tel. 03901/422438
tourist-info@salzwedel.de
www.kultour-saw.de

Tourist-Information Erholungsort Arneburg
Breite Straße 16, 39596 Arneburg
Tel. 039321/51817
tourismus@arneburg-goldbeck.de
www.arneburg-goldbeck.de

Tourist-Information Luftkurort Arendsee
Töbelmannstraße 1, 39619 Arendsee
Tel. 039384/27164
info@luftkurort-arendsee.de
www.arendsee.de

Tourist-Information Einheitsgemeinde Hansestadt Gardelegen
Rathausplatz 10, 39638 Hansestadt Gardelegen, Tel. 03907/42266
touristinfo@gardelegen.de
www.gardelegen.de

Klötze-Information
Schulplatz 1, 38486 Klötze
Tel. 03909/403117
info@stadt-kloetze.de
www.stadt-kloetze.de

Infostelle Sandau
Marktstraße 2, 39524 Sandau
Tel. 039383/60915
stadt@sandau.de
www.sandau.de

Infostelle Schollene
August-Bebel-Straße 10, 14715 Schollene
Tel. 039389/232
info@schollene-land.de
www.schollene-land.de

Bürger-Information Stadt Tangerhütte
Bismarckstraße 5, 39517 Tangerhütte
Tel. 03935/93170
www.tangerhuette.de

Infostelle im Elbezentrum Buch
Bucher Querstraße 22, 39590 Tangermünde/OT Buch
Tel. 039362/81673
rezeption@elbetourist.de
www.elbetourist.de

Stadt-Information Jerichow
Karl-Liebknecht-Straße 55, 39319 Jerichow
Tel. 039343/34988
buergerhaus-jerichow@web.de
www.jerichow.de

Besucherzentrum im Kloster Jerichow
Am Kloster 1, 39319 Jerichow
Tel. 039343/285
info@stiftung-kloster-jerichow.de
https://kloster-jerichow.de

Baden

Eines der schönsten Ziele ist natürlich der kristallklare **Arendsee** mit seinem Strandbad. Kleinere Seen gibt es darüber hinaus vor allem im Osten. Viele Orte haben Freibäder, zum Teil sehr schön gelegen wie das **Waldschwimmbad in Dobberkau/Möllenbeck** oder das **Biesebad in Osterburg** – eines der wenigen Flussschwimmbäder in Deutschland. In Stendal ist die **Badelandschaft Altmark Oase** Anziehungspunkt für die ganze Familie, nicht minder die **Erlebnisbäder** in den Hansestädten Gardelegen und Havelberg.

Barierrefreiheit

In der deutschlandweiten Initiative »Tourismus für alle« unternehmen viele Orte und touristische Anbieter zunehmend Anstrengungen, um Menschen mit Mobilitätseinschränkungen das Reisen deutlich zu erleichtern. Entsprechende Angebote und Hinweise findet man in den Infostel-

Im Gutshaus Hohenberg-Krusemark kann man Urlaub machen

len und bei den Anbietern sowie zentral unter Tel. 0391/568990. www.sachsen-anhalt-tourismus.de/reisen-fuer-alle.

Elektromobilität

Noch ist die Zurückhaltung in Sachen Elektromobilität bei den Einwohnern der ländlich geprägten Altmark recht groß, was auch mit der noch geringen Zahl von Strom-Zapfstellen zusammenhängen mag. Mitte 2021 gab es davon in beiden Landkreisen der Altmark ganze 23. Deren Zahl wird sich, das strebt auch eine Initiative »Elektromobilitäts-Stammtisch Altmark« an, sicher zügig erhöhen. Dennoch lohnt sich für »Stromer« eine Vorabplanung der Routen. In verschiedenen Orten (z.B. Gardelegen oder direkt am Elbe-Radweg in Beuster) werden öffentliche Ladestellen für E-Bikes angeboten. https://ladesaeulenregister.de

Feiertage

Neujahr, Heilige Drei Könige (6. Januar), Karfreitag, Ostermontag, 1. Mai, Christi Himmelfahrt, Pfingstmontag, 3. Oktober, 31. Oktober (Reformationstag), 1. und 2. Weihnachtsfeiertag.

Kuren

Offiziell als solche anerkannte Kurorte gibt es in der Altmark nicht, Rehabilitationskuren werden jedoch in verschiedenen Kliniken in der Altmark angeboten, u.a. in Kalbe (Milde). Erholungsuchende finden darüber hinaus in staatlich anerkannten Luftkurorten (wie Arendsee) und Erholungsorten wie Arneburg, Havelberg, Kalbe, Klötze und Schollene spezifische Angebote für den Erholungs-, Aktiv- und Wellnessurlaub.

Landurlaub

Urlaub in der Altmark ist, ganz allgemein gesagt, Landurlaub per se. Direkten Kontakt nicht nur zur Natur, sondern auch zu den gastfreundlichen Menschen im Land bieten die zahlreichen Reiterhöfe und Landgüter, Bauernhöfe oder Öko-Camps. Vor allem Familien finden hier ein beste Urlaubsbedingungen vor. Attraktiv ist nicht zuletzt die Möglichkeit, in der Region den Landurlaub mit Erlebnissen auf dem Wasser oder im Pferde- bzw. Fahrradsattel zu verbinden. Auskunft: Tel. 034921/20391. www.landurlaub-sachsen-anhalt.de. www.altmark.de/urlauber/

Medizinische Versorgung

Diese ist, wie überall in Deutschland, flächendeckend sehr gut. Auskünfte gibt es in den Tourist- und Stadtinformationen sowie auf den Serviceseiten der lokalen Zeitungen. Die allgemeine Notfall-Rufnummer ist die 112, wie überall in Europa gilt auch für Touristen die 116117, über die die nächste Rettungsleitstelle informiert wird.

Mietfahrzeuge

Die großen Mietenwagenfirmen haben in der Altmark keine Standorte, vertreten sind sie alle in der Landeshauptstadt Magdeburg. Einzelne größere Autohäuser in der Altmark vermieten Fahrzeuge auf Anfrage. Auskünfte dazu gibt es in den örtlichen Touristinformationen.

Öffentlicher Nahverkehr

Der Öffentliche Personennahverkehr (ÖPNV) wird neben der Bahn von den Unternehmen Stendalbus und PVGS Salzwedel betrieben. Das Streckennetz ist weiträumig, die Anzahl der Fahrten allerdings sehr unterschiedlich. Ein Teil des ÖPNVs wird über die Schulbusse und Rufbusse abgedeckt. In jedem Fall empfiehlt sich eine vorherige Konsultation des Fahrplans, was auch über die zentrale Website des sachsen-anhaltischen Nahverkehrs möglich ist. Ein interessantes Angebot ist der Takt-Bus der Linie 200. Quer durch die Altmark von Salzwedel im Westen bis nach Seehausen im Osten fährt der Bus im (mindestens) Zwei-Stunden-Takt. Von Seehausen zeitweise auch weiter nach Norden bis ins brandenburgische Wittenberge. Dabei gibt es zahlreiche Umsteige- und Anschlussmöglichkeiten.
www.mein-takt.de, www.insa.de
www.stendalbus.de
www.pvgs-salzwedel.de

Parkeingang in Tangerhütte

Restaurantschild in Salzwedel

Pannenhilfe

Jeweils rund um die Uhr: ADAC: 01802/222222, mobil: ohne Vorwahl 222222 (kostenpflichtig), ACE: 0711/530343536 (kostenpflichtig), AvD: 0800/99099099 (kostenfrei). Über örtliche Pannendienste informieren die Tourist-Informationen.

Parken

Parkprobleme dürfte es in der Altmark – abgesehen von speziellen Veranstaltungen wie z.B. dem Havelberger Pferdemarkt – keine geben. In ausgesprochen besucheraffinen Orten wie in den Hansestädten Havelberg, Tangermünde, Gardelegen, Stendal oder Salzwedel empfiehlt es sich, die ausgewiesenen großzügigen Parkplätze für kleines Geld zu nutzen.

Restaurants und Cafés

Die Altmark wird vor allem von ihrer bodenständigen Küche geprägt, die durchaus vielfältig ist und einheimische Zutaten bevorzugt (→ S. 50). Diese serviert man ebenso in rustikalen Landgasthöfen wie in Restaurants der gehobenen Klasse. Manche davon haben sich, wie beispielsweise »Die Güldene Pfanne« in der Hansestadt Havelberg, das »Deutsche Haus« in Arendsee oder die ausgesprochen empfehlenswerten Fischrestaurants in Warnau

(Fischerstube) oder in der Hansestadt Gardelegen (Fischerhof Gahrns) auf Spezialitäten orientiert. Auf längere Touren empfiehlt es sich, gut versorgt zu gehen, da die relativ wenigen Gaststätten in den kleinen Orten vor allem am Abend geöffnet sind. Empfehlungen gibt dieser Reiseführer in den Informationskästen zu den Orten – übrigens auch zu guten Cafés, die man zum Beispiel in den Hansestädten Salzwedel, Stendal und Tangermünde, im Bismarck-Schloss Döbbelin, aber auch in Kalbe (Milde) und – zunehmend – auch entlang des Elberadweges findet.

Rundfunk und Fernsehen

Der Mitteldeutsche Rundfunk (MDR) produziert sein Programm für alle drei mitteldeutschen Länder. Speziell für Sachsen-Anhalt gibt es das Hörfunkprogramm MDR 1 Radio Sachsen-Anhalt auf UKW, über Satellit oder via Internet, zu dem auch das Studio in Stendal gelegentlich altmarkspezifische Beiträge beisteuert. Täglich um 19 Uhr informiert die Sendung »Sachsen-Anhalt Heute« im TV-Programm über Ereignisse aus der Region. Erwähnenswert ist auch das Angebot an kommerziellen und nichtkommerziellen landesweiten aber auch lokalen und regionalen Rundfunk- und TV-Sendern. www.msa-online.de

Souvenirs

Das Angebot ist beachtlich, wie immer hängt die Auswahl vom individuellen Zweck ab: Kulinarische Spezialitäten sind der Baumkuchen aus Salzwedel, die Obstsäfte oder Brände aus Diesdorf. Fast ein Kultobjekt sind die »Tangermünder Nährstangen«, deren Produktion die alteingesessene Konditorenfamilie Stehwien der – nach mancher desillusionierenden Geschmackserfahrung von Westprodukten – wieder kräftig wachsenden Nachfrage folgend, im Jahr 2000 erneut aufgenommen hat. Zehn bis zwölf der kulinarischen Genüsse, jeweils im Wechsel, beinhaltet die »Altmark-Kiste«, die man mitnehmen, bestellen oder auch versenden lassen kann. Klassikfreunden bietet sich eine reiche Auswahl von CDs mit alter Musik, Barockmusik, aber auch geistlicher Musik, eingespielt an historischen Orten wie Domen, Kirchen und Klöstern entlang der »Straße der Romanik«.

Hofladen in Beuster

Tageszeitungen

Das Angebot an regionalen Tageszeitungen ist höchst überschaubar. Altmarkweit gibt es die »Magdeburger Volksstimme«, die im ganzen Norden Sachsen-Anhalts erscheint, mit einigen altmärkischen Lokalausgaben (Auflage ca. 33 500 Exemplare in der Altmark) sowie die »Altmark-Zeitung« (ca. 10 000 Ex.). Touristische Informationen finden sich auf den Serviceseiten der jeweiligen Lokalausgabe.

Theater/Konzerte

Zentrum des Theaterlebens ist die Hansestadt Stendal mit dem »Theater der Altmark«, das mit eigenen Schauspielinszenierungen von sich reden macht und auch die ganze Altmark bespielt. Zugleich sind dort und in anderen Orten auch namhafte Klangkörper zu hören. Der mdr-Musiksommer ist mit Konzerten regelmäßig Gast in verschiedenen altmärkischen Spielstätten. Beeindruckende Erlebnisse an authentischen Orten bieten vor allem im Sommerhalbjahr zum Teil hochkarätige Events in Konzerthallen wie in der Hansestadt Salzwedel, Domen und Klöstern wie in der Hansestadt Havelberg und in Jerichow oder kleinen romanischen Dorfkirchen wie in Meßdorf, Krevese, Beuster oder Wust. Die Briester Dorfkirche ist Heimstatt der Marionettenbühne »Märchenvogel«. Altmarkweit gibt es eine aktive freie Szene, so in der Hansestadt Werben, in Kalbe (Milde) mit dem gesamtstädtischen Projekt »Künstlerstadt Kalbe« oder im Kunsthof Dahrenstedt.

Übernachten

Hotels/Pensionen: Von einfachen Pensionen über das Heuhotel bis zu Häusern für den anspruchsvolleren Gast reicht das Angebot. Die Altmark verfügt zwar über kein Fünf-Sterne-Haus, doch viele durchaus indessen auch national bekannte Hotels in den Hansestädten Havelberg und Tangermünde, in Arendsee oder auf dem »flachen Land« stehen dem in nichts nach. Viele Häuser setzen ganz bewusst besondere Akzente, entweder inhaltlich wie das bei Reitern deutschlandweit bekannte »Landhotel Mehrin« und das »art-Hotel Kiebitzberg« in der Hansestadt Havelberg oder mit speziellen, jahreszeitlich gebundenen Angeboten, wie zum Beispiel das »Deutsche Haus« in Arendsee während der großen Vogelzüge im Herbst und Frühjahr oder viele andere während der Spargelzeit. Die Leistungen sind ihre Preise allemal wert. Zudem bieten fast alle Hotels Pakete an, die sich durch Inklusivleistungen lohnen. Auch **Schlösser**, **Herren**- und **Gutshäuser** wie in Schönfeld, Krumke, oder Hohenberg-Krusemark erwarten ihre Gäste mit individuellen Offerten. Zunehmend werden alte Bauernhöfe in Privatinitiative um- und ausgebaut und bieten zum Teil wunderschöne Übernachtungsmöglichkeiten für Individualreisende und Gruppen mit viel regionalem Flair. Hier lohnt es unbedingt, die Angebotsflyer der Orte zu durchstöbern.

Die »Exempel Schlafstuben« in Tangermünde

Jugendherbergen/KieZ: Eine Jugendherberge gibt es in der Altmark nicht, dennoch sind die Angebote für Kinder, Jugendliche und junge Familien vielfältig. Das Kinder- und Jugenderholungszentrum Arendsee (KieZ) bietet ebenso wie das NABU-Zentrum in Buch weit mehr als die bloße Übernachtung für Gruppen und Klassen aber auch Familien. Ähnlich ist es in vielen Reiter- und auf Bauernhöfen.

Camping: Die Campingplätze in der Altmark sind auf alle Ansprüche eingestellt und sehr begehrt, weil vor allem naturnah und zugleich in den vergangenen Jahren in jeder Hinsicht »aufgerüstet«. Wohnmobilisten oder Caravan-Fahrer können auf den Campinglätzen und auch in den Städten oder stadtnah Standplätze buchen. Auskunft: Tel. 0391/56390100. www.camping-verband.de

Privatunterkünfte: Diese werden in allen Orten sowohl direkt als auch über die Touristinfos angeboten, fast überall sind sie modernisiert. Es lohnt sich, auf die Klassifizierung des Deutschen Tourismusverbandes zu achten. Informationen geben die Tourist- und Stadtinformationen.

Literatur

Zur Altmark insgesamt aber auch zu vielen einzelnen Orten gibt es Literatur unterschiedlichster Art und Anspruchs. Das Folgende ist eine kleine Auswahl von allgemein erhältlichen Veröffentlichungen.

Bock, Hartmut, Fritsch, Barbara, Mittag, Lothar, Müller, Johannes, Meller, Harald, Lipták, Juraj: Großsteingräber in der Altmark, Theiss, Stuttgart 2006

Enders, Lieselott: Die Altmark. Geschichte einer kurmärkischen Landschaft in der Frühneuzeit (Ende des 15. bis Anfang des 19. Jahrhunderts), Berliner Wissenschafts-Verlag 2008.

Fontane, Theodor: Grete Minde, dtv. 2012

Hartwig, Thomas: Alle Altmarkkirchen von A bis Z, Elbe-Havel-Verlag, Havelberg 2012.

Kahrs, Axel: Dichter reisen. Literarische Streifzüge durch Altmark, Prignitz und südwestliches Mecklenburg, AJB Lüchow 1990

Königseder, Hagen, Andreas Stephainski (Hg.): Zeitreise. 1100 Jahre Leben in der Altmark, AST Göttingen 2009/2010

Limmroth, Angelika: Jenny Marx. Die Biographie, Dietz Verlag, Berlin 2018

Lyko Donald, Frank Mühlenberg: Türme, Tore, stolze Bürger. Der Altmärkische Hansebund. Stendal, Salzwedel, Gardelegen, Tangermünde, Havelberg, Seehausen, Osterburg, Werben, AWA 2008

Mein Stendal. Stadtporträt in Fotos und Gedanken, Dr. Ziethen Verlag Oschersleben 2017

Partenheimer, Lutz: Die Entstehung der Mark Brandenburg. Mit einem lateinisch-deutschen Quellenanhang, Böhlau, Köln/Weimar/Wien 2007

Rohrlach, Peter P.: Historisches Ortslexikon für die Altmark, Berliner Wissenschafts-Verlag 2018

Siegmund, Bernd, Grundner, Thomas: Die Altmark, Hinstorff, Rostock 2010.

Zahn, Wilhelm: Heimatkunde der Altmark. Nach Hinterlassenschaften des Verfassers bearbeitet von Martin Ehlies. Verlag Salzwedeler Wochenblatt, Graphische Anstalt, G.m.b.H., Salzwedel 1928

Fachwerk in Gardelegen

Die Altmark im Internet

Informationen für Touristen, Unternehmer und Einwohner

www.altmark.de

Touristische Informationen über die Altmark und ganz Sachsen-Anhalt

www.sachsen-anhalt-tourismus.de

Die altmärkischen Landkreise

www.altmarkkreis-salzwedel.de
www.landkreis-stendal.de

Städte und Gemeinden

Informationen zu Touristischen Websites über altmärkische Städte und Gemeinden finden sich in den Informationskästen der jeweiligen Orte.

Touristische Markensäulen

www.strassederromanik.de
www.gartentraeume-sachsen-anhalt.de
www.blaues-band.de
www.frauenorte.net

Kultur und historische Themen

www.kulturportal-altmark.de
www.bismarckhaeuser-altmark.de
www.kuenstlerstadt-kalbe.de
www.winckelmann-gesellschaft.com
www.eurob.org (Europäische Route der Backsteingotik)
www.hanse.org
www.erbe-praemonstratenser.de
www.transromanica.com

Natur- und Aktivangebote

www.mittelelbe.com
www.kreativorte-im-gruenen.de
www.uchte-tanger-elbe.de
www.region-wendland.de/grenzlandgeschichte
www.bund-sachsen-anhalt.de
www.greenbelteurope.eu
www.natur.app

Regionales Einkaufen und Produkte

www.halloaltmark.de
www.marktplatz-sachsen-anhalt.com
www.kulinarische-sterne.sachsen-anhalt.de

Überregionale Wander- und Pilgerwege

www.erlebnisgruenesband.de
www.jacobusweg-sachsen-anhalt.de

Kuren und Erholung

www.gesundheitsorte.de
www.kuren-sachsen-anhalt.de

Der Autor

Heinzgeorg Oette, unweit von Mühlhausen (Thür.) geboren und in Weimar aufgewachsen, studierte Journalistik und promovierte anschließend an der Universität Leipzig zum Dr. rer. pol. Er arbeitete als Journalist und war ab 1989 Chefredakteur mehrerer großer Regionalzeitungen. Von 2000 bis 2011 war er als Geschäftsführer der Landesmarketing Sachsen-Anhalt GmbH und der Tourismusmarketing Sachsen-Anhalt GmbH verantwortlich für die touristische Vermarktung des Bundeslandes, u.a. also auch der Altmark. Danach Geschäftsführer einer großen Magdeburger Werbeagentur, ist er heute als Autor tätig und berät Unternehmen und Verbände in Marketing- und Kommunikationsangelegenheiten. Oette lebt im Jerichower Land, unweit von Magdeburg. Im Trescher Verlag erschien von ihm 2021 die 3. Auflage des Reiseführers »Sachsen-Anhalt«.

Danksagung

Mein Dank gilt den Kolleginnen und Kollegen in den touristischen Informationseinrichtungen sowie in den Kreis-, Stadt- und Gemeindeverwaltungen der Altmark, die mich engagiert unterstützt haben. Beispielhaft dafür stehen die Mitarbeiterinnen des Altmärkischen Regionalmarketing- und Tourismusverbandes (ART) sowie der Investitions- und Marketinggesellschaft Sachsen-Anhalt mbH (IMG). Zugleich danke ich all jenen, die bereitwillig Fotos zur Verfügung stellten und mich auch auf manches attraktive Motiv hinwiesen. Bei meinen zahllosen Aufenthalten in der Altmark bin ich überall Menschen begegnet, die mein Vorhaben durch Gastfreundschaft und spannende Berichte aus ihrem Leben befördert haben. Ich danke meiner Frau Regine, die mich mit dem Fotoapparat begleitete und mir bei Recherche und Fertigstellung des Manuskripts zur Seite stand.

Heinzgeorg Oette

Kartenregister

* unter Verwendung von Daten von ©OpenStreetMap-Mitwirkende www.openstreetmap.org

Bildnachweis

Ernst Paul Dörfler 122
Sabine Fach 10u., 126, 120, 133, 145, 148, 152
Sina Ettmer Photography/shutterstock.com 104
Anne Haertel 19
Hansestadt Havelberg 49
Oliver Hoffmann/shutterstock.com 8, 14, 124
Investitions- und Marketinggesellschaft Sachsen-Anhalt 115, 159
Vincent Kraft 137
Ina Meer Sommer/shutterstock.com 125
Heinzgeorg Oette 25, 33, 67, 70, 71, 76, 78, 80, 84o, 86, 153
Regine Oette 4, 11, 12, 13, 17, 18, 21, 23, 24, 25, 26, 28, 29, 31, 33, 34, 36, 37, 39, 40, 42, 45, 46, 47, 48, 50, 51, 52, 53, 57, 59o., 59u., 60o., 60u., 62, 65, 66, 67, 68, 73, 74, 75, 78, 79, 84u, 85, 87, 89, 90, 91, 93, 94, 96, 106, 107, 111, 118, 119, 123, 129, 130, 132, 140, 141, 142, 143, 153, 154, 155, 156, 157, 158, 161, 162, 163, 165, 166o., 166u., 167, 168, 169
Landschaftssanierung GmbH Märchenpark&Duftgarten Hansestadt Salzwedel 161
Stendal Tourist-Information 99, 101 (Gerhard Draschowski), 102, 103
Stiftung Kloster Jerichow 10o., 146
Thomas 10000/shutterstock.com 150
Traveller70/shutterstock.com 54/55
Trescher Archiv 38, 144
Zuttmann Benoelken 151
Günther Zwintscher 112, 113

TRESCHER VERLAG
Manfred Reschke, Andreas Sternfeldt
66-SEEN WANDERUNG
Zu den Naturschönheiten rund um Berlin
Mit GPS-Routenführung zum Download
TRESCHER VERLAG
Kristine Jaath
BADEN IN UND UM BERLIN
Die schönsten Badestellen in Berlin und Brandenburg
TRESCHER VERLAG
Kristine Jaath
BARNIM UCKERMARK
Unterwegs im Nordosten Brandenburgs
TRESCHER VERLAG
Manfred Reschke
DIE HAVEL
Natur und Kultur zwischen Müritz und Havelberg
TRESCHER VERLAG
Manfred Reschke
PAUL-GERHARDT-WEG
Natur und Kultur zwischen Berlin und Spreewald
TRESCHER VERLAG
Kristine Jaath
POTSDAM
Mit Ausflügen nach Werder und ins Havelland
Mit herausnehmbarer Faltkarte
TRESCHER VERLAG
André Micklitza
SPREEWALD
Zwischen Burg, Lübbenau, Lübben und Schlepzig
Ausflüge nach Cottbus und Bad Muskau
TRESCHER VERLAG
Kristine Jaath
FELDBERGER SEENLANDSCHAFT
Mit Feldberg, Carwitz und Luzin-Seen sowie Boitzenburg, Lychen, Neustrelitz, Fürstenberg, Neubrandenburg und Prenzlau
TRESCHER VERLAG
Heinzgeorg Oette
SACHSEN-ANHALT
Mit Magdeburg, Halle (Saale), Dessau, Lutherstadt Wittenberg, Naumburg und Ostharz